《中国榜样：永远的雷锋》大型丛书
编委会主任　冷宽　王保安

做人要做雷锋那样的人
——将军和当代大学生漫谈学雷锋

田永清　著

中国财政经济出版社

图书在版编目（CIP）数据

做人要做雷锋那样的人——将军和当代大学生漫谈学雷锋／田永清著.—北京：中国财政经济出版社，2013.2

《中国榜样：永远的雷锋》大型丛书

ISBN 978-7-5095-4272-9

Ⅰ.①做… Ⅱ.①田… Ⅲ.① 学习雷锋－青年读物 Ⅳ.①D648

中国版本图书馆CIP数据核字（2013）第027262号

责任编辑：周桂元　　　　　责任印制：张　健
封面设计：逸品文化　　　　　版式设计：楠竹文化

中国财政经济出版社 出版

URL：http://www.cfeph.com
E-mail：cfeph@drc.gov.cn

（版权所有　翻印必究）

社址：北京市海淀区阜成路甲28号　邮政编码：100142
发行处电话：88190406　财经书店电话：64033436
北京中兴印刷有限公司印刷　各地新华书店经销
710×1000毫米　16开　22印张　300 000字
2013年3月第1版　2013年3月北京第1次印刷
印数：1—5000　定价：36.80元
ISBN 978-7-5095-4272-9/D·0219
（图书出现印装问题，本社负责调换）
本社质量投诉电话：010-88190744

《中国榜样：永远的雷锋》
大型丛书编委会

总 顾 问：迟浩田　王丙乾　顾秀莲
编委会主任：冷　宽　王保安
编委会副主任：高运甲　田永清　陶　克　陈江旗　缪　力
　　　　　　　廖路明　刘德扬　韩龙彬　刘国强
主　　　编：高学敏　贾　杰
执 行 主 编：李天文　宋焕斌　张立宪
编委会委员：（按姓氏笔画排序）
　　　　　　马国臣　王立娟　王保安　王彦浩　冯　健
　　　　　　卢关平　田永清　田鹏颖　刘五书　刘　水
　　　　　　刘国强　刘　岩　刘高平　刘德扬　华东方
　　　　　　孙隆新　邢德铭　冷　宽　吴星杰　宋焕斌
　　　　　　张立宪　张仲国　张怡然　李天文　李建森
　　　　　　李新仓　杨东星　汪　慧　陆宗祥　陈立波
　　　　　　陈江旗　陈晓光　周桂元　房广顺　林治滨
　　　　　　钟永圣　贾　杰　陶　克　高运甲　高学敏
　　　　　　傅　波　彭　涛　董兴喜　韩龙彬　雷冬海
　　　　　　廖路明　缪　力　翟元斌　潘　飞　薛盛伟
　　　　　　戴艳军　鞠凤琴

总　序

一个人无法选择自己所处的时代，但可以选择自己的人生道路。人所从事的职业可能要双向选择，而人生的态度完全由自己决定。雷锋，一个年轻的士兵，影响了几代人的成长，成为全国人民学习的榜样。50年来，学雷锋活动经久不息，这足以证明雷锋精神具有多么强大的渗透力和感染力。现在，几乎整个民族都在呼唤雷锋。面对社会上不尽如人意的现象，就是不情愿学习的人，也希望别人都学习雷锋了。更有人说，雷锋精神具有普世价值，是中华民族精神的集中代表，雷锋可做中国人的形象代言人。

在经过50年的学雷锋活动后，问起有关雷锋的事迹、雷锋精神的实质，仍有许多人不甚了了。这就促使雷锋的战友们、雷锋的传人们、长期坚持研究雷锋的学者们感叹不已。感叹之余，有了一个共识——组织起来，为全国的学雷锋活动做一点事情：一是还原雷锋，把一个真实可信的雷锋的光辉形象奉献给人们，使更多的人知道一个简单的道理：雷锋的一生是平凡的，谁都可以学习雷锋；雷锋精神是伟大的，谁都需要努力，才能把雷锋精神学到手。二是集50年研究成果，把理论层面上对雷锋新的认知告诉人们，使人们从中悟出道理，鼓励人们都来做社会进步的"正能量"。三是针对不同人群，编委会成员多次讨论，力求选准书名和写作内容，就这样，汇集50年的思索和探讨的成果，经过近一年的归纳和整理，就有了这样一套学雷锋的系列读物献给广大读者。这既是献给毛泽东等老一辈革命家为雷锋题词50周年的一份厚礼，更是为贯彻落实党的十八大精神，推动学雷锋活动常态化作出的一份贡献。

这套丛书有以下特点：一是具有权威性。雷锋身边的战友、培养雷锋的领导干部、看着雷锋成长的亲朋好友直接参与写雷锋，是用第一手材料叙述雷锋，其中还纠正了社会上对雷锋不恰当的传闻，还原了雷锋的真实性，维护了雷锋精神的纯洁性。二是具有完整性。有人说，这是一套既用多种形式全面地介绍雷锋事迹、系统地多专题研究雷锋精神的书籍，又是注重研究雷锋精神的时代价值，对当前学雷锋活动常态化提出了建设性意见的读物。三是具有针对性。该大型丛书分别对领导干部、企业家和职工、大学生、部队士兵等不同职业的人群如何结合本职工作学雷锋提出了参考意见，其中不乏独到之处。这些意见和看法在作者所作的多场报告中已与听众形成共识。这是一套值得收藏和系统研读的作品。对不同的读者来说，也是一套可各取所需的读物。

特别应该提到的是，2013年1月12日，中国社会福利基金会学雷锋基金管委会、辽宁省雷锋研究会、中国财政经济出版社在2013北京图书订货会上为本套丛书联合举行的推介会上，雷锋亲密战友乔安山，全国"五一"劳动奖章获得者、全国劳模李素丽，"京城活雷锋"孙茂芳，"雷锋班"现任（第二十五任）班长毕万昌等应邀亲临会场，发表了热情洋溢的讲话。"当代雷锋"郭明义虽未到会，但通过现场连线对出版本套丛书给予了很高的评价。学雷锋基金管委会名誉主任、雷锋生前战友、海军原副政委冷宽中将,学雷锋基金管委会名誉副主任、总参原兵种部政委田永清少将,分别就自己对"雷锋精神"的认识以及对本套丛书的期待作了精彩的发言。媒体及有关领导赞赏出版单位的社会责任感,高度评价图书出版活动传递的"正能量"。

学习雷锋,在于学实质——全心全意为人民服务;学习雷锋,在于行动——一言一行都为别人更幸福;学习雷锋,在于持久——一生一世讲奉献;学习雷锋,要有表率——领导干部应走在前列。

愿这套丛书助大家在追求成功的路上走得更远、更坚实。

衷心感谢在组织编写本套丛书及其开展的相关活动过程中给予我们大力支持和帮助的所有同志。

《中国榜样:永远的雷锋》编委会
2013年2月

目 录

开篇的话/1

第一部分　将军和大学生漫谈学雷锋/1
　　一、告诉你一个真实的雷锋——了解雷锋的12个人谈雷锋/2
　　二、重温领袖题词 理解雷锋精神/28
　　三、学习雷锋精神"十个一"/45
　　四、我们今天怎样学雷锋/174

第二部分　四位英雄人物的故事/183
　　一、张思德的故事/186
　　二、董存瑞的故事/190
　　三、黄继光的故事/195
　　四、邱少云的故事/198

第三部分　与大学生漫谈成人、成才、成家、成功/201
　　一、关于"成人"/208
　　二、关于"成才"/218
　　三、关于"成家"/231
　　四、关于"成功"/245

第四部分 践行当代革命军人核心价值观/253

  一、忠诚于党/255

  二、热爱人民/259

  三、报效国家/271

  四、献身使命/276

  五、崇尚荣誉/279

第五部分 保证成人　力争成才　适时成家——在北大的演讲（摘录）/285

第六部分 当代大学生关心的那些事——答清华大学国防生问/295

后记/331

开篇的话

2012年临近3月5日的一天，由中宣部和中央文明办主办的中国文明网的三位女记者，到我家中采访。

她们向我提出的第一个问题就是：50年来，你为什么一直坚持学习雷锋、宣传雷锋？

我回答了两个原因：

一是我与雷锋有缘，我们俩是同年出生、同年入伍的。雷锋生于1940年12月18日，我生于1940年12月24日，我们俩都属龙，他比我大六天。雷锋是1960年1月8日参军的，他到的是工程兵部队，我是1960年7月1日参军的，我上的是军校。虽然雷锋生前我无缘与他相见，但是1960年冬天部队开展忆苦思甜教育的时候，我就从《解放军报》上知道了他的大名，了解了他的苦难家史。

二是雷锋是平凡而伟大的共产主义战士，他是我终生学习的光辉榜样。我虽然后来忝列共和国将军阵容，但无论品德、风格还是境界等方面，我与雷锋都相差甚远，根本不能同日而语。正如古人所言："高山仰止，景行行止。虽不能至，然心向往之。"

人们常说，有时一个人、一本书、一首诗甚至一句话，可能改变甚至决定一个人的命运。对于这种说话，我不但非常赞同，而且深有感触。

回顾我的成长历程，对我产生深远影响的主要有两个人：一位是老红军、开国中将、百岁老人孙毅，另一位就是平凡而伟大的共产主义战士雷锋。

做人要做雷锋那样的人
——将军和当代大学生漫谈学雷锋

我应邀到军队和地方一些大学去作报告，大学生经常问我这样一个问题：你原来是一个普通农民的儿子，是一个青年学生，你是怎样成长为共和国将军的？

对此，我总是这样回答：我之所以能成为共和国将军，是党和军队长期培养教育的结果，其中还有一个重要原因，就是雷锋精神激励了我、教育了我、鼓舞了我。

我这样讲，绝不是随便说的，而是我的心里话。

2011年12月18日，在雷锋诞辰71周年那天，由雷锋生前战友、海军原副政委兼纪委书记冷宽中将等12人，发起成立了中国社会福利基金会学雷锋基金管理委员会，我是发起人之一，并被推选为管委会名誉副主任。

一年来，我们管委会开展了一系列产生广泛影响的活动，包括举办雷锋大型照片展、雷锋日记书法展、学雷锋讲座、雷锋精神文明论坛、接受各种媒体采访等。

在这些活动中，我做了一些微不足道的工作。更重要的是，从大批观众、听众热情的举动中、企盼的眼神中、感人的留言中，我深深体会到，雷锋没有死，雷锋精神永存，我们的时代需要雷锋，我们的人民呼唤雷锋。

记得我们在海南省举办雷锋照片展时，省文明办主任与我们会见，他开头说了这样两句欢迎词：要想身体好，常来海南岛！

我马上回答了这样两句话：人生要成功，一定学雷锋！

2012年8月15日，是雷锋因公殉职50周年，雷锋的第二故乡——辽宁省抚顺市市委、市政府举行了大型公祭活动。冷宽和我等五位将军，怀着激动的心情，应邀参加了这次公祭活动，并再次参观了雷锋纪念馆，受到了深刻的教育。

抚顺市委、市政府提出，要把雷锋精神作为抚顺市的灵魂，要把抚顺市建设成为雷锋城。这个倡议，得到了抚顺市人民群众的热烈响应和积极参与。

在抚顺雷锋纪念馆中，我看到了这样三句话：知雷锋，学雷锋，做雷锋。我觉得这三句话讲得很好，很有道理。

当晚，我们与抚顺市委宣传部和文明办的同志举行座谈。主要围绕两个问题：一是如何做到学雷锋活动常态化，二是为抚顺市建设雷锋城出谋献策。我不揣冒昧，建议在那三句话的基础上，再加上一句话，成为四句话：知雷锋，爱雷锋，学雷锋，做雷锋。我认为，要学雷锋，做雷锋，首先必须知雷锋，这是前提。另外，还必须爱雷锋，不爱雷锋，对雷锋没有感情的人，是绝不会学雷锋、做雷锋的。

中国财政经济出版社和我们学雷锋基金管委会商定，为了纪念毛主席等老一辈革命家为雷锋题词50周年，为了推动学雷锋活动常态化，准备出版一套学雷锋大型系列图书，共20余本。按照商定，由我写两本：一本是《做人要做雷锋那样的人——将军和大学生漫谈学雷锋》，一本是《当兵要当雷锋那样的兵——将军和部队士兵漫谈学雷锋》。

我深感任务光荣、责任重大，又深感时间紧迫、水平有限。

我觉得，写这样两本书，应该回答这样几个问题：

一是雷锋究竟是怎样的一个人？

二是雷锋精神的内涵和实质是什么？

三是现在和今后还要不要学雷锋？

四是向雷锋学些什么？

五是怎样学雷锋？

要回答这样五个问题，谈何容易！

回答这五个问题，如果用答卷式、论文式或教科书式，肯定会是干巴巴的，枯燥无味的。

如果还是讲那些很多人早已耳熟能详的雷锋故事和雷锋日记，那很可能是再炒一次冷饭。据初步统计，50年来由50多家出版社发行的关于雷锋的书籍已多达430多种，2000多万册。《雷锋日记》已发行多达上亿册。

因此，现在写学雷锋的书，必须有新内容、新角度、新形式。

我开始酝酿写这两本书的时候，在2012年9月13日《参考消息》第16版"书海泛舟"栏目中，看到本来是推荐余世雄写的《孩子的竞

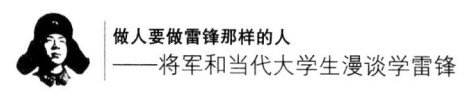

争力,父母亲最好》这本书的一篇文章,作者却写了这样一段话:

通常,我们喜欢给孩子讲一些空洞的精神,比如学雷锋之类的。雷锋是很伟大,但我们能把"雷锋精神"四个字的细节讲出来吗?能够在孩子的生活中进行很切实的指导,并且给他有助益的体验吗?都说学雷锋,结果没有几个学得像。这不是大家不愿意学,而是大多数人说不出雷锋好在哪里,精神很感动,细节都抓不住,伟大这个东西已经成了一种抽象的精神。父母说不明白的东西,当然很难让孩子理解明白。

这段尖锐的话语,深深地刺激和触动了我。

贺敬之诗云:"我写下这两个字,雷锋。我是在写啊,我们阶级的,整个新一代的,姓名。"

另外,我也非常同意《解放军报》原副总编陶克将军说的一段话(大意):

现在,雷锋已不是具体指一个人,是我们时代的代表,是许许多多善良人的代表,在很多中国人身上都能看到雷锋的身影。雷锋精神已不是一个人的精神,而是凝聚了千万个中国人的优秀品德,雷锋精神是共同的。

贺敬之的诗句和陶将军的话语,也启发了我,开阔了我的眼界。

我认为,我们现在讲雷锋,讲雷锋精神,讲学雷锋,应该是大概念的"雷锋",大概念的"雷锋精神",大概念的"学雷锋"。

根据这些指导思想,我在写这本书时,从内容、角度到形式,都作了一些尝试。有的是新作,有的是旧作。无论是新作还是旧作,都与当代大学生学雷锋这个主题有着直接或间接的关系。

下面,我把这几个部分的简单内容和相互关系作个说明:

第一部分,将军与大学生漫谈学雷锋。

这部分是本书的主要内容,其篇幅占全书的一半以上,有12万多字。

为了写这部分,我通过电话采访了12位熟悉雷锋的人,他们讲的都是第一手材料,可以告诉你一个真实、立体、鲜活的雷锋。

为了写这部分,我反复重温了党和国家几代主要领导人为雷锋的题词（包括讲话），领袖人物对雷锋的题词，精神是一致的，又是各具特色的。重温他们的题词，可以加深对雷锋精神的理解。

为了写这部分，我又反复学习了雷锋的事迹和雷锋的日记，从中概括出了雷锋精神"十个一"。这"十个一"，最初是刊登在中国文明网上，后来被多家网络转载。

对于现在如何学雷锋，我也谈了自己一些看法。

第二部分，介绍张思德、董存瑞、黄继光、邱少云四位英雄人物的光辉事迹。

我认为，学习革命理论特别是毛主席著作，学习革命先烈和战斗英雄的光辉事迹，是雷锋精神两个主要思想来源。对雷锋产生重大影响的革命先烈和战斗英雄，我们永远不能忘记，而应了解他们的光辉事迹，学习他们的革命精神。

第三部分，与大学生漫谈成人、成才、成家、成功。

现在的大学生与当年参加工作时的雷锋，大体上是处在同一个年龄段上，是生理成长期、心理波动期、人生观形成期，面临成人、成才、成家、成功四大人生课题。我就这个题目在北大、清华等上百所地方和军队大学作过演讲，受到了数十万大学生的热烈欢迎。

第四部分，讲自觉践行当代革命军人核心价值观。

这本书比较适合三类读者：一类是地方大学生，一类是军校大学生，一类是依托地方大学为军队培养的国防生。因此，讲讲践行当代革命军人核心价值观，是必要的。

第五部分，是我2003年4月5日在北大演讲的摘录稿，题为《保证成人 力争成才 适时成家》，这份摘录稿后来刊登在2007年8月1日《北京青年报》"原声课堂"专栏上。

第六部分，是我2011年6月24日答清华大学国防生问20个问题的记录稿。那天下午从2点到7点，整整5个小时，清华大学的国防生向我提了20个问题，有的问题很尖锐，有的问题很冷僻。我虽然水平有限，但还是尽我能，一一进行了回答。这些问题虽然是针对清华国防生讲的，但也可供地方和军队其他大学的大学生、国防生参考。

我在前面讲了，写这本书，我深感任务光荣、责任重大，又深感时间紧迫、水平有限。如果可亲可爱的大学生们读了这本书，感到稍微有点收获，我就算没有白白浪费大家的时间和精力了。

我今年72周岁了，入党53周年了，参军52周年了，退休也已11周年了。我心中还有三个梦：强国梦、统一梦、百岁梦。

为了实现这三个梦，在有生之年，我一定要继续坚持不懈地学习雷锋、宣传雷锋，并且争取在我离开这个世界后，到天堂上拜访雷锋。我要亲切地叫雷锋一声"小大哥"，并且深情地向他表示感谢和敬意！

为此，我还写了一首小诗：

我与雷锋同年生，

我与雷锋同步行。

雷锋是我好榜样，

我是雷锋老学生。

老学生不见得是好学生，说我是雷锋的老学生，只是为了说明我五十年来一直坚持学雷锋，到了老年还要继续坚持学雷锋。

最后，我想再对大学生们讲几句话。

根据我的切身体会和其他同志学雷锋的经验，可以得出这样的结论：

谁学雷锋谁进步，

谁学雷锋谁快乐，

谁学雷锋谁幸福，

谁学雷锋谁成功，

谁学雷锋谁光荣！

可亲可爱的大学生朋友们！让我这个年逾"古稀"的退休老兵，与你们携起手来，一起向雷锋同志学习吧！

田永清

写于2012年12月3日夜

第一部分

将军和大学生漫谈学雷锋

一

告诉你一个真实的雷锋

——了解雷锋的 12 个人谈雷锋

想要学雷锋、做雷锋，首先就要知雷锋、爱雷锋。

怎样才能知雷锋呢？我想无非有这样三条途径：

一是阅读雷锋的故事，了解雷锋短暂一生的人生历程和光辉事迹。这方面的出版物很多，建议大家认真阅读、学习。有些出版物也有道听途说、胡编乱造的内容，需要认真加以分辨和甄别。

二是阅读雷锋的日记。一个人如果能在历史上留下哪怕是一本书、一篇文章、一首诗甚至一句话，那就了不起！可不要小看了雷锋日记，那既是雷锋成长轨迹的忠实记录，又有雷锋所思所想、所感所悟的许多至理名言。我坚信，雷锋日记中的许多格言警句，既会给现代人以深刻的启示，也必将永远流传于后世。

连毛主席在 1963 年 6 月召开的中央杭州会议上，也对中央和地方的高层领导同志这样说道："雷锋同志的日记我看了一部分，看来雷锋同志是懂得哲学、懂得辩证法的。你们看过没有？很值得看一看。"后来毛主席又对他的子女毛岸青、李敏、李讷说："我们要向雷锋同志学习，为人民服务。"毛主席还指出，《雷锋日记》比那些死读书的大学生写的论文强多了，这一点是那些大学生无法比拟的。

《雷锋日记》内容丰富，道理深刻，世界观、人生观、价值观等都有，还有方法论。依我看，《雷锋日记》胜过许多作家大部头的书，胜过许多理论家的长篇大论。读《雷锋日记》，感触颇深，受益极多。年轻人读了会立志，中年人读了会发奋，老年人读了会反思。有的人对

《雷锋日记》不屑一顾，那只能说明他们不是骄傲，就是无知。

三是听了解雷锋的人讲雷锋。只有掌握了第一手材料，你才能知道一个真实的雷锋。在这方面，我有一些便利条件。多年来，我一直坚持学雷锋，去年又开始担任学雷锋基金管委会荣誉副主任，因而我结识了众多了解雷锋的人，其中包括雷锋故乡的人，培养过雷锋的人，和雷锋做过工友的人，和雷锋当过战友的人，还有雷锋当年辅导过的人。这些人，大的已经年过八旬，中的已年逾古稀，最小的也已年近花甲。我与他们都比较熟悉，有的还成了无话不说的好朋友。这里仅举两个例子：

一个是冷宽同志。他退休前是海军副政委兼纪委书记，中将军衔。我认为，在党政军高级领导干部中，最熟悉、最了解雷锋同志的，可能就是冷宽将军了。这是由他的经历决定的。我经常称他为"四老"，哪"四老"呢？一是老乡，我们都是河北人；二是老大哥，他比我大两岁；三是老朋友，我们来往最多；四是老同学。1997年下半年我们一起在国防大学研究系学习了3个月，在我们数十位同学中，2/3是正军职以上将军，1/3是省部级领导干部。从那时以后，我与冷宽将军就成了过从甚密的好朋友。我们经常就一些重大问题，包括如何开展学雷锋问题，交流思想，沟通看法。

再一个是乔安山同志。自从1997年放映以他为主人公原型的电影《离开雷锋的日子》之后，他就成为名人了。这十多年来，我们经常一起参加活动，或是一起参加雷锋精神研讨会，或是一起作学雷锋报告。我比他大1岁，他和他爱人张淑芹，总是一口一个地叫我"大哥"，连我的姓都不说，显得很亲切。他身体不好，心脏有毛病，我总是告诉他外出要随身带上硝酸甘油。我有什么好衣服，有我1件，也总要送给他1件。我还经常和他开玩笑，有时甚至说他几句。记得我们参加抚顺市雷锋小学建校50周年庆典时，共活动了两天，安排我与乔安山同乘一辆卧车。司机同志一直想与乔安山合个影，但又觉得他是雷锋的亲密战友，是家喻户晓的名人，所以虽然有想法，但总张不开口。司机同志对我讲了，我就喊了乔安山几嗓子："你算什么名人？赶快下车与司机同志照相！"我这样一说，老乔就乖乖地、乐呵呵地下车，与司机照了

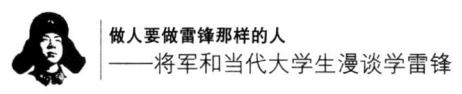
做人要做雷锋那样的人
——将军和当代大学生漫谈学雷锋

合影。

不说这些了,我通过电话采访了了解雷锋的 12 位同志,并趁热打铁,整理出了采访稿。

下面,大家就看看他们是怎么讲的吧!

雷孟宣:男,雷锋本家、少年时挚友,湖南望城雷锋纪念馆原馆长,现年 80 岁。

要我说呀,一个"爱"字成就了雷锋。

为什么这样说呢?大家都知道,雷锋苦大仇深,他的父亲、母亲、哥哥、弟弟都是被旧社会迫害致死的,他 7 岁时变成了一个孤儿。是毛主席、共产党、解放军拯救了他。通过新旧社会对比,他无限热爱毛主席、热爱共产党、热爱解放军。他有很强的感恩思想。他把这样的"爱",体现在对党、对祖国、对人民、对领导、对同志的深厚感情上,落实到他从事的事业上。所以他才能做到干一行、爱一行、专一行、精一行。

雷锋在部队、在地方,都做了大量感人至深的好事。部队有一种说法,叫做"雷锋出差一千里,好事做了一火车"。我们这里也有一种说法,叫做雷锋"走一路,爱一线;住下来,爱一片。"

总之,雷锋是热爱他人也赢得他人热爱的人。

当然了,雷锋也有一个不断成长的过程,所以我们不能"神化"雷锋。我比他大几岁,他小时候的一些事儿也知道得一清二楚。

新中国成立以后,雷锋的生活好过了,但当时他还是一个一般的人,而且还是一个比较调皮的孩子。比方说吧,有一天他在路上挖了一个洞,用树枝和树叶盖上。当有人走过时,不知道下面有洞,扑通一声就踩进了洞里。

到雷锋岁数大一些了,他和其他年轻人一样,也爱美、追求美。他那时爱穿"列宁装",把白衬衣的领子翻在外衣上,这样显得醒目、好看。雷锋绝不是一个"苦行僧",他是一个有血有肉的人,是一个热爱生活的人。

冯健：女，在少年时雷锋称她"姐"，她是劳动模范，人称"养猪姑娘"，曾受到毛主席、周总理3次接见，退休前为湖南省总工会副主席，现年75岁。

我年轻的时候，是个知识青年。为了响应党的号召，我就回乡在农业合作社养猪。养了好多猪，还养得很好。开始我还有点不好意思，觉得一个女孩子养猪，面子不好看。后来我就想通了，还被评为劳动模范，曾三次进北京，到天安门、大会堂，受到毛主席、周总理亲切接见。雷锋知道了，就老缠着我问："你真的到北京了吗？真的见到毛主席、周总理了吗？毛主席穿什么衣服呀？他老人家还说我们湖南话吗？"

我觉得雷锋特别热爱毛主席、热爱共产党。他有一种很强烈的英模情结，他总想着自己以后也能成为英模，受到毛主席、周总理的接见。据我所知，雷锋到鞍钢当工人之前，还专门抽时间去了一趟韶山，瞻仰了毛主席故居和纪念馆。

你问我雷锋是个什么样的人，我说下面这么三点：

一、雷锋是个具有高尚道德情操的人。

他为党、为人民、为社会作出了很大贡献，做了很多好事。他心里老想着别人，很少想到自己。记得当时我们都读了吴运铎撰写的自传体小说《把一切献给党》这本书，并且交流过学习心得。从那时开始，我们都下定决心：把一切献给党。雷锋不但热爱党、热爱人民、热爱新社会，感谢党、感谢人民、感谢新社会，而且以实际行动报答党、报答人民、报答新社会。

二、雷锋是个热爱学习的人。

那个时候的雷锋，总是身不离书、手不离笔。对于看书学习，他真是做到了如饥似渴、废寝忘食、锲而不舍。他不只是向书本学习，向革命先烈学习，向先进人物学习，还注意向身边的人学习，谁哪一方面好，雷锋就向谁哪一方面学习。他不只学理论、学文化，还特别注意学技术，他是我们县的第一位拖拉机手呀！现在不是提倡建设学习型政党、学习型社会嘛，要我说呀，雷锋当年就是一位学习型青年，他是一个自学成才的人。

三、雷锋是个勇于攀登高峰的人。

雷锋志存高远，有远大理想，同时又脚踏实地，不骄不躁，不断给自己提出新的奋斗目标，终于成为平凡而伟大的共产主义战士。

雷锋离开湖南之前，给我写下了这样的赠言："冯健姐姐，我永远向你学习，为共产主义奋斗终生"。我和雷锋以姐弟相称，我们之间有很深厚、很纯洁的感情和友谊。我永远忘不了雷锋，他是我终生学习的榜样。

这里，作为附录，加上雷锋另一个工友王佩玲（女，另用名黄丽）致雷锋的临别赠言。

亲如同胞的小雷弟弟：

你勇敢聪明，有智慧，有远见，思想明朗，看问题全面，天真活泼，令人可爱。你有内在的美和外在的美。对任何同志都抱着极其信任的态度，等等。这一切结合起来，才算得我心爱的弟弟……

弟弟，你值得人羡慕的还多着哩，是青年中少有的，在建设社会主义中是会作出很大的贡献的。你的干劲和钻劲使你勇往直前。希望你在建设共产主义的事业中把你的光与热发遍全中国、全世界，让人们都知道你的名字，使人们都热爱你、敬佩你。弟弟，希望你实现姐姐的希望。

在临别之前，要把我内心的千言万语说完是办不到的。我是不愿弟弟离开的，但祖国钢都需要你和等着你呢。弟弟，前进吧！前途是伟大的、光明的。姐因文化太低，不能把我内心想说的都写出来，只好就此停笔吧。

你姐 黄丽

1958年11月9日

这位王佩玲同志真是一位预言家，在雷锋还没有出名之前，她就预测到全中国、全世界都会知道雷锋的名字，都会热爱他、敬佩他。作出这样准确的预测，可谓慧眼识珠、实属不易呀！

我没有见过王佩玲同志，但曾当面问过冯健大姐，王佩玲何以能作出这样准确的预测？冯健大姐说，雷锋不但苦大仇深，而且具有远大理想，他热爱学习，善于思考，老是做好事。当时我们就觉得雷锋与众不同，将来会成就一番事业。所以，王佩玲的预测，也代表了我们大家的看法。

陈雅娟：女，雷锋当年辅导过的红领巾，退休前任抚顺烟草专卖局副局长，现年63岁。

雷锋叔叔当年给我们学校当校外辅导员的时候，我在抚顺市望花区本溪路小学上五年级。雷锋经常给我们讲革命故事，辅导我们学文化。我们都很热爱雷锋、敬佩雷锋。

我当时就觉得雷锋热爱生活、懂得感恩。他无论做什么，都全力以赴，争取做到最好。

雷锋多才多艺。1962年春节，我们一群红领巾到雷锋连队联欢，我亲耳听到雷锋唱了湖南小调，他还会拉二胡、拉手风琴。我还看过雷锋打篮球，他个子最小，喊声最响，在高个子中间钻来钻去，打得可欢啦！雷锋还喜欢照相，他有很多照片，留下了许多美好的回忆。

我在与雷锋多次接触中，感到他的言行有"三快"：一是说话快，他的语速很快，湖南口音比较重，因此他说话时，我们总是说，雷锋叔叔你慢慢说；二是走路快，他扎着腰带，斜背挎包，昂首阔步，走起路来像一阵风；三是办事快，他赠给我们红领巾"三件宝"（针线包、储蓄箱、节约箱），说办就办，很快就落实了。

我记忆最深的一件事情是，有一次我们一群红领巾从部队营房里走出来，雷锋送我们，我们簇拥着他。这时，雷锋问我们："你们长大了准备干什么呀？"他这一问，我们就七嘴八舌地说开了，有的说当科学家，有的说当文学家，有的说当工程师，有的说当画家，有的说当医生。雷锋听了，对我们说："你们的理想都不错嘛！人小志大呀！可我问你们一个问题：你们为什么没有人长大了想当工人、农民呢？"雷锋这样一问，我们都不吱声了，不知怎么回答才好。

后来，我读《雷锋日记》，发现雷锋在1961年3月16日的日记中写道：

世界上最光荣的事——劳动。

世界上最体面的人——劳动者。

我觉得，这是雷锋给我们最好的答案。工人、农民是绝大多数的人，是我们国家的主体，我们怎么能看不起工人、农民呢！雷锋教导我们，在做人上不求"高人一等"，但在做事上要力求"出人一头"。

在雷锋精神的感召下，我当了一名女兵。在中苏珍宝岛军事冲突时，我在前线当话务员。气温在零下三四十度，又冷又累又危险，可我什么也不怕，那时真是一不怕苦、二不怕死。我还扛过200多斤的麻袋呢，和男兵们比着干！

多年以后，我转业到地方工作，时刻以雷锋为榜样，努力做到一身正气、两袖清风。我当烟草专卖局副局长的时候，查到一些人违法乱纪，我坚持原则、坚决查处。有的人企图贿赂我，我一分钱不要，坚决退了回去。有的人威胁我，我一点也不害怕，坚决顶了回去。

我曾被评为辽宁省学雷锋先进个人、全国烟草系统先进工作者、全国模范转业干部。没有雷锋当年的教导，就没有后来的我。

在我的心目中，雷锋是一位非常可爱可亲的人，是我一生中最难忘的人，是我做人做事的老师和楷模。

孙桂琴：女，雷锋辅导过的红领巾，现任沈阳军区总医院副主任医师，现年59岁。

雷锋叔叔给我们当校外辅导员的时候，我在抚顺市建设街小学上二年级。

在我的心目中，雷锋是一位有理想、有志向、专心为他人着想的大好人。他不是一位理论家，但他确实是一位实干家。

有两件事我至今记忆犹新。

一件事是，有一次雷锋带着我们一群红领巾参加助民劳动，我们这些城市里的孩子可谓"四体不勤、五谷不分"，本来是要我们拔草，结果倒把一些禾苗拔掉了。见此情景，雷锋显得很心痛，带着我们又把禾苗栽了回去。这还不算，雷锋又带着我们站在一起，集体向农民道歉。我们有些不解，雷锋就语重心长地对我们说："当你们戴着红领巾，把手举过头顶的时候，你们有没有想到人民的利益高于一切？"他这一问，使我们幼小的心灵深感震撼。

还有一件事是，有一次我们帮助一位烈属老太太拉煤，结果满脸满身都沾满了煤末，显得很脏。这时，就有人讥笑我们，还说我们这样干，家长也不会省心。对此，我们感到很委屈，就去找雷锋诉苦。他听后开导我们说："你们做了好事，就不要计较别人怎么说、怎么看。只要是对人民有利的好事，就一定要坚持做下去！"

这两件事已经过去50多年了，但雷锋说的这两段话，始终像两盏明灯，照耀着我不断前进的征程。我曾荣立两次二等功、三次三等功，获得沈阳军区学雷锋金质奖章。这些荣誉都与当年雷锋对我的教导分不开。

薛三元：男，雷锋当年的排长，退休前任沈阳老龙口酒厂纪委副书记，现年72岁。

很多人问我雷锋究竟是怎样的一个人？我总是回答这么五句话：

第一句话是：雷锋是个开朗活泼、人见人爱的人。

第二句话是：雷锋是个好学上进的人。

第三句话是：雷锋是个助人为乐的人。

第四句话是：雷锋是个兴趣爱好广泛的人，他爱好体育、音乐，还擅长写作。

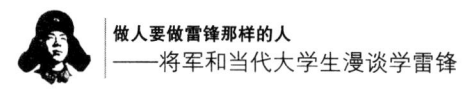

第五句话是：雷锋是个勇于开展批评与自我批评的人。

雷锋各方面表现都很好，多次立功受奖。我们还经常口头表扬他。当然，他也有一些缺点，比如有时外出做好事没有请假，有时工作方法上显得比较主观。但一经领导指出，他总是虚心接受，坚决改正。

季增：男，为雷锋拍照片最多（260多张）的人，转业后任《承德日报》高级摄影师，享受政府特殊津贴，被中国摄影家协会授予终身成就奖，现年77岁。

雷锋当兵的时候，我是团里的摄影员，我也是雷锋做很多好事的直接见证人。现在有些人问，雷锋作为普通士兵，他怎么留下了那么多照片呢？我想，这可能有3个方面的原因：

一是雷锋普通又不普通，他苦大仇深，表现又特别突出，是忆苦思甜的典型，又是大家学习的榜样，当然我给他拍照就多了。

二是我们部队有一个很重要的优良传统，就是注意发现、培养、树立和宣传先进典型。雷锋就是这样的人物，所以为他拍照片，也是我们应尽的责任和义务。

三是雷锋是个很爱美很阳光的年轻人，他遇到什么喜事，总喜欢照相留念。比如，他从湖南到鞍钢，路过北京在天安门留下的那两张照片，还有他刚一被批准入伍，带着大红花到照相馆拍的那张照片，就是这样流传下来的。据不完全统计，雷锋自己拍的照片大概有60多张。

我举三个例子吧！

1960年冬天，根据当时祖国大陆处于经济困难时期，盘踞在台湾的蒋介石又叫嚣"反攻大陆"的情况，我军开展了"两忆三查"活动，其中一项重要内容是忆苦思甜。雷锋第一个走到运输连大会的讲桌前，痛说苦难家史，深深地打动了在场的每一个人，许多人都流下了眼泪。这时，我和当时沈阳军区工程兵宣传处的张峻同志，同时举起相机，为雷锋拍摄了感人至深的照片。

还有雷锋擦拭"解放"牌汽车的那张照片，我说说为什么拍摄这张照片。雷锋平时开的是苏制"嘎斯—51"型汽车，1960年冬，上级给团里配了一辆拉水用的国产"解放"牌汽车。一个阳光灿烂的上午，我到车队停车场转悠，看到雷锋正在保养那辆车，他时而抬头远望，时而笑容满面，充分展现出他发自内心的幸福和骄傲。我猜想，雷锋看到"解放"两个字，一定是又联想起了新旧社会的对比。对这两个字，他的感受可以说是刻骨铭心的。这时，我赶快按下快门，拍下了那张照片。这张照片刊登在《解放军报》1961年2月号上。

我不否认，个别照片是事后补拍的。负责摄影的同志都知道，在有些时候、有些情况，补拍是允许的、也是必要的。但我负责地表示，我为雷锋拍的每一张照片，都是当时忠实的记录，没有任何一张是无中生有、弄虚作假的。

我以雷锋送一位老大娘找儿子的照片来说明这个问题。

1961年秋冬之际，雷锋到丹东给部队作报告。回抚顺途中，在沈阳转车。过天桥时，见一位老大娘拿了许多东西，走路很吃力，雷锋便过去主动帮忙。得知老大娘是去抚顺找儿子，正好同路，雷锋便急忙帮着拿东西，扶她上火车，并帮她找座位。一路上，雷锋站在老大娘身边，亲切地问这问那，细心照料。老大娘担心找不到地方，掏出写有儿子地址的信封给雷锋。雷锋安慰大娘说："您老人家放心吧，到抚顺后我一定帮您找到儿子。"实际上，雷锋对抚顺的一些偏僻街道也不熟悉，他边走边问，几经周折，终于在郊区露天矿的一条小街上，找到了老大娘儿子的家。老大娘感动不已，不停地夸奖雷锋。这时，天色已晚，雷锋急忙赶回了部队。后来，雷锋又去看望老大娘，家里只有老人和她的孙女。这次，我和雷锋一起去了，就为他们三人拍了两张照片。

现在竟然有人说，根本没有老大娘找儿子这回事，连这两张照片也是伪造的，这真是胡说八道！

上面讲了这么多，下面我讲讲在我的心目中，雷锋究竟是个什么样的人。

雷锋是个永不忘本的人。

雷锋是个见先进就学的人。

做人要做雷锋那样的人
——将军和当代大学生漫谈学雷锋

雷锋是个特别能吃苦、特别能吃亏的人。

雷锋是个时时处处把人民群众放在自己心上的人。

雷锋是个言行一致、说到做到的人。

张兴吉：男，雷锋入伍时的班长，退休前任四川南充供销社土产公司干部，现年72岁。

雷锋一到我们班，我就发现他与别的新战士不一样，他表现特别积极、特别突出。我还清楚地记得，他分到班里第二天早晨，大家起来出早操，他早已经在营院里打扫卫生了。

接触时间长了，我发现雷锋有"三勤"：

一是"嘴勤"，我看到他的嘴老是动，但又不出声，经询问才知道，他是在背诵毛主席语录和一些格言警句。

二是"手勤"，雷锋是个闲不住的人，他总做这做那，身上好像总有使不完的劲。

三是"腿勤"，别人有什么事，他很快就赶去帮忙。

在我的心目中，雷锋是个永远不会让人忘记的人，是个有强大精神力量的人，是个既平凡又高尚的人，是个脱离了低级趣味的人，是个值得让人尊敬的人。他还是一个多才多艺的人，他会唱歌，会拉手风琴、拉胡琴。不过实事求是地说，他唱歌时方言比较重，还往往走调。

虞仁昌：男，先后担任过雷锋所在连的副连长、连长，离休前任浙江省东阳市运输公司支部书记，现年81岁。

我是1949年5月参军的，是1950年6月入党的。我今年81岁了，听说你也72岁了。雷锋是平凡而伟大的共产主义战士，让我们一起向雷锋同志学习吧！

雷锋是1960年1月8日参军的，当时我任副连长，1月17日是我接雷锋到我们连队的。那一年的11月10日，我开始当连长，雷锋当副班长、班长,他多次立功受奖,我都是直接的见证人。

1962年8月15日,雷锋因公殉职,他咽最后一口气,心脏停止跳动,都是在我的怀里。当时,我难受极了!心想,这么好的一个战士,还不到22岁,怎么说走就走了呢?!

我当时还关了乔安山3个小时的禁闭,后来就把他放出来了。一是雷锋牺牲是一起意外事故,乔安山和雷锋是同开一辆车的亲密战友,平时他俩关系很好,所以不能追究他的责任。二是因为乔安山心里更难过,怕他想不开,出问题。一个好战士牺牲了,总不能再让另一个战士出什么事吧!

在我的记忆里,雷锋在三个方面表现特别突出:

一是他不忘旧社会的苦,他极端憎恨国民党反动派、憎恨万恶的旧社会,无限热爱毛主席、热爱共产党、热爱解放军。

二是他知恩必报,他认为,为人民服务就是最好的报恩,为共产党、为解放军争光就是最大的报恩。基于这种思想,他就一贯地不停地在军内外做好事。

三是雷锋是个读书明理的人,他很爱学习,很懂道理。你别看他年纪轻轻,可讲起话来却非常精辟,做起事来也非常到位。因此,我们当时的连队干部,都很关心他、喜欢他。

我现在老了,但心里还是经常想,我这一辈子很幸运,也很幸福。我最大的幸运和幸福是,我当连队干部的时候,遇到了雷锋。我这一辈子遇到过很多好人,但我认为最好的好人还是雷锋。

我还经常想,我们敬爱的周总理做到了"鞠躬尽瘁,死而后已",而雷锋同志则做到了"尽心尽力,死而后已"。

易秀珍:女,与雷锋一起从湖南到鞍钢的工友,退休前为工厂职工,现年71岁。

1958年10月,鞍钢来湖南招工,我从长沙,雷锋从望城,总共400多位同志一起到了鞍钢。

做人要做雷锋那样的人
——将军和当代大学生漫谈学雷锋

从我与雷锋相识到他1960年1月8日光荣参军，我算了一下，我们当工友共计413天。

你问我对雷锋印象如何，我可以这样如实地说，他的表现相当不错，他就是和一般的人不一样，主要表现在他对学习特别认真，对工作特别负责，对人民特别热爱，对同志特别诚恳。

这方面的情况可能有很多同志讲到了，我就不多说了。我主要讲讲他留给我印象最深的几件事。

我们刚到东北时，好多人一起吃大食堂，伙食很不好，每月只有4斤细粮，其他的就是玉米、高粱米。我很不习惯，觉得这些粗粮实在难以下咽。

这种情况，被雷锋看在眼里，记在心上。他打了细粮，就让给我吃，他自己坚持吃粗粮。我心想，他也是从湖南来的呀，他吃粗粮也肯定不习惯，所以他让给我，我也不吃。我不吃，他就生气，说你不吃，我也不吃，以后我就吃了。

1959年过春节的时候，家在东北的工友大部分回家过年了，剩下在工厂里的主要是来自湖南的工人。我很想家，情绪不好，除夕之夜我没吃饭就睡觉了。大年初一早晨我哭了，还躺着不起来。雷锋从食堂里打来大米饭，还有一些好菜。那时虽然很困难，但毕竟是大年初一呀，伙食还是有了很大改善。

雷锋把饭菜送到我住的宿舍让我吃，我还是既不起来又不吃。这时雷锋就生气地说，你不起来吃饭，我就站在这里不走。他又耐心细致地做我的思想工作，对我说，你不吃饭会生病的，过了年怎么上班呀！我听了他的劝告，终于起来了，吃饭了。这时，雷锋也就高高兴兴地走了。

雷锋一方面在生活上关心我、照顾我，另一方面也从思想上鼓励我、鞭策我。1959年8月，他写给我一段赠言："船，能够乘风破浪才能前进；人，能够克服困难才能生存。"同年11月，他又写给我一段赠言："生长在毛泽东时代，生活是多么幸福，前途是何等广阔，望你努力去追求它。"雷锋的这两段赠言，给了我很大的鼓舞。

第一部分
将军和大学生漫谈学雷锋

还有雷锋买"三大件"的事情,我至今想起来还很惭愧。有人问,雷锋不是节约标兵吗?怎么他在经济困难时期还买皮夹克、料子裤和小英格手表呢?对此,我有必要实事求是地加以说明。

大家都知道,雷锋是个孤儿,没有家庭负担。他原来是在县委当公务员(勤务员),在农场当拖拉机手,虽然工资很低,大概每月不到30元,但雷锋省吃俭用,多少也存了一点钱。我们到鞍钢以后,每月的工资是34.5元,这在当时就不算低了。

那时我们都还年轻,爱热闹,讲究美,白天紧张工作了一天,晚上有时去图书馆看书,有时去俱乐部跳舞。跳舞时,男女青年都穿得比较干净、整齐、漂亮。唯有雷锋还是穿着胶鞋和破旧的工作服,显得很扎眼。

于是,我和一些工友就劝雷锋,你又不是没钱,干嘛那么寒碜,为什么不买一两件像样的衣服穿穿呢?

在我们的怂恿下,雷锋买了一件皮夹克,大概花了40多元;买了一条料子裤,花了20多元;还买了一块小英格手表,花了100多元。就是这样的所谓"三大件",总共花了不到200元。当然,这在当时也算是一项很大的开支了。

雷锋确实也穿着皮夹克、料子裤并且戴着小英格手表跳了几次舞。后来他收到望城县委书记张兴玉的一封信,提醒雷锋要艰苦朴素,继承和发扬工人阶级的优良传统。从那以后,雷锋就不再穿皮夹克、料子裤,不戴那块手表了,也不去跳舞了。而是更加积极地工作,奋发地学习了。

1960年1月,雷锋光荣参军时,因为没有家人,单位就指派我作为代表,给他佩戴大红花。我当时既为他感到光荣和骄傲,又感到依依不舍,激动得一句话也说不出来。

雷锋离开工厂时,把公家发的大厚被子留给了我,现在这床被子放在弓长岭雷锋纪念馆展览。他参军后,我们互相通过信,可惜他写给我的信没有留存下来,我至今还感到内疚。

雷锋牺牲以后,我从收音机里听到了这个噩耗。当时,我既震惊又悲痛，大哭了一场，还在身上披上白布，到照相馆里照了一张照片，以此表示对雷锋不尽的哀悼和永远的怀念。

于泉洋：男，雷锋当年的战友，"雷锋班"第3任班长，退休前任中国石油辽化运输处党委副书记，现年71岁。

于泉洋同志已经71岁了，而且患有脑血栓、脑萎缩等疾病，当我拨通他的电话，询问他对雷锋怎么看时，他还是激动而又显得十分吃力地说了下面一段话。

我和雷锋都是1960年1月入伍的，到部队后我们又分到了一个连一个排一个班。我与雷锋可以算得上亲密战友，对于他怎样为人、如何处事，我还是比较清楚的。他给我印象最深的是这样几个方面：

一是雷锋非常爱学习。那时《毛泽东选集》第4卷刚开始发行，雷锋就如饥似渴地学了起来，正如人们形容他"《毛选》随身带，有空学起来"。通过学习，雷锋树立了正确的世界观、人生观、价值观。雷锋之所以成为平凡而伟大的共产主义战士，与他爱学习特别是学习革命理论，是分不开的。

二是雷锋全心全意为人民服务。雷锋真正做到了有一分热发一分光，他在军内外都做了大量好事，全心全意为人民服务。这方面的事例很多，大家都知道，我就不啰嗦了。

三是雷锋艰苦奋斗乐于助人。那时我们每个月才6元钱津贴，雷锋每月只花几毛钱，其余都存起来。他存钱干什么用呢？帮助有困难的同志呗！据我所知，他给乔安山、周述明家里都寄过钱。他对有困难的同志很慷慨，对自己很节俭。我们团里开运动会时，别人买汽水喝，他却喝自来水，舍不得花一分钱。可谁有困难了，他就毫不犹豫地解囊相助。他的思想境界是非常高的。

四是雷锋非常关心爱护同志。雷锋认为，在革命队伍里，只有恩人，没有仇人。所以，大家应该相互关心、相互爱护、相互帮助。

雷锋帮助战友学政治、学文化、学技术。这方面事例很多，我也不多讲了。

在生活小事上，雷锋对战友的关心爱护也是无微不至的。我们有一位战友叫韩玉臣，一次他在搬汽车电瓶时，一不小心把含有硫酸的电瓶水洒在裤子上了，烧了一个洞，这可怎么穿呢？

雷锋看到了，就利用晚上大家入睡以后的时间，拿出自己平时备用的针线包，再把自己棉帽的黄色衬布拆下来，一针一线地把韩玉臣的裤子补好了。第二天早晨韩玉臣一起床，看到自己的裤子补好了，他猜想，这样的好事肯定是雷锋做的。他那个激动呀，真是无法用语言形容。

总之，雷锋是好人啊！是大好人，我觉得没人能比过他。所以，作为战友，我从内心里佩服他，一直坚持向他学习。

张时扬：男，雷锋当兵时，他在营部任负责文书工作的书记，从团副政委任上转业地方工作，退休前任营口市综合治理办公室副主任，现年75岁。

我是1958年中专毕业后参军的，算个小知识分子吧。雷锋当兵时，我是负责营部文书工作的书记，又兼文化教员，所以对雷锋比较熟悉。

雷锋全心全意为人民服务，在军内外做了大量的好事，这方面大家都知道，我就不多讲了。我主要讲讲雷锋做好事不留名的几件事。

雷锋当兵一个星期后，火车站就有人来我们营反映，说有一个战士，利用业余时间，到火车站打扫卫生、扶老携幼，车站工作人员和过往旅客都很感动。问他是哪个部队的，叫什么名字，他都不说，只是埋头苦干。希望部队查找这位战士，向他表示感谢，并请部队给予表扬。

我向营首长作了汇报，营首长让我去帮助查找。我就问车站来的人，这位战士有什么特征呀？来人说，这位战士是个小个子，穿着大头鞋，身上穿的棉衣不合身，显得很肥大，说话好像南方口音。当时我们营的官兵北方人多，南方人少。根据来的人说的那位战士的体貌特征和南方口音，我就带着他去新兵排查找。结果很快就认出是雷锋了，来的

做人要做雷锋那样的人
——将军和当代大学生漫谈学雷锋

人当然很感动了，高兴地与他握手。我转过身问雷锋，人家问你姓名，你为什么不说？雷锋只答了两句话："这是我应该做的，没有必要说出自己的姓名。"

又过了一段时间，一所小学的两位女老师，来到我们营，通过哨兵求见营首长。她俩反映，有一位战士路过学校门口，看到师生们正在清扫地上厚厚的积雪，他就帮助干了起来，扫完雪才走。问他名字，他就是不说。我有第一次查找雷锋的经验了，这一次带着她俩很快就找到了雷锋，当然又是一番衷心的感谢了！

以上两件事都发生在营口市，下面我再说一件雷锋到抚顺以后发生的事。

有一天，我正在打篮球，忽然听到敲锣打鼓声，顺着声音一看，发现地方上来的两位同志，手里举着喜报（感谢信），说是有一位汽车兵（当时汽车兵佩戴的领章上有汽车符号）帮助他们搞建学校劳动，问他叫什么名字，他就是不说，估计是我们部队的，特来表示感谢，并请求帮助查找。

我有了在营口市的两次经验，估计到这件好事又是雷锋做的。于是就找来了雷锋的连长，连长说，不对呀！雷锋肚子疼，请假外出看病，这件事不可能是他做的。为了弄清楚，连长又叫通信员找来雷锋，这次雷锋如实承认了。

他红着脸对连长说，我的确是肚子疼，请假外出看病，但在路过本溪路小学时，看到工人们正在热火朝天地劳动，为学校盖楼房。广播里喊运砖的人手不够，紧急需要运砖。我见状就找了一辆小推车，帮助他们运起砖来。结果出了一身汗，肚子也不痛了。这事没有什么好说的，见困难就上呗！

雷锋苦大仇深，各方面表现又特别突出，所以他当时就是我们部队官兵真心佩服、共同学习的先进典型。

当时我们部队有一个不成文的规定，就是不在当兵不满一年的新兵中发展党员。但是因为雷锋表现特别突出，所以他参军刚满10个月的时候，也就是在1960年的11月8日，就光荣地被营党委批准入党了。

他的《入党志愿书》上的公章，还是我亲手盖的呢！他的入党介绍人是连长、指导员，他俩盖的是私章。

还有，1960年夏秋之交，雷锋带病在抚顺抗洪抢险，奋战7天7夜，因身体虚弱、劳累过度，昏倒在河堤上。他醒来后，又奔赴抗洪前线。为此，部队党委为他记了三等功。他的立功表格，也是我亲手填写的。

总之，雷锋不忘旧社会的苦，报答新社会的恩，全心全意为人民服务，做好事不留姓名，不计名利。正因为如此，他才受到部队官兵的爱戴，成为大家学习的光辉榜样。

附：我电话采访张时扬同志之后，他很快就给我寄来了怀念雷锋的材料，并附了一封信，现将这封信照录如下：

田将军：您好！

昨晚，接到您的电话指示，今将材料邮去，请雅正。

雷锋生前我们曾在一个营里当兵，因工作关系，相互接触较多。此材料是我亲身经历的几件事，印象深刻，永远难忘。

我觉得，雷锋是一个不忘旧社会阶级苦，铭记新社会幸福来之不易，懂得怎样做人，为谁活着的人。他树立了热爱党、热爱祖国、热爱社会主义的崇高理想和信念，做到了全心全意为人民服务。

雷锋同我们一样，都是一个普通的人。同在一个部队当兵，同在一样的环境中生活，雷锋所做的事，也都是我们日常工作生活中经常遇到的一些力所能及的事。但我们没能做到或没有做好，而雷锋不仅做到了，还能持之以恒地坚持做得比我们好，成为一个超越自我、全心全意为人民服务的楷模。

此致

敬礼！

张时扬

2012年10月26日

做人要做雷锋那样的人
——将军和当代大学生漫谈学雷锋

乔安山：男，既是雷锋的工友，又是雷锋的战友，电影《离开雷锋的日子》主人公原型，现任抚顺市雷锋纪念馆荣誉馆长，现年71岁。

要说与雷锋关系最密切的人，大概非我莫属了。雷锋1960年1月8日参军，1962年8月15日牺牲，他在部队的时间共计两年8个月零7天。而从雷锋于1958年10月来到鞍钢当工人，到他动员我一起参军，共计413天。这样算来，我们相识相处将近4年的时间。到了部队，我俩又分到了一个连一个排一个班，而且同开一辆车。现在大家介绍我的时候，都说是雷锋的亲密战友。虽然我与雷锋无法相比，但从相互关系的角度上讲，我也就认可了。

正因为如此，很多人都问我，究竟雷锋是怎样的一个人，我不说雷锋是这种"人"那种"人"了，很多人作了大同小异、各种各样的概括，他们说的都有道理，我完全同意。现在人们写文章、作报告，经常说到几个"关键词"，我也想学学这种说法，试图用几个"关键词"，概括一下雷锋的为人和精神。

第一个关键词是"苦孩子"，这个不用多讲了，雷锋的苦难家史大家都知道。

第二个关键词是"好战士"，雷锋是个名副其实的好战士，这是大家都充分肯定的。

1960年冬，先后在《辽宁日报》和《人民日报》发表的最早介绍雷锋事迹的文章，题目就是《苦孩子——好战士》。这篇文章，在辽宁乃至全国都产生了较大的影响。

第三个关键词是"大好人"，光说雷锋是好战士还不够，因为在他短暂人生的不同阶段，他还分别是好孩子、好学生、好农民、好工人、好党员呢，我觉得说雷锋是"大好人"，才比较全面。

第四个关键词是"热心肠"，雷锋是一个热心肠的好人，人们都说他像"一团火"，雷锋走到哪里，都能给人们带来温暖。

第五个关键词是"闲不住"，雷锋把他的热心肠转化为一种力量，就是无论他走到哪里，都要做一些好事，来回报给予他新生的党和社会，他是一个闲不住的人。他总是前、后、左、右地忙碌着，让人感到他总是那么充满活力，仿佛他的心里装了一台永不停歇的发动机，给了他无穷的力量。雷锋很有干劲！

再说说雷锋是怎样关心我、爱护我、帮助我的吧！

我们在鞍山一起当工人时，雷锋给予我的最早帮助是写家信。我没上过学读过书，是个文盲，连家信都不会写。那时的工人文化程度普遍比较低，类似我这种情况的人还不少。我们很多人住在一个宿舍，睡大通铺。每到节假日，雷锋就在宿舍门口，坐个小凳子，前面再摆个大凳子，帮助工友们写家信。后来到了部队，每逢来了家信，雷锋就帮助我写回信。写好邮走后才告诉我，你家里来信了，我写回信了，就说你在部队很好，让家人放心。

雷锋动员我一起参军。老实说，开始我并没有主动报名要求参军。这是为什么呢？我家里人口多，经济上很困难，我在工厂当炉前工，属于技术工种，每月工资46元，这在当时就属于高工资了。部队开始征兵时，雷锋对我说，现在国家处于经济困难时期，蒋介石叫嚣"反攻大陆"，正是部队需要兵员的时候，再说咱俩又是好朋友，为什么不一起报名参军呢？雷锋的一席话，使我提高了觉悟，毅然与他一起报名参了军。这样，我们之间的关系也就从工友变成了战友。

在部队，雷锋帮助我学政治、学技术、学文化。在雷锋留下的几百张照片中，其中有两张是雷锋在汽车驾驶室里辅导我学习《毛泽东选集》的真实记录。关于这方面的情况，我就不多讲了。我们俩同开一辆车，雷锋文化水平高、脑子灵、领会比我快，我俩经常一起切磋驾驶技术。下面我重点讲讲雷锋帮助我学文化的情况。

为了帮助我学文化，雷锋用节约下来的津贴费为我买了钢笔和笔记本，那真叫手把手地教哇！可我开始时还是不怎么用功，非但如此，还把雷锋给我买的笔记本上的纸撕下来，用来卷烟抽。看到这种情况，雷锋就善意地诚恳地批评我，他还引用毛主席的话"没有文化的军队是愚蠢的军队，而愚蠢的军队是不可能战胜敌人的"以开导我。这下子我可真的感动了，下决心好好学习了。真是功夫不负有心人，经过一段时间

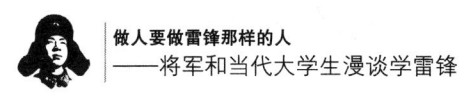
做人要做雷锋那样的人
——将军和当代大学生漫谈学雷锋

的努力,有一次考语文,我还得了100分呢!

我现在肚子里的这点"水",这点文化底子,都是雷锋当年帮助我、督促我、辅导我的结果。没有雷锋,我哪会有今天?我现在有时作报告,偶尔还会蹦出一两个成语或是格言警句什么的,比如"予人玫瑰,手留余香"。有的同志听到了,就跟我开玩笑说,想不到乔安山还会"拽词"了!

雷锋曾分两次给我家里寄过20元钱。我家里生活困难,母亲生病,雷锋就瞒着我,以我的名义,先后分两次给我家里寄过20元钱,一次寄10元。我母亲病好后来部队探亲,对我说,你寄给家里的钱收到了。我没给家里寄钱呀,我猜想肯定是雷锋寄的,就找来问他。他说,你的家就是我的家,你的母亲就是我的母亲,你的困难就是我的困难。作为儿子,给母亲、给家里寄这么点钱,又算得了什么呢!

对此,我和母亲都很感动。我母亲还真把雷锋当做自己的亲儿子对待了。他让我把雷锋叫来,仔细量了雷锋两只脚的尺寸。雷锋的脚与我的脚一般大,我俩都穿38号的鞋。母亲回家后,一针一线地为雷锋做了一双千层底布鞋。这双鞋还没寄来,雷锋就牺牲了。听到噩耗,我母亲大哭了一场。她不断地念叨:这么好的孩子,怎么就走了呢!这件事也成了我终身的遗憾,雷锋对我这么好、帮助这么大,可我又为他做过一点什么呢!

下面我有必要讲一讲雷锋牺牲的情况了。

前些年的一天,我到长春参加一个活动,有人指着我说:大家看呀!这个人就是撞死雷锋的那个人!我一听,一下子就晕倒了,这件事对我刺激太大了!

现在我去一些地方作报告,绝大多数人都注意听讲,但也有人指指点点,小声地说:他就是撞死雷锋的那个人!

我并不埋怨这些同志,但我有必要有责任说明当时的情况。

我还很清楚地记得,50年前的1962年8月15日,那天早晨,天气阴沉,下着小雨,我和雷锋驾驶苏制"嘎斯—51型"13号汽车,从铁岭山区工地回到抚顺驻地。上午9点半,赶到部队营房。雷锋看到汽车溅满泥水,就让我把车开到营房边的空地去冲洗。雷锋当时没有上车,他站在营房通往空地的拐弯处指挥我开车。因为角度很大,需要拐几个弯,难度确实很大。想不到汽车左后轮滑进了路边的小沟,车身猛地颠了一下,碰折了一根晾衣服的木竿,木竿弹起击中了雷锋的头部,导致颅损伤及脑机能障碍,紧急送至抚顺职工医院,经多方抢救无效,雷锋不幸牺牲,当时他还不满 22 岁。

我震惊!我悲痛!我惭愧!我真想替雷锋去死,我也不想活了!

我们团各级领导和上级机关对这个问题的认定和处理是实事求是、合情合理的。这是一起意外事故,定性雷锋之死是因公牺牲,部队也没有追究我的责任,更没给我什么处分。

尽管如此,50 年来,我一直觉得愧对雷锋。我经常想,如果雷锋活到现在,该有多好哇!雷锋又能做多少好事呀!他可以为党、为国家、为人民、为军队作出更大的成绩和贡献!

1966 年,我复员到地方工作,到汽车公司开大货车。多年来,我忍辱负重,不怕讥讽挖苦,不怕各种议论,一直坚持学雷锋、做好事。我经历的酸甜苦辣多了去了,这里就不再一一说了。

后来,我做的一些事情被工程兵某团政治处干事蔡原征同志发现了,他写成通讯报道在报纸上刊登后,引起了多方面的重视。据此,北京市紫禁城影片有限公司于 1997 年改编、拍摄出以我为主人公原型的《离开雷锋的日子》,并在全国各地放映,据说看过这部电影的多达 1.5 亿人。随着电影的放映,我好像在一夜之间也变成"名人"了!但我心里很清楚,没有雷锋当年对我的帮助,哪里会有我的今天呢!我所做的那些小事,与雷锋又怎能相比呢!连"沧海之一粟"都够不上。

1999 年,雷锋第二故乡抚顺市委、市政府决定,让我们全家从铁岭搬到抚顺,成为抚顺市民,还让我担任抚顺市雷锋纪念馆的荣誉馆长。

我非常感谢抚顺市党政领导对我的照顾,感谢各界人民群众对我的关心。这些年来,我怀着对雷锋的愧疚之心和对党、政府、人民群众的感激之情,应邀到全国各地包括香港特区作了 2000 多场报告。我患有高血压、脑出血等多种疾病，在作报告的过程中，曾经 3 次晕倒在讲台上。最近，我和老伴去了一趟我国的宝岛台湾，我给旅游团的同志们讲了雷锋的光辉事迹。台湾籍的导游说，我知道雷锋的大名，我们台湾人也应该向雷锋学习！

我的老伴张淑芹，还有两个儿子、两个儿媳，一个孙子、一个孙女，都表示，我们全家人都要学习雷锋、宣传雷锋，世世代代纪念雷锋。我的孙女乔婷娇，大学毕业后应征入伍，现在雷锋所在团的雷锋纪念馆当解说员。讲解雷锋事迹时，她总是称雷锋爷爷。今年她还和另外几位同志参加了中宣部组织的学雷锋报告团，到全国各地作巡回报告。由于她平时表现较好，报告任务完成突出，于今年光荣地加入了中国共产党，并荣立了个人三等功。

有一次，一位美国记者问我，你怎样理解雷锋精神？我回答，如果用一个字概括，就是"爱"；如果用两个字概括，就是"大爱"、"博爱"。

还有一次，我在武汉作报告过了点，气喘吁吁地跑上飞机时，愤怒的眼神纷纷向我投来。这时，机长解释说："这位是雷锋的亲密战友乔安山同志，老人家给武汉大学师生作学雷锋报告误了机，耽误大家的行程了！"

立时，乘客全体起立，热烈的掌声在客舱响起。我激动得泪流满面，但我清楚地知道，这掌声是给雷锋同志的，而不是给我乔安山的。

冷宽：男，雷锋当兵期间，他在雷峰所在团先后担任见习参谋、政治处干事、党委秘书，退休前系海军副政委兼纪委书记，海军中将，现年 75 岁。

冷宽是从雷锋所在团走出来的职务最高的领导干部。他在雷锋所在团里工作时，先后担任见习参谋、宣传干事、党委秘书。由于工作关系，与雷锋接触较多。他退休之后，联络军队和地方一些志同道合的人士，经国家民政部批准，发起成立了中国社会福利基金会学雷锋基金管理委员会，担任管委会名誉主任，实际上是这个民间社团组织的"核心人物"。他是雷锋精神的见证者、宣传者和实践者。他对雷锋怀有深厚的感情，对学习和宣传雷锋具有高度的热情，因而被人称赞"冷政委是热政委"。他提出"用雷锋精神，做雷锋事业"，成为学雷锋基金管委会的指导思想和行动指南。

冷宽同志说：

我第一次见到雷锋，是在我们团欢迎新兵的大会上。欢迎大会就设在一个大操场上，雷锋代表新兵讲话。他手里拿着事前准备好的讲话稿，因为风很大，把讲话稿吹跑了，雷锋干脆就那么讲了起来。我记得他讲，刚才团首长号召我们新兵争当"五好战士"，我们一定坚决响应！别说"五好"了，就是"七好"、"八好"，我们也一定能够做到！讲到这里，引起了一片笑声。这一方面说明刚参军入伍的雷锋，还不了解"五好"的具体内容，另一方面也说明雷锋一参军，就下定了当个好兵的坚定决心。雷锋讲的一番话，给全团官兵留下了深刻的印象。我们团的韩万金政委当时就说，看来这个新兵不简单，要重点培养、多加帮助，并指定刘家乐副政委具体负责这项工作。

人们经常提问，在我的心目中，雷锋究竟是一个什么样的人？我总是从这样3个方面回答：

第一，雷锋是个很阳光的人。我所说的阳光，不是一般意义上的时尚，更不是赶时髦，而是指雷锋具有坚定的理想信念，具有强大的精神支柱，他热爱党、热爱祖国、热爱人民、热爱社会主义制度。因而，他心地坦然、光明正大。雷锋的阳光是从内心表现出来的。他整天乐呵呵的，他灿烂的笑容，深深地铭刻在我的心目中。

第二，雷锋是个助人为乐的人。雷锋具有强烈的报恩思想，他把这种报恩思想转化为全心全意为人民服务的实际行动，他在军内外做了大量的好事。可以说，助人为乐成了雷锋的自觉行动和生活习惯。

第三，雷锋是个事业成功的人。雷锋好学上进，艰苦奋斗，顽强拼搏，发扬"螺丝钉"精神，真正做到了干一行、爱一行、专一行、精一行，他从事每项工作，都力求做得最好，达到极致。因此，我们完全可以说，雷锋是个事业成功的人。

做人要做雷锋那样的人
——将军和当代大学生漫谈学雷锋

雷锋牺牲后，我们团的韩万金政委带领我到雷锋所在班蹲点调查，根据全班同志的强烈请求，我参与起草了请求国防部命名"雷锋班"的请示。在韩政委的主持下，我们还确定了应予保留的雷锋的10件遗物，这10件遗物分为5个类别。

第1类是武装雷锋思想的1件：雷锋认真阅读、写过多处眉批的《毛泽东选集》1—4卷；

第2类是与雷锋热爱并做好本职工作有关的3件，分别是：雷锋与乔安山合开的苏制"嘎斯—51"型13号汽车，雷锋挎过的冲锋枪和使用过的教练弹；

第3类是与雷锋助人为乐有关的两件：一是他当小学校外辅导员戴过的红领巾，二是他为地方一位大嫂挡风遮雨穿过的雨衣；

第4类是与雷锋艰苦奋斗有关的3件，分别是针线包、节约箱和理发工具；

第5类是与雷锋刻苦学习有关的1件，即雷锋随身使用装着书、笔和本子的军用挎包。

这10件遗物，展览在雷锋所在团的雷锋纪念馆里。当年的遗物成了珍贵的文物，成了留给后人的宝贵精神财富。可以说，这10件遗物是雷锋精神的物质载体。通过瞻仰这10件遗物，可以比较全面地领悟雷锋精神。

雷锋同志牺牲后，有两件事使我深受感动、终生难忘。

第一件事是，雷锋牺牲后，一时筹集不到一副好棺材，时任中共抚顺市委第一书记的沈越同志，把为自己母亲准备的棺材捐献出来，并和部队领导一起，亲自为雷锋整容入殓。这是何等感人的义举呀！

第二件事是，隆重悼念雷锋和移葬雷锋的情况。

1962年8月17日，抚顺军民在望花区礼堂举行了隆重的追悼雷锋大会。从望花到葛布，20多公里的路途上，成千上万的群众自发地来到街头，看雷锋同志最后一眼，不少人自发地护送雷锋的灵柩到葛布烈士陵园。

1964年4月，为了更好地纪念和学习雷锋，抚顺市又在望花区公园新建了雷锋墓。我作为干部代表，和"雷锋班"的6位战士一起，抬着雷锋的灵柩，护送到新建的坟墓。这段路途并不算远，但却走了很长一段时间。沿途都是参加护送和向雷锋表示敬意的人民群众。据第2天的《抚顺日报》报道，参加护送的部队官兵和人民群众，多达20多万人，真可以说是倾城出动、万人空巷。目睹此情此景，我感慨万千、泪流满面，既为我们解放军培养出了平凡而伟大的共产主义战士雷锋而骄傲和自豪，又为人民群众对雷锋的真切悼念而激动和感谢。面对雷锋之墓，我对雷锋在天之灵说：雷锋同志，您安息吧！我们一定永远怀念您、学习您，继承您的遗志，争做您的传人！

      2012年10月23日、24日通过电话采访以上12位同志
        2012年10月25日、26日整理出这份采访稿

做人要做雷锋那样的人
——将军和当代大学生漫谈学雷锋

重温领袖题词　理解雷锋精神

毛泽东等老一辈革命家发表向雷锋同志学习的题词,揭开了全国学雷锋活动的序幕,开启了一场影响新中国历史走向、塑造全新国民性格的伟大实践。半个世纪过去了,学雷锋活动虽然产生过一些曲折,但总的趋势还是发展向上的。毛泽东等老一辈革命家为雷锋的题词,经受住了历史和实践的检验,至今依然闪耀着真理的光芒。

从1963年3月以来,为雷锋题词的中央政治局常委以上的党和国家领导人19人次,全国人大副委员长、全国政协副主席、国务委员以上的领导人25人次,元帅、大将、上将军衔的部队领导人21人次,省军级领导人共220多人次。2012年,世界吉尼斯纪录通过了"雷锋是党和国家领导人题词最多的士兵"。

领袖人物的题词,精神是一致的,又是各具特色的。重温领袖的题词,可以加深我们对雷锋精神的理解。

(一)毛泽东题词,发出了"向雷锋同志学习"的伟大号召

其实,早在1962年6月,毛主席就知道了沈阳军区有个好战士叫雷锋。据《解放军画报》2000年第10期第12页中李雪梅撰文《解放军画报与雷锋》说:"1961年1月16日出版的第2期《解放军画报》,一篇《苦孩子——好战士》的报道,很多人从这里记住了他——雷锋。1962年第六期的画报发表了一组专题《五好战士与红领巾》,再次对雷锋进行了宣传。对于一个普通战士连续宣传,这在画报历史上几乎是前

28

无先例的,足见画报社对宣传雷锋的高度重视。据一些老记者回忆,那张人们非常熟悉的毛泽东阅读《解放军画报》的照片上,毛泽东正凝神阅读的就是这篇报道。"雷锋生前做梦都想见到毛主席的愿望虽说没有实现,但毛主席的确在雷锋生前的1962年6月,在《解放军画报》上见到了雷锋的照片和事迹。历史就有这样的巧合。

毛泽东曾三次为雷锋题词。

1963年2月初,《人民日报》、《中国青年报》等报刊,相继发表社论、评论和介绍雷锋事迹的文章。毛泽东仔细阅读之后,激动地踱着步子,深情地对当时的国务院副总理、中国人民解放军总参谋长罗瑞卿说:"雷锋值得学习啊!向雷锋学习,也包括我自己,我也要向雷锋学习。"

罗瑞卿对总政治部领导说:"毛主席这样重视,我们还能不抓紧吗?"1963年2月9日,中国人民解放军总政治部及时发出通知,号召"全军迅速开展宣传和学习雷锋同志模范事迹的活动"。2月15日,共青团中央向各级组织发出《关于在全国青少年中广泛开展"学习雷锋"的教育活动的通知》。

《中国青年》杂志社的领导敏锐地意识到,雷锋是具有时代特点的先进典型,应下大力宣传,讨论确定把《中国青年》1963年第5期和第6期合刊为"学习雷锋专辑"。讨论中思想修养组的副组长王江云提出,能否请毛主席为雷锋题词。大家认为,毛主席一向关心青年,《中国青年》又是他偏爱的一本杂志,于是决定写信恳请毛主席为雷锋题词。

据毛泽东的秘书林克回忆:

记得大约在1963年2月中旬的某一天,《中国青年》杂志准备出版一本学雷锋专辑,为此,该杂志编辑部给毛主席写了一封信,请毛主席为学雷锋题词。当我接到这封信时,毛主席正在北京,住在中南海丰泽园的菊香书屋里。

当天,毛主席睡醒后,值班警卫打电话告诉我,主席醒了,我立即拿出已选好要批办、阅读的文件和资料,其中有《中国青年》杂志请毛主席题词的信，来到毛主席寝室。我在藤桌西边的一张椅子上坐下来，面对着毛主席，向他汇报了需要批阅的文件、重大的国际新闻，也提到了《中国青年》杂志请他题词的信。

大约过了两三天，《中国青年》杂志编辑部的同志打电话给我，询问主席是否答应写题词。当时，我知道毛主席已经看过了《中国青年》杂志的信，但未做什么表示。我便如实告诉了他们。大约两天后，该杂志编辑部的同志又打电话来询问。我便将杂志编辑部的请求如实转告主席：《中国青年》杂志在3月1日出版，能否请主席2月25号前写好，因为印刷还需要一周的时间。毛主席闻听，让我先拟几个题词供他参考。我回到办公室，思索了一番，拟了十来个题词，立即送给了他。我现在可以回忆其中几个题词的大致内容，如："学习雷锋同志全心全意为人民服务的思想"、"学习雷锋同志鲜明的阶级立场"、"学习雷锋同志大公无私的共产主义风格"、"学习雷锋同志艰苦朴素的作风"、"学习雷锋同志毫不利己、专门利人的优良品德"、"学习雷锋同志勤奋好学的革命精神"，等等。

2月22日，值班警卫打电话告诉我，主席让我去一下。我带着事先选好的文件资料匆匆来到毛主席的寝室。毛主席正穿着睡衣斜倚在床栏上看文件，看见我到了身旁，便放下了手中的文件。他示意我坐下，从左半边床的书堆上拿起了一张信纸递给我。只见他在信纸上用毛笔书写了"向雷锋同志学习"七个潇洒飘逸的行草字。我为他拟的十来个题词，他一个也没用。

这时，他吸了一口香烟，从容地带着询问的目光问道："你看行吗？"我爽朗地回答说："写得很好，而且非常概括。"毛主席好像要解释为什么没有采用我拟的题词这一疑问似的，接着说道："是嘛，学雷锋不是学他哪一两件先进事迹，也不只是学他某一方面的优点，而是要学他的好思想、好作风、好品德；学习他长期一贯地做好事而不做坏事；学习他一切从人民的利益出发，全心全意为人民服务的精神。当然，学雷锋要实事求是，扎扎实实，讲求实效，不要搞形式主义。不但普通干部、群众学雷锋，领导干部也要带头学，才能形成好风气。"现在看来，毛主席的这番话不仅指出了学雷锋的方法，而且指明了雷锋身上最本质的东西，特别是指出了学雷锋的方向。

毛主席谈完之后，我便回到自己的办公室，打电话给《中国青年》杂志编辑部，告诉他们毛主席的题词已经写好了，请他们到中南海西门来取。

1963年3月2日，《中国青年》第5—6期合刊《学雷锋专辑》，首先刊登了毛主席"向雷锋同志学习"的题词，同时还发表了周恩来、董必武、郭沫若、罗瑞卿、谢觉哉等领导人为雷锋的题词、题诗和文章。毛主席的题词，因为排版时间来不及，是专门印成插页，夹在杂志的首页发行的。

1963年3月5日，《人民日报》、《解放军报》、《光明日报》、《中国青年报》、《工人日报》等报纸，都在头版显著位置刊登了毛泽东为雷锋题词的手迹。3月6日，《解放军报》又首次刊登了刘少奇、周恩来（第二次）、朱德、邓小平等领导人为雷锋的题词手迹。随着毛泽东等老一辈革命家为雷锋题词的公开发表，学雷锋活动很快就从军队面向全国各行各业发展开来，迅速形成了一个全国范围内的学雷锋热潮。

在中南海菊香书屋毛主席办公桌的黑色大墨盒上，至今还摆放着一份毛主席为雷锋题词的手迹件。右侧为："向雷锋同志学习　毛泽东"的题词手迹，左侧说明文字为：毛泽东同志1963年3月5日"向雷锋同志学习"的伟大题词就是在这里题写。

毛主席在他的办公室里曾批阅过多少文件、报告、请示，书写过多少文章、书信、诗词、题词，恐怕中央办公厅也难以计数，单单把为雷锋的题词摆在其办公桌的显要位置，可见学雷锋活动非同一般，极不寻常。

有关毛泽东为雷锋的题词，现在人们见到的，是《中国青年》杂志和《人民日报》等报刊公开发表的题词。其实，毛泽东为雷锋的题词还有两份：一份与公开发表工整、有力、传神的题词，内容、格式完全一致，只是字迹显得潦草些。这份题词，后来发表在《毛泽东手书全集》第二卷第219页上。据后人分析，此题词与公开发表的题词，应是毛主席同时题写的,二者相比,送到《中国青年》杂志社公开发表的,应是更为工整、有力的一份。而第三份题词是毛主席1965年8月30日题写的,全文为:"学习白求恩,学习雷锋,为人民服务。毛泽东 一九六五年八月三十日"。

毛主席一生中,只为白求恩、刘胡兰、雷锋三人题过词,而对雷锋却一而再、再而三地题词,号召全党全军全国人民"向雷锋同志学习",足见雷锋在毛泽东心目中的沉重分量。

毛主席不但号召人民群众向雷锋同志学习,更要求各级领导干部特别是高级干部,带头向雷锋同志学习。

1963年5月2日至12日,毛泽东在杭州召集的有部分中央政治局委员、书记处书记和各大区书记参加的小型会议——杭州会议上,主要是讨论农村社教问题。西子湖"淡妆浓抹总相宜"的湖光山色并没能引发毛泽东的诗兴,而周恩来向他推荐的雷锋日记却引出了他的一番感慨。11日,毛泽东在会上话锋一转谈到雷锋,他说:"我看过雷锋日记的一部分,看来此人是懂得一点哲学、懂得辩证法的。我们不要把哲学看得那么神秘,那么困难。雷锋那样年轻的同志,就懂得一点哲学。你们看了没有?希望你们都看看。我们要把哲学从哲学家的课堂上和书本里解放出来,让它变成广大老百姓的锐利的思想武器。"他进一步指出,雷锋的日记中,有很多辩证法的观点和语言,比那些死读书的大学生的论文强多了。雷锋的哲学思想是从哪里来的?还不是从为人民服务的丰富多彩的具体实践中来的!雷锋为群众办了那么多好事嘛!这一点是那些死读哲学书的大学生所无法比拟的。可见领袖的感慨中还透露出几分赞许。在座的领导同志跟着毛泽东几十年,很少听到过他对哪个人作出"懂得一点哲学"的评价。一个普通的士兵享受如此殊荣,使人们对这位士兵的认识更加深了一层。

(二)刘少奇题词,概括了雷锋这位英雄人物的典型特征

刘少奇的题词是:"学习雷锋同志平凡而伟大的共产主义精神。"这份题词可以说明两个问题,一是刘少奇认定雷锋是平凡而伟大的共产主义战士，现在我们经常这样评价雷锋，就是由此而来；二是刘少奇认定雷锋精神是共产主义精神。

什么叫伟大？一说到伟大，人们就联想到品格高尚、才识卓越、气象雄伟、规模宏大、超出寻常、令人景仰等词汇，如伟大的领袖、伟大的祖国、伟大的事业、伟大的成就，等等。

什么叫平凡？平凡就是平平常常、普普通通、点点滴滴、实实在在。平平常常才是真，实实在在才是美。平凡孕育伟大，汗水浇灌成功。

平凡和伟大，看似是一对矛盾，其实是相辅相成的。安于平凡，热爱平凡，并不妨碍铸就伟大。在我国在革命、建设和改革的历程中，涌现了大批的英雄模范人物。他们都是出自平凡岗位，而当社会给他们戴上英模桂冠的时候，在那耀眼的光环后面，仍旧是平凡的人生。

把雷锋称为平凡而伟大的共产主义战士，把雷锋精神称为共产主义精神，真是再适合不过了。

1963年5月9日，刘少奇给女儿刘平平写了一封生日贺信，信中特别讲到了向雷锋同志学习的问题。这封贺信，让人警醒，发人深思。现全文转录如下：

祝贺你就要满14岁了，希望你的14岁生日过得有意义。

满14岁后，在生理上就已成长为青年，在智力上也有了一定的思考能力，我们希望你在满14岁以后，认真思考一下，你到底要做一名什么样的青年？

在我们社会主义新中国里，大多数青年都是有一定的社会主义觉悟的，但是仍有先进的青年一般的青年和落后的青年之分。整天想不费力气、不费脑筋，而又能吃得好些、穿得好些、玩得好些，看来似乎最讨便宜、最享福，但实际上这样的落后青年是最苦恼的。他们没有远大理想，不去关心别人，只知道吃穿玩乐，只知道计较个人得失，不仅当前不会心情舒畅，将来也不会有前途的。他们经常处于苦闷和困惑中，在困难的复杂的阶级斗争环境中，在某些关键的时刻，这样的人就可能变

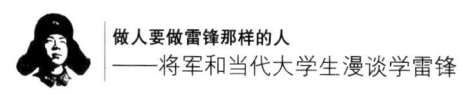

为反对共产党、反对人民、反对社会主义祖国的坏分子。

我们认为根据你自幼受党的抚育和身体健康状况、智力条件等因素，你不应当安居于中游，不应当马马虎虎地度过你的青春时期，我们希望你能有决心做个进步的革命的青年，做个具有远大共产主义理想、具有雷锋式的平凡而伟大的共产主义精神的青年。这样，才能够真正继承革命先辈的伟大事业。

雷锋是全国人民学习的榜样，更是青年人的楷模。你要像雷锋那样刻苦学习，热爱劳动，虚心学习别人的优点长处，关心集体，关心国内外大事，并要注意锻炼身体，要有强健的体魄，这样，将来党和人民需要你时，你就可以做好一切工作。当然要做到这些是会有许多困难的，要有吃苦耐劳的精神，要有任劳任怨的精神。

雷锋之所以伟大，就是因为他将自己的一切完全奉献于伟大的共产主义事业，奉献于建设祖国的事业，只要你有了这种精神，就什么困难都能克服的，就能为党为人民为国家做出应有的贡献。只要你真正做一名进步的革命的青年，永远听党的话，以雷锋为榜样，严格要求自己，管束自己，老师、同学和父母都会喜欢你的，党和人民也会喜欢你的。

如果你认为我们的意见是对的，那么从现在开始，你就要以一个优秀的共青团员的标准来要求自己，就应该时时刻刻用雷锋精神激励自己。团员们能做到的事，你都要做得到，自己做错了事，要勇于改正错误。这样，等你满15岁后，团组织就一定会欢迎你成为一名光荣的共青团员的。我们的社会就会再增加一名有用的青年的！

时任中共中央副主席、中华人民共和国国家主席的刘少奇，给自己刚刚14岁的孩子写这样一封信，是否讲了一篇大道理呢？我认为不是的。这封信值得每个年轻人认真学习思考，这对于一个人世界观、人生观、价值观的形成，有非常重要的指导意义。

这里使我想起著名学者、曾任国家图书馆馆长的任继愈同志，生前在为台湾地区出版的一本书所写序言中说的一段话：

多年来我发现了一个普遍现象,奠定一个人的人生观、世界观,不是在大学学了哲学或政治课开始的,而是在中学时代,从十二三岁时随着身体的发育、知识的积累、意志的培养平行前进,同步开展的。再回想自己成长的过程,也是在中学时已经考虑过将来如何做人。……教育最终目的在于育人。人是社会的成员,社会培养他成长,成长后反过来为社会奉献他们的聪明才智。古今中外社会都是这样走过来的。对社会有用的人,不光有丰富的知识,还要关心国家大事,除了专业分工以外,还要熟悉祖国的历史,对世界大势有所了解,对艺术欣赏,辨别美丑,对人间的善恶有判断的能力。要养成关心别人、帮助弱者、坚持真理的品格。这是一个现代公民必备的基本条件。

(三)周恩来题词,既是对雷锋精神的精辟概括,也是对雷锋精神形成的深刻诠释

据当年的新华社驻辽宁分社军事记者佟希文、李健羽两位同志回忆,1963年2月7日《人民日报》发表"雷锋事迹"和"雷锋日记摘抄"的当天晚上,周总理阅读了这两篇稿子。总理亲自给人民日报社社长吴冷西打电话说,雷锋是个好战士啊,要估计到这个战士影响很大,需要很好地宣传这个典型。

周总理第一次为雷锋题词的内容是:"雷锋是劳动人民的好儿子,毛主席的好战士。"

当周总理得知毛主席为雷锋题了词,就请秘书打电话给《中国青年》杂志社了解,之后周总理根据毛主席的题词内容又草拟了一份题词:"向雷锋同志学习 憎爱分明的阶级立场 言行一致的革命精神 公而忘私的共产主义风格 奋不顾身的无产阶级斗志"。总理的这一题词,是经过深思熟虑的,对向雷锋学什么作了具体的阐述,进一步指明了学习的方向。

《解放军报》社原副社长兼总编室主任吕梁回忆,在周总理的题词即将见报前的一个星期六的晚上,《解放军报》的两位领导从中央军委礼堂来电话讲，周总理正在这里参加晚会，总理说他为雷锋题词拟了四句话："向雷锋同志学习 憎爱分明的阶级立场 言行一致的革命精神 公而忘私的共产主义风格 奋不顾身的无产阶级斗志"。总理说他感到第四句还需要斟酌，希望能像前三句一样（憎爱、言行、公私）把矛盾的两个对立面具体表达出来，要求军报的同志帮他推敲修改。因为时间紧急，要求一个小时内提出修改意见。大家想出了好几个修改方案，经过反复比较，感到都不理想，没有达到总理预期的要求。

周总理的第三次题词，是1965年10月10日题写的雷锋的一段名言："对待同志像春天般的温暖 对待工作像夏天般的火热 对待个人主义像秋风扫落叶一般 对待敌人像严冬一样残酷无情 录雷锋同志选句 周恩来"。周总理题词的内容与雷锋日记中的原文，虽说有所改动，但意思没有变。雷锋日记的原文是："我要牢牢记住这段名言：对待同志像春天般的温暖，对待工作像夏天般的火热，对待个人主义像秋风扫落叶一样，对待敌人像严冬一样残酷无情。"

1963年的元宵节，周总理在北京文艺工作者的联欢会上，向全国文艺界发出要用文艺形式来歌颂雷锋的倡导。他说："你们这些作家，应该大量地反映我们时代的英雄人物。东北有一个战士叫雷锋，他的事迹可以写一写"。沈阳军区抗敌话剧团，积极响应周总理的号召，仅用9天的时间就创作与排演了五幕八场话剧《雷锋》。经过4次大的修改，1963年6月26日《雷锋》剧组奉命启程进京汇报演出。周总理、陈毅、邓颖超观看了话剧《雷锋》。演出结束时，周总理、陈毅、邓颖超等领导高兴地走上舞台。周总理一面和演员握手一面说："戏不错！这样的事能写成戏很不容易，你们写成了。本子不错，戏也演得好！"陈毅也连连说："演得很好，很好！蛮有戏嘛！"

1963年7月31日，毛主席、周总理等中央领导同志在怀仁堂观看了由沈阳军区抗敌话剧团创作演出的多幕话剧《雷锋》。在观看过程中，毛主席时而伏案沉思，时而开怀大笑，他和观众一起热烈鼓掌40多次。演出结束后，毛主席、周总理等领导同志走上舞台，并四下寻找"雷锋"，和雷锋的扮演者张玉敏同志亲切握手。

在这之前，1963 年 3 月 30 日晚上，天全黑下来了，军事博物馆《雷锋同志模范事迹展览》的讲解员忙碌了一天，正准备关门离去。突然，一辆小车驶进院内，从车上走下来的竟是周总理。总理劳累了一天，连晚饭都没吃就赶来参观雷锋事迹展。讲解员考虑到总理工作繁忙，为了不多占用他的时间，只选用几条有影响的雷锋日记作介绍，可总理却指着那些没念的雷锋日记说："你念，你念。"他一边听一边戴上眼镜，站在旁边仔细地看。讲解员有的地方念错了，总理便帮助纠正；辨认不清的字，总理就一字一句地琢磨，然后告诉讲解员。这个动人的情景，在后来军博雷锋事迹展厅里悬挂的巨幅照片上就可以看到：总理穿着灰色制服，笔直地站着，仰着面，神情专注地看着雷锋的大幅照片。

看完展览，周总理仍不愿离去，又提出要看看雷锋的日记原文，军博的同志赶快拿来雷锋日记的笔记本，总理翻到雷锋的最后一篇日记观看，是 1962 年 8 月 10 日（雷锋 8 月 15 日就因公殉职）记下的，原文为："今天，我认真学习了一段毛主席著作，其中有句话对我教育很深。主席教导我们说：'虚心使人进步，骄傲使人落后。'这是千真万确的真理。……今后，我要更加珍爱人民和尊敬人民，永远做群众的小学生，做人民的勤务员。"周总理看后合上雷锋的笔记本，这才匆匆离去。

（四）邓小平题词，强调"向雷锋同志的品德和风格学习"

1963 年，时任中共中央总书记的邓小平，应《解放军报》社的请求为雷锋题了词，内容是："谁愿当一个真正的共产主义者，就应该向雷锋同志的品德和风格学习。"这一题词，随刘少奇、周恩来、朱德等领导人的题词，一并独家发表在 1963 年 3 月 6 日的《解放军报》上。

实事求是地说，向雷锋同志学习，做几件好事还是比较容易的，但要达到雷锋那样优秀的品德和崇高的风格，则是很困难的。邓小平同志强调向雷锋同志的品德和风格学习，抓到了学习雷锋的要害之处，也是邓小平同志的过人之处。

爱默生说："品格如同树木，名声如同树荫。我们常常考虑的树荫，

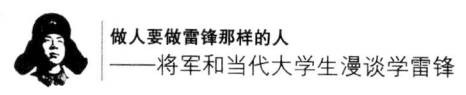

做人要做雷锋那样的人
——将军和当代大学生漫谈学雷锋

但却不知树木才是根本。"

达·芬奇说:"谁播种道德,谁就收获荣誉。"

苏霍姆林斯基说:"道德是照亮全面发展的一切方面的光源。"

莎士比亚说:"生命短促,只有美德能将它留传到遥远的后世。"

1975年7月14日,邓小平在北京京西宾馆召开的中央军委扩大会议上,全面部署军队的整顿工作。面对全军高级将领,这位中央军委副主席兼解放军总参谋长,讲到军队在"文革"中出现的问题时,出人意料地举了一个在群众中广为流传的段子:"过去军队同志坐公共汽车,向来是给老人、带娃娃的妇女让座的,现在有的不让了。有个战士坐车,一位妇女抱着娃娃,他不让座,娃娃哭了他也不理。旁边有位老人说,雷锋叔叔不在了。"

会上有人笑了,邓小平不仅没有笑,而且神情庄重地告诫在座的将领们:"从这个事情上是可以看出问题的,我们军队在这方面本来有很好的传统。现在,不讲团结,不讲纪律,三大纪律八项注意至少有某种程度的丧失。"

邓小平停了一下,手指激动地点着,"有的人发展到追求资产阶级生活方式,艰苦奋斗的传统作风丢掉了。这方面的例子多得很。如果认为这些都无关重要,没有警觉,那是危险的。"

当时在场的沈阳军区司令员李德生暗暗敬佩,邓小平同志不愧是一位伟大的政治家。事隔14年后,李德生回忆说:小平同志讲的不是一个普通的笑话,我们这些老同志听了心里很沉重。小平同志讲雷锋,讲的是为人民服务这面旗,举的是我军光荣传统这面旗。

许多部队借着东风重新提出了"学雷锋树新风"的口号,车站、码头、公共汽车上又出现了"雷锋"的身影。

当邓小平1977年再次站在中国政治舞台上时,他又讲到了雷锋。12月28日,他在中央军委全体会议上说:"一九七五年我讲到'雷锋叔叔不在了','四人帮'对此大肆攻击、污蔑,其实这不是我的话,是老百姓的话。老百姓讲'雷锋叔叔不在了',说明当时的政治工作放松了。"

1978年之后，邓小平在讲话中多次强调："我们要建设的社会主义国家，不但要有高度的物质文明，而且要有高度的精神文明。"开展学雷锋活动，无疑是加强社会主义精神文明建设的重要组成部分。由此可见，邓小平对学雷锋活动的高度重视。

1983年3月5日，为更好地促进学雷锋活动，《人民日报》、《解放军报》、《中国青年报》等各大报纸重新刊登了毛泽东、刘少奇、朱德、叶剑英、邓小平、陈云、董必武等为雷锋题词的手迹。与此同时，中共中央、国务院、中央军委召开了"首都各界隆重纪念向雷锋同志学习二十周年大会"。之后，全国学雷锋活动再次掀起热潮，形成了一种时代造就雷锋、社会呼唤雷锋、人民需要雷锋的强大声势。

（五）江泽民题词和讲话，指出了雷锋精神的核心内容和集中体现

江泽民作为中国共产党的总书记，高度重视社会主义精神文明建设，十分注重对雷锋同志的学习和宣传。他上任不久，就于1990年2月21日为雷锋题词："学习雷锋同志 弘扬雷锋精神"。

在江泽民题词不久，中央领导集体成员都相继为雷锋题了词。1990年3月5日是毛泽东等老一辈革命家为雷锋题词27周年纪念日，《人民日报》、《解放军报》、《光明日报》、《中国青年报》等各大报纸发表了江泽民、杨尚昆、李鹏、乔石、姚依林、宋平、李瑞环等为雷锋的题词。

1990年3月，党中央召开了十三届六中全会，并通过了《中共中央关于加强党同群众联系的决定》。《决定》中有一句话："全体共产党员和党的领导干部要带头学雷锋。"在党中央全会的决定中强调学雷锋，这是第一次。

1990年9月29日，正在辽宁考察工作的江泽民，专程来到抚顺市雷锋纪念馆。在这里，他详细地观看了雷锋事迹陈列馆各展室，并亲笔为抚顺雷锋纪念馆题写了馆名，还提议和前来陪同的各级领导一起，在雷锋墓前默哀、三鞠躬，追思这位平凡而又伟大的共产主义战士。

与此同时，江总书记亲切接见了雷锋生前所在团的干部和"雷锋班"全体战士，并发表了重要讲话："今天有机会和雷锋生前所在团的干部战士见面，我非常高兴。出现雷锋这样伟大的共产主义战士，不仅是人民解放军的光荣，同时也是中国人民的光荣。"

接着，他又强调指出："雷锋精神的实质，是全心全意为人民服务，为了人民的事业无私奉献。学习雷锋，要有一定的活动形式，但更重要的是抓住实质……社会主义物质文明和精神文明要共同发展，相互促进。因此，一定要继续在全国开展学雷锋的活动，学习雷锋全心全意为人民服务的精神。"

1991年3月，江泽民到湖南考察工作。16日，他在百忙中来到雷锋的故乡——望城县雷锋镇，参观湖南雷锋纪念馆，又亲笔留言并题写了"雷锋纪念馆"馆名。

1991年12月18日（12月18日是雷锋同志的生日），江泽民到福建考察工作，特意来到厦门的武警部队，接见了鼓浪屿好八连官兵，并题词："弘扬雷锋精神，建设保卫特区。"

1992年9月28日，沈阳军区雷锋纪念馆在雷锋生前所在团的驻地抚顺市顺城区落成。江泽民再次为该馆题写了馆名。

1993年3月，根据军委和总政首长的指示，摄制了反映全军30年学雷锋历史和丰硕成果的五集电视系列专题片《时代颂歌》。江泽民亲笔题写了《时代颂歌》的片名，这在电视系列专题片里是很少见到的。

（六）胡锦涛讲话，指出了雷锋精神的重大价值和时代意义

1993年3月4日，由中宣部、国务院办公厅、国家教委、总政治部、共青团中央、中共北京市委、市政府举办的纪念毛泽东等老一辈无产阶级革命家为雷锋同志题词三十周年大会，在北京人民大会堂举行。会前，江泽民、刘华清、胡锦涛、丁关根、李铁映等中央领导同志亲切会见了受表彰的学雷锋活动先进集体和先进个人的代表，勉励他们再接再厉，继续带头弘扬雷锋精神，把学习雷锋的活动推向深入，并同他们合影留念。

胡锦涛在大会上讲话，他代表中共中央和国务院，向在学雷锋活动中涌现出来的先进集体和先进个人表示亲切的慰问和崇高的敬意。他

说："一个只有22年短暂生命的普通共产党员，能够赢得亿万人民如此崇高和长久的敬意；一个普通的战士所表现的高贵品质，能够激励几代人的健康成长；一个群众性的活动，能够在几十年历史进程中延续不断，影响一个时代的社会风尚，这表明雷锋精神对于我们这个民族和社会过去具有、现在仍然具有重大价值和时代意义。"

2011年，胡锦涛同志主持召开了党的十七届六中全会，在会议所作的决定中，专门写了这样一段话："深入开展学雷锋活动，采取措施推动学习活动常态化。"不多不少，是22个字，正好和雷锋的年龄22岁是同一个数字。平均一岁在党的重要文件中留下一个字，雷锋不容易啊，太伟大了！

在前不久召开的党的十八大上，胡锦涛同志代表党中央所作的报告中，他又讲了这样一段话："深化群众性精神文明创建活动，广泛开展志愿服务，推动学雷锋活动、学习宣传道德模范常态化。"

胡锦涛同志没有为雷锋题过词，但他的重要讲话，无疑对开展学雷锋活动有着深远的指导意义。

在讲了党和国家的几代主要领导人为雷锋的题词和讲话之后，有必要再讲讲其他领导人为雷锋所写的诗词。

1963年2月20日，大文豪、时任全国人民代表大会常务委员会副委员长的郭沫若同志，为雷锋写了一首长诗，共13段，52行，诗名为《一把劈断昆仑的宝剑》，开头四句为："雷锋，一把劈断昆仑的宝剑；他虽然只活了二十二年，他永远活在人们的心坎里，他的声音永远在空中回旋。"诗句中，郭沫若对22岁的雷锋给予了高度的赞扬和肯定。

时间仅仅过了一天，诗兴大发的郭沫若，又写了一首《满红红·赞雷锋》的词，共有八句："劈断昆仑，有宝剑，锋芒淬砺。平地起，电光石火，一声霹雳。二十二年成永久，九州万姓仰英烈。牧猪童，身世本平凡，真奇迹。理安在？毛选集。窍安在？忠党业。大海中，一滴水珠洋溢。公而忘私人本道，粉身碎骨心皎洁。日记抄，字字出心头，言行一。"

我特别赞赏老一代革命家谢觉哉同志为雷锋所写的诗篇，现节录

| 做人要做雷锋那样的人
——将军和当代大学生漫谈学雷锋

如下：

　　轻轻的年龄，
　　平平的事迹，
　　短短的记述，
　　滚出了革命战士的火球，
　　任何恶浊碰着就要被焚毁，
　　任何黑暗触着就要被照亮。
　　开出了共产主义的花朵，
　　神圣的工作在每个人的日常事务里，
　　理想的前途在于一点一滴做起。
　　..........
　　雷锋读的书不比别人多，
　　但读一句懂一句，融化在自己的骨髓里面。
　　雷锋同志年纪轻轻，做的工作不多，
　　但他具备了共产主义的品质，有了建设共产主义事业的本领。
　　雷锋同志要求自己极严，一丝一毫不肯放过。
　　雷锋同志每天写自己的历史，要在自己的历史里放进新的东西。
　　所有革命的青年人中年人老年人，都应该每天在自己的历史里放进新的东西。
　　............
　　雷锋同志是平凡的，任何人都可以学到；
　　雷锋同志是伟大的，任何人都要努力才能学到。

　　谢老的诗篇充满着哲理，我们要特别记住他最后这两句充满哲理的话语。
　　还有一位诗人写道：

　　他不是将军，

却立下了无数功勋；

他不是文豪，

却写下了不朽的诗文。

他如此平凡，

如此年轻，

像一滴小小的春雨，

却渗透亿万人的心。

是的，雷锋的一生只有22年，他只有6年多的工作经历，中士军衔，班长职务，两年零8个月的军龄。他的足迹所至也只是由家乡的湖南望城到第二故乡辽宁抚顺，加上其间曾经短暂工作过的营口、鞍山和辽阳的弓长岭。然而就在这有限的时空当中，他却用平凡的累积，彰显了生命的要义，用人性的光辉，给世间增添了温情。他把忠诚、善良、无私、敬业等中华民族的传统美德和全人类共有的道德价值演绎到了极致。由此，他也赢得了人民群众由衷的爱戴和崇敬。

总之，自从毛主席等老一辈革命家发出向雷锋同志学习的伟大号召，50年来，雷锋的事迹传遍了长城内外、大江南北，影响了一代又一代的人奋发向上，激励无数的人创造了可歌可泣的业绩。雷锋事迹和雷锋精神在人民群众中影响如此之大、之广、之深、之久，这在中国历史上是极为罕见的。

写到这里，我想起了两个节日：一个是清明节，一个是端午节。

大家都知道，端午节的主题是纪念爱国诗人屈原。端午节又称诗人节，是中国唯一的诗人节日。对此，我就不多讲了。

我重点说说清明节的来历。

要清楚清明节的起源，必须先从寒食节说起。寒食节，因纪念春秋时期忠孝节义名臣介子推而设，它是我国传统节日中形成最早的，比端午节早200年历史。

自东汉周斐《汝南先贤传》始，就明确记载民间已将介子推故事与禁火习俗相提并论。其曰："介子推以三月三日自燔，后成禁火之俗。"

西晋孙楚《北堂书钞·祭介子推文》曰:"至三月清明,断火寒食,其至先后一月。"介子推是春秋时期晋国人,一度追随晋献公的公子重耳流亡他乡,在外19年。其间,介子推在重耳饿极之时,悄悄割下自己的股肉给重耳充饥,重耳知后感动莫名。后来,重耳终于回国即位,是为晋文公,却在封赏群臣时,落下了介子推。功不言禄、洁身自好的介子推偕母出走,隐居介休绵山山中。晋文公悔悟后上绵山寻访,求之不出,无奈之中放火烧山,想逼他偕母出山。但是狐偃、赵衰这两个也曾经随重耳逃亡的大臣,自知自己的功劳比不上介子推,暗中使人四面举火,最终将介子推母子烧死在绵山上。晋文公追悔莫及。

据传介子推母子烧死在一棵大柳树下。晋文公悲痛欲绝,于是将烧焦的树干做成木屐,"朝夕相随,终身不离。"第二年还孝服登山祭奠介子推,见柳树死而复生,绿枝千条,于是折柳枝戴于头上,并赐名该柳树为"清明柳",定清明为清明节。同时还下令晋国官民在介子推忌日禁火,只吃冷食,禁火寒食于是相沿成习。

我和著名作家二月河,在前几年曾一起登上绵山,瞻仰介子推遗迹,聆听介子推传说。深为介子推忠孝节义、淡泊名利的高风亮节所感动。

由此我想,每年的3月5日,我们也应该像清明节纪念介子推、端午节纪念屈原那样,纪念平凡而伟大的共产主义战士雷锋。而且我建议,把每年的3月5日,定为"好人节"。

学习雷锋精神"十个一"

看到这个题目,有人可能会说,你把雷锋精神概括为"十个一",是否牵强附会、勉强凑数。我如实地说,不是这样的。

首先应该承认,我提出的学习雷锋精神"十个一",的确是借鉴了辽宁石油化工大学对雷锋精神"五个一"的提法。这所大学50年来一直坚持用雷锋精神建校育人,并取得了显著的成绩,积累了丰富的经验。他们概括的雷锋精神"五个一"是:"一颗钉"的爱岗敬业精神、"一滴水"的团结协作精神、"一团火"的无私奉献精神、"一块砖"的普通劳动者精神、"一片叶"的感恩反哺精神。

我反复学习雷锋的事迹和雷锋的日记,感到雷锋的有些精神似乎还应提及,并且加以阐述,这样就归纳总结出了学习雷锋精神的"十个一"。这"十个一",都是有出处、有依据的,不是勉强凑数、随便提出的。

雷锋精神不是高不可攀、遥不可及、深不可测的。用简明、精练的语言,概括雷锋精神,可以使读者看得见、摸得着、记得住、做得到。

为了更好地理解雷锋精神,我在提出和阐述雷锋某一方面精神的后面,又引用了一些相关的格言警句,讲述了一些哲理故事。这样,可以使读者感到旁征博引、娓娓道来、回味无穷、受益良多。

下面,我就分别讲一讲雷锋精神"十个一"。

(一)学习雷锋同志"一辈子"的奉献精神

大家都知道,雷锋只活了不到22岁,就因公殉职了。

做人要做雷锋那样的人
——将军和当代大学生漫谈学雷锋

雷锋的一生，是极其短暂的一生，更是无私奉献的一生，光辉灿烂的一生，永垂不朽的一生。

雷锋精神的实质和核心，是全心全意为人民服务，为了人民的事业无私奉献。其他精神都是由此派生出来的。

我们经常讲奉献、无私奉献，我问大家一句：什么叫奉献？你能准确地说出这两个字的准确含义吗？

你可能说不出，我也说不出。

怎么办呢？我还真的上网百度了一下，让我们一起看看网上是怎么说的吧！

"奉"即"捧"，意思是"给，献给"；"献"，原意为"献祭"，指"把实物或意见等恭敬地送给集体或尊敬的人"。把"奉"与"献"两个字合起来，"奉献"就是恭敬地交付、呈献。

别咬文嚼字了，还是让我们一起来领悟、感受一下雷锋的一生吧！

有人说雷锋短寿，这话说得不错，按照世俗的说法，雷锋的确是短寿。

可真的"寿"是什么呢？

老子《道德经》上说："死而不亡者寿"。

孔子《论语》上说："仁者寿"。

《左传》上说："太上有立德，其次有立功，其次有立言，虽久不废，此之谓三不朽。"

雷锋在立德、立功、立言这三方面都做到了，他是真正的"三不朽"。

当代大诗人臧克家诗云："有的人活着，他已经死了；有的人死了，他还活着。"

雷锋一直活在人们心里，从这个角度上讲，雷锋之寿又是无限的。

在雷锋充满哲理的日记中，有两段话给我的印象可以说是刻骨铭心、牢记不忘的，可以作为我们大家共同的座右铭，终生躬身实践。

一段是："人的生命是有限的，可是，为人民服务是无限的。我要把有限的生命，投入到无限的为人民服务之中去。"

另一段是:"我觉得自己活着,就是为了让别人过得更美好。"

雷锋为什么能够做到"三不朽"?就是因为他全心全意为人民服务,就是因为他一辈子只做好事不做坏事。

讲到这里,让我们一起认真温习一下毛主席50年前为雷锋的题词吧!

毛主席为雷锋的题词,是苍劲有力、入木三分的7个大字"向雷锋同志学习"。

毛主席为雷锋的题词,只写了这七个大字,而没有采用秘书林克预先准备的十几个词条。为此,毛主席还向林克作了一番解释。他老人家说了一段很重要的话:

"学雷锋不是学他哪一两件先进事迹,也不是只是学他某一方面的优点,而是要学他的好思想、好品德;学习他长期一贯地做好事,而不做坏事;学习他一切从人民的利益出发全心全意为人民服务的精神。当然,学雷锋要实事求是,扎扎实实,讲究实效,不要搞形式主义。不但普通干部、群众学雷锋,领导干部也要带头学,才能形成好风气。"

毛主席的这段话言简意赅,不仅指出了学雷锋的方法,而且指明了雷锋身上最本质的东西,特别是指出了学雷锋的方向。

为人,要一辈子做好事不做坏事,是毛主席的一贯教导、一贯思想。让我们把时间回溯到72年前的1940年1月15日,看一看毛主席在为"延安五老"之一的吴玉章祝贺六十岁华诞时是怎么讲的吧!

人总是要老的,老人为什么可贵呢?如果老就可贵,那么可贵的人太多了。因此我们一定要有一个标准。就是说,可贵的是他一辈子总是做好事,不做坏事,做有益于人类的事,不做害人的事。如果开头做点好事,后来又做坏事,这就叫做没有坚持性。一个人做点好事并不难,难的是一辈子做好事,不做坏事,一贯地有益于广大群众,一贯地有益于青年,一贯地有益于革命,艰苦奋斗几十年如一日,这才是最难最难的啊!

要这样做,不但需要有坚定正确的政治方向,而且需要艰苦奋斗的精神,不然就不能抵抗各种恶势力恶风浪,例如死的威胁、饥饿的威胁、革命失败的威胁等等,我们的吴玉章同志就是经过这样无数的风浪而来的。因此,我们要学习他的各方面的好处,但特别要学习他对于革命的坚持性。这是最难能可贵的一件事,这是我们党的光荣,这是中国革命的光荣。我们今天大家欢欢喜喜地庆祝他的六十岁生日,我想主要的意义是在这里。

毛主席经常讲人一辈子要做好事不做坏事,我猜想他也是有感而发。他所领导的中国革命事业从无到有、从小到大、从弱到强,直到取得革命胜利,建立新中国,这期间经历了多少九死一生、惊心动魄的重大斗争呀!革命又是一个大浪淘沙的过程,有的经受住了斗争的考验,建立了丰功伟绩;有的在战争年代壮烈牺牲了,成了可歌可泣的革命烈士;也有些人,经受不住残酷斗争的考验,脱离了革命,成了可耻的叛徒、汉奸、卖国贼。

别的例子不举了,让我们看一看出席党的"一大"的13位代表,后来的不同结局吧!

我党"一大"13位代表的不同结局,可归纳为五种类型:一为奋斗终生者,二为英勇牺牲者,三为身离心仪者,四为误入歧途者,五为投敌叛党者。

在革命斗争中牺牲的有4人:陈潭秋、何叔衡、邓恩铭被敌人杀害,王尽美病故,也算烈士。

曾经脱党但坚持革命的两人:李达曾经脱党,后来又再度入党,李汉俊曾经脱党,但是新中国成立后回来了。

从"一大"代表到脱离革命,走向对立面,再到找组织,迷途知返的两人:刘仁静和包惠僧,当然他们不能再重新入党了。

叛党变成反革命的三人:陈公博、周佛海、张国焘,而陈公博、周佛海还成了大汉奸。

1956年2月，董必武回到上海兴业路78号"一大"会址视察并题词："作始也简，将毕也巨。"这题词出自《庄子》，原文为"其作始也简，其将毕也巨。"意思是说，有些事情开始时极其微小，不被重视，后来却发展壮大起来，成就了一番大事业。这富有哲理的题词，正是中国共产党发展历程的真实写照。

与董老题词意思相近的，还有8个大字："慎终如始，则无败事。"意思就是为人处世，始终如一，就会成功，就会胜利，就不会失败。一般的规律是，善始者众，善终者寡。一个人一生自始至终能够一以贯之，又谈何容易呀！

据说，毛主席到了晚年，在中央召开的一次会议上，很动情地说，参加我们党"一大"的13位代表，现在就剩下我和董老了！

讲到这里，台下掌声雷动，很多人泪流满面。

在革命战争年代是这样，在和平建设时期乃至改革开放以后，又何尝不是如此呢！

正面的不多讲了，你看那些贪官，你能说他们天生就是坏人吗？能说他们一开始就贪吗？不是这样的，由于一些主客观原因，他们没有经受住这样那样的考验，没有做到慎终如始，他们才变坏了，成了令人不齿、罪大恶极的贪官。

我认真研究过一些贪官的人生轨迹，可以概括为四句话：贫寒的少年，奋斗的青年，辉煌的壮年，悲惨的晚年。

我讲这些，对于青年朋友来说，可能是扯远了。权当是打打"预防针"，吸取他们的沉痛教训，以后千万不要重蹈他们的覆辙呀！

为了说明只做好事不做坏事这个重要的人生守则，让我们再看看外国人对人生看法的两篇短文吧！

一篇题为《爷爷奶奶们后悔什么》。

比利时的《老人》杂志曾在全国范围内，对60岁以上的老人开展了一次题为"你最后悔什么"的专题调查。调查结果十分有意思：

72%的老人后悔年轻时努力不够，以致事业无成；

67％的老人后悔年轻时错误地选择了职业；

63％的老人后悔对子女教育不够或方法不当；

58％的老人后悔锻炼身体不够；

56％的老人后悔对伴侣不够忠诚；

47％的老人后悔对双亲尽孝不够；

41％的老人后悔选错了终身伴侣；

36％的老人后悔自己未能周游世界；

32％的老人后悔一生过得平淡，缺乏刺激；

11％的老人后悔没有赚到更多的金钱。

老人们的这些判断，对他们来说是一种结论，对年轻人来说却不妨视为忠告，因为这些忠告是老人们用时间、青春、幸福以及痛苦、失败、不幸等为代价换来的。

另一篇文章的题目是《墓碑上的年龄》。

一位中国游客独自游历瑞士小城卢塞恩时，被旖旎的田园风光深深吸引住。游客越走越远，逐渐迷失了方向。在翻过一座小山包后，他误闯进了圣泉公墓。

幽静深邃的墓地里，树立着大小不一的墓碑。游客在一个墓碑前蹲了下来，上面的刻字清楚地写着死者仅仅活了22年。让游客难以理解的是，墓碑上死者的照片分明是一个70多岁的老爷子，根本不是毛头小伙子。游客往前走了几步，只见另一个墓碑上的刻字说死者活了45年，可照片却是一个60来岁的老奶奶。游客不敢相信自己的眼睛，又走到了第三个墓碑前，奇怪的是，这个墓碑的刻字却说死者一天也没活过。看照片，分明是一个10岁上下的孩子。

游客的闯入引来了守墓人，他静静地站在游客的身后注视着。看到游客在摇头叹气，守墓人走到游客面前，面带微笑地解释说："没错。你看到的都是死者真实的情况。在我们这里，死者的寿命并不是指他为自己活了多少年，而是计算这个人为别人活了多少年。刚才你看到的第一块墓碑的主人，原来是一个恶贯满盈的人，他欺压了市民几十年，直到 50 岁那年，他良心发现，悔过自新，做起了社会义工，之后活了 22 年，他就葬在这里；第二块墓碑的主人，原来是一个农村妇女，在她只有 15 岁时，父母突遇车祸，双双离开人世，她挑起家庭重担，拉扯弟妹长大成人，结婚后相夫教子，直到 60 岁去世；第三块墓碑的主人，原来是一个小学生，在他 10 岁那年不幸得了重病，可惜的是，他还没来得及为别人而活，按照我们这里的规矩，他的寿命只能为零。"

听到这里，这位游客恍然大悟。守墓人又说下去："在卢塞恩城，一个人不管能活多久，只为自己活的年份等于白活，为了别人活的年份总和，才是他真正的生命长度。我们都想活得更长一点，因此，只有造福社会公众，为别人活得长一些，才能在别人的心里活得长一些。"

林间常见千年树，世上难逢百岁人。
人生自古谁无死，留取丹心照汗青。
有志不在年高，无志空活百岁。

人生几十年，说起来简单，过起来却不容易。凡夫俗子的我们在红尘中奔波、忙碌，为的是生活。古人有言：钱财如粪土，功名似浮云，皆生不带来，死不带去。说这话常被指责为消极人生，然而面对地震造成的巨大人员财产损失，回头再看看这句话，无疑会对人生有更深沉的思考。实际上怎样理解这句话，乃是一种人生态度，也是一种人生哲学，更是一种人生境界。有些人借此醉生梦死，浮华一生，认为人这一辈子实在无趣、无乐、无意义，到头来终究难逃一死，不如及时行乐，今朝有酒今朝醉。而真正豁达、睿智的人，却将其当成人生的一种警示和压力，既然生命来去无常，更当发奋今日，抓住当下，好好地珍惜它、利用它、充实它，让这无比宝贵的生命，散发真善美的人性光辉，映照出生命的真正价值。

分辨一件事是好事还是坏事，一般说来还是比较容易的。而要坚持一辈子只做好事不做坏事，则是很不容易的。

你无法判断别人是好人还是坏人，但你自己可以做一个好人。

做人要做雷锋那样的人
——将军和当代大学生漫谈学雷锋

个人的历史,是由自己的言行写成的。人这一辈子,说来说去无非两条路,一条是正路,一条是歪路。走正路,就有光明大路;走歪路,就没有出路。命运总是掌握在自己的手里。

让我们以雷锋1959年12月20日的日记,作为这个部分的结尾吧!

一个人出生在世界上以后,除了早夭的以外,总要活上几十年。每个人从成年一直到停止呼吸的几十年的生活,就构成各人自己的历史。至于各人自己的历史画面上所涂的颜色是白的、灰的、粉红的或者鲜红的,虽然客观因素起一定作用,但主观因素起决定性的作用。每个人每时每刻都在写自己的历史,每个共产党员和共青团员都应该好好地想一想,怎样来写自己的历史。每个共产党员和共青团员时时刻刻都要以马克思列宁主义、毛泽东思想作为自己思想行动的指导,真正做到言行一致。我要永远保持自己历史鲜红的颜色。

(二) 学习雷锋同志"一个心眼"的傻子精神

首先,让我们一起先认真阅读一下雷锋1960年8月20日写的日记。

望花区成立了一个人民公社,我把平时节约下来的一百元钱,支援了他们;辽阳市遭受了洪水的灾害,我把省吃俭用积存的一百元钱寄给了灾区人民。有些人说我是个傻子,是不对的。我要做一个有利于人民、有利于国家的人。如果说这是"傻子",那我是心甘情愿做这样的"傻子"的。革命需要这样的"傻子",建设也需要这样的"傻子"。我就是长着一个心眼,我一心向着党,向着社会主义,向着共产主义。

雷锋的这种"傻子"精神,太难能可贵了。特别是在物欲横流的今天,很多人变得很"聪明"、一个心眼"向钱看"的时候,应该大大加以提倡和发扬这种"傻子"精神。

第一部分
将军和大学生漫谈学雷锋

其实，古今中外，凡是成大事、留美名者，虽然成无定法、各成其成，但多是这样两种人：一种是"疯子"，一种是"傻子"。当然，我这里所说的"疯子"，不是指得了精神病的"疯子"；我这里所说的"傻子"，也不是指智商低的"傻子"，而是指带引号的"疯子"和"傻子"。

我们今天重点谈论"傻子"，只简单地顺便地谈谈"疯子"。

大凡"疯子"，往往有个倔脾气。他们认准的事，非干到底不可，谁劝也不听。干革命的时候，他们天不怕、地不怕，冲锋陷阵，舍生忘死，比如一代战将王近山，就被人们称为"王疯子"。干事业的时候，他们废寝忘食，如痴如醉，不达目的，决不罢休。别人是"不到黄河心不死"，他们则是"到了黄河也不死心"。

历史上，这样的"疯子"太多了，我这里只举一个例子，就是章太炎先生。鲁迅曾写过一篇著名的文章《章太炎先生二三事》。他盛赞章太炎的业绩，"留在革命历史上的，实在比在学术上还要大"。他建议校印辑录章太炎"战斗的文章"，让其永远"活在战斗者的心中"。

鲁迅如此推崇的章太炎，究竟是何许人也？

章太炎是近代民主革命家、思想家、国学大师。在清朝末年，他鼓吹革命，带头剪辫，痛斥"载湉小丑"，为"革命小将"邹容撰写的《革命军》作序，并发表《驳康有为论革命书》，他曾"七被追捕，三入牢狱，而革命之志终不屈挠"。因他多有惊世骇俗之举，被人称"章疯子"。

我们在这里重点讨论一下"傻子"精神。大凡"傻子"，多为大好人，他们说老实话，办老实事，做老实人，有点"傻"，有点"憨"，有点"迂"。人们常说老实人吃亏，其实老实人不吃亏，吃亏在于不老实。

为了说明这个问题，我下面讲几个事例。

第一个事例，讲讲"当代雷锋"郭明义的故事。

郭明义的事迹太多了，太感人了！这里仅讲讲他多次献血、救死扶伤的故事。

1991年冬天，"血荒"成了一个曝光率很高的字眼，但是鞍山市的红十字血站却没有这个顾虑。郭明义和他组织的"郭明义无偿献血应急服务大队",凝聚成这座城市里最温暖的生命纽带。

1991年5月,响应齐大山铁矿的号召,报名参加义务献血的郭明义走进血站,长到32岁,第一次献血。

他心里突突跳,浑身冒虚汗,害怕。第一针咋抽都抽不出来,全是泡泡。等到第二针抽完血,坐了半个多小时,他才平静下来。

后来听说,他献的200毫升血,救活了一名孕妇。"咱活得好好的,还能救别人的性命"。他感觉"老幸福了"。那一刻,他就知道自己这辈子跟献血是分不开了。

打这以后,他用不着单位号召,每年自个儿往血站跑。从矿山出发,倒三趟公交车,一个半小时,他舍不得打的,钱还得省着资助孩子。开始他一年献一次,后来半年一次,这是无偿献血的极限。

2005年,鞍山市中心血站引进血小板提取设备后,郭明义又开始无偿捐献血小板。这需要每次抽血800毫升到1600毫升的血液,提取一个或两个单位的血小板后,再将血液输回体内。

知道血小板金贵,捐献者少,郭明义就按照血小板可以一个月捐一次的上限,月月往血站跑,5年中从未间断。

2009年春节前一天,大雪纷飞,郭明义正从采场下山准备吃午饭,突然接到血站电话,一名患严重溶血症的临产孕妇急需血小板,问他能否提前捐献血小板。

郭明义二话不说,从不舍得打的的他,拦下一辆出租车,在风雪中直奔血站。

血站的工作人员让他只捐一个单位的血小板,他不同意。"捐两个吧,还有孩子呢!宁肯浪费一点,也要保母子平安!"

长达1小时40分钟的血小板采集结束,从早晨5点起水米未进的郭明义在采血床上沉沉地睡着了。4个多小时,谁也不忍心惊醒他。一位护士轻轻给他脱下鞋,看到一只脚的袜子露着两根脚趾,她哭了……

鞍山市血站为郭明义做过一个粗略统计。20年来,他光献血证就有54本,累计献血6万多毫升,相当于自身全部血量的10倍。按一个病人需要 800 毫升计算，这些血至少能够抢救 75 名危重患者的生命。

郭明义是一个从来不向后看的人，他的眼睛总是急切地寻找着下一个可以继续给予的目标。

2002 年，郭明义加入鞍山市第一批捐献造血干细胞志愿者的队伍；4 年后，又成为鞍山市第一批遗体（器官）捐献志愿者。

只要他有的，他都愿意拿出。

那一年，辽宁科技大学一位 21 岁的学生患尿毒症，父亲因病已丧失劳动能力，靠打工维持全家生活的母亲准备捐肾救女。

郭明义从报纸上看到这个消息，坐不住了。"他母亲是家里的顶梁柱，不能冒这个险！"他决定捐出自己的肾。

同他相知多年的朋友钟明杰正巧来找他，一听缘由，和他一起直奔医院，两人气喘吁吁地推开病房门，张口就要和孩子配一下"型"。孩子的父亲瞪大眼睛，反复问了几遍，才敢相信这两个陌生人是来给自己孩子捐肾的。

因为配型不成功，郭明义的肾没有捐出去。

很长一段时间，郭明义被人看做"卡"（鞍山话，傻子），有人曾当面问他，你缺心眼啊？

郭明义为这掉过泪。

掉完泪的郭明义依然如故。

"说我傻，那我宁愿傻，因为有太多的人需要这样的傻子！"

这个与雷锋同在一座城市入伍、又在雷锋部队当过五年兵的人，和雷锋一样执拗。

"我常常问我自己，

我究竟能给你什么？

我的朋友。

虽不知道这个答案，

但我深深地知道，

我确实能给你，

那属于我的生命，

我的血，

还有那用生命和热血，

铸成的诗。"

这是热爱诗歌的郭明义写下的一段小诗。与其说这是诗，不如说这是他一颗滚烫的心。

郭明义就像一把火，燃烧自己，照亮了更多人的心。

他曾受过讥笑，被人称做"郭大傻"。有一次，一个路人把他发送的材料劈脸打回。他捡起来，继续发送。身边的工友替他难过。他笑笑："这有啥，做好事呐！咱啥也不图，就没什么伤得着咱。"

郭明义就像一个巨大的磁场，凝聚起越来越壮阔的爱心大军。

2006年以来，他8次发起捐献造血干细胞的倡议，得到1700多名矿山职工和社会人士的响应，占鞍山市捐献造血干细胞的1/3。

2007年以来，他7次发起无偿献血的建议，600多人累计献血15万毫升。

2008年以来，他发起成立的"郭明义爱心联队"，从12人发展到2800多人，捐款近40万元，资助了1000多名希望工程特困生。

2009年以来，他发起成立的遗体（器官）捐献志愿者俱乐部汇集了200多名成员，是目前中国人数最多的遗体（器官）捐献志愿者俱乐部。

如今，郭明义精神的光芒已从鞍山洒落到更广阔的土地上：

2012年10月15日，全国第一个省级郭明义爱心团队——重庆大队举行授旗仪式；

11月2日，郭明义爱心团队济南钢铁大队成立；

11月16日，"郭明义班"、"郭明义爱心支队"在辽宁科技大学先后成立；

更有无数的人以无声的行动，成为郭明义的追随者。

有人问他：世界上什么最幸福？

郭明义认真地瞪大眼睛："什么最幸福？我做好事就最幸福。因为只有做了，我才能保持与善良人们的沟通，才能感受这个世界的气息，感受这个社会的力量。"

他扬着头，孩子一般地笑了，像蔚蓝的天空。

讲到这里，我想讲一讲有关无偿献血的知识。

为什么要实行无偿献血？

我们国家实行无偿献血制度。无偿献血是指献血者自愿提供自身的血液或其他血液成分而不收取任何报酬。无偿献血体现了人与人之间互帮互助的人道主义和崇高的奉献精神，促进了社会主义物质文明和精神文明建设。

正常人体内血液的总量有多少？

一般成人的血液量约占体重的8%，一个50至60公斤体重的人，约有4000—4800毫升血液。一次献血400毫升，不足全部血量的10%。科学测定，健康人一次失血10%以下，极少引起不适反应。

多长时间可以捐献一次成分血？

捐献成分血与捐献全身血比起来时间短多了。由于我们体内贮藏存着大量的血小板，并且能迅速补充新捐献出来的数量。所以，健康人士可以间隔一个月捐献一次血小板，但是一年之内捐献血小板的次数不能超过十二次。

第二个事例，讲讲外国一个士兵参加赛跑的故事。

二战时期，有个国家的训练营内进行了一次野外赛跑。

赛跑进行时，一名叫卡尔的士兵，他身材瘦小，多次感到体力不支，眼看越来越落后。但他不断告诉自己，绝对不能放弃，必须坚持。他发现，越往后路线越复杂，跑起来越困难。但有个念头一直支撑着他：哪怕跑最后一名，也要到达终点。

突然，前面出现一个岔路口，竖立着两个指示标牌，分别标出两条道路：一条是军官跑道，一条是士兵跑道。凭经验，卡尔知道，通常负责管理的军官们在体能方面不如普通士兵，为了方便他们，军官跑道一般比士兵跑道平坦，更容易到达终点。虽然心中有些不平，但他依然朝着士兵跑道前进。看到指示标牌的其他士兵，大多选择了军官跑道。卡尔感到奇怪，后面的道路怎么越来越平坦，跑起来越来越轻松。通过一个黑暗的隧道后，没跑多远，他就看到前方彩旗飘扬，终点到了。

卡尔跑过终点线，最高长官麦克逊将军过来与他握手，祝贺他跑出前十名的好成绩。卡尔感到不可思议。在此之前，自己连前五十名都没进入过。

他问麦克逊将军："那些选择军官跑道的士兵都在哪里？"麦克逊将军告诉他："他们还在路途中，不知道天黑之前能不能到。"原来，当初设置那个指示标牌的目的，并不是要让军官和士兵分开赛跑，而是为了考验士兵的诚实度。这次越野赛，根本就没有军官参加。

卡尔以其绝对的诚实赢得了比赛。

第三个事例，讲一讲关于苏格拉底的故事。

在古代雅典城里，有一座德尔斐神庙，供奉着雅典的主神阿波罗。相传那里的神谕非常灵验，当时的雅典人一遇到重大的或疑难的问题，便到庙里求谶。有一回，苏格拉底的一个朋友求了一个谶："神啊，有没有比苏格拉底更智慧的人？"得到的答复是："没有。"

苏格拉底听说了，感到非常奇怪。他一向认为，世界这么大，人生这么短促，自己知道的东西实在太可怜了。既然如此，神为什么说他是最智慧的人呢？可是，神谶是不容怀疑的。为了弄清楚神谶的真意，他访问了雅典城里以智慧著称的人，包括著名的政治家、学者、诗人和工艺大师。结果他发现，所有这些人都只是具备某一方面的知识和才能，却一个个都自以为无所不知。他终于明白了，神谶的意思是说：真正的智慧不在于有多少学问、才华和技艺，而在于懂得面对无限的世界，这一切算不了什么，我们实际上是一无所知的。他懂得这一点，而那些聪明人却不懂，所以神谶说他是最智慧的人。

这么说来，智慧有点儿像是谦虚，不过这是站在很高的高度才具备的一种谦虚。打个比方说，智慧的人就好像站在神的地位上来看人类包括他自己,看到了人类的局限性。他一方面也是一个具有这种局限性的普通人,另一方面却又能够居高临下地俯视这局限性,也就在一定意义上超越了它。有位哲学家说得好:"一个人具有人的一切弱点,同时又像神那样坦然处之,你应当把这看做一种成就。"

所以,智慧和聪明是两回事。聪明指的是一个人在能力方面的素质,例如好的记忆力、理解力、想象力,反应灵敏等等。具备这些素质,再加上主观努力和客观机遇,你就可以在社会上获得成功,成为一个能干的政治家、博学的学者、精明的商人之类。但是,无论你怎么聪明,如果没有足够的智慧,你的成就终究谈不上伟大。也许正是因为这个原因,自古到今,聪明人非常多,伟人却很少。智慧不是一种才能,而是一种人生觉悟,一种开阔的胸怀和眼光。一个人在社会上也许成功,也许失败,如果他是智慧的,他就不会把这些看得太重要,而能够站在人世间一切成败之上,以这种方式成为自己命运的主人。

第四个事例,讲一讲我国一位留学生的教训。

多年前,有个男孩子大学毕业去了一个欧洲国家半工半读,发现当地的公共交通几乎都是开放式的,不设检票口,也没有检票员,并且极少有随机性的抽查。售票自助,你想去哪,就自己买到哪儿的票。

这发现让他惊喜,他精确地估算了这样一个概率:逃票而被查到的比例大约仅为万分之三,查到以后再补票也不是不可以嘛!他为自己的发现而沾沾自喜,之后,他便经常逃票乘车。一面在心里宽慰自己:还是个穷学生嘛,能省一点是一点。

几年过去了,名牌大学的博士文凭和优秀的学业成绩让他踌躇满志,他频频向当地一些跨国公司推销自己。他知道这些公司都在积极地开发亚太市场。然而,这些公司都是先热情有加,数日之后却又都婉言拒绝。一次次的失败使他愤怒。他认定是这些公司有种族歧视的倾向,排斥中国人。最后一次,他冲进某公司人力资源部经理的办公室,要求经理对不予录用他给出一个明确的理由。

结局是他始料不及的：

对方说，我们对你没有歧视，相反，我们很重视你。我们公司一直在开发中国市场，非常需要一些优秀的本土人才来协助我们完成这个工作，所以你一来求职的时候，我们对你的教育背景和学术水平很感兴趣。老实说，从工作能力上，你就是我们所要找的人。遗憾的是，我们查了你的信用记录，发现你有三次乘公交车逃票被处罚的记录。

就为了这点小事，你们就放弃了一个用得着的人才？男孩叫起来。

对方说，我们并不认为这是小事。我们注意到，第一次逃票是在你来我们国家后的第一个星期，检查人员相信了你的解释，因为你说自己还不熟悉自助售票系统，只是给你补了票。但在这之后，你又两次逃票。

那时刚好我口袋中没有零钱。男孩解释。

我不能同意你这种解释。对方说，我相信在被查获前，你可能有数百次逃票的经历。

干嘛那么认真？以后改还不行吗？男孩颇不服气。

对方说，不，先生。此事证明了两点：一是你不尊重规则。不仅如此，你擅长发现规则中的漏洞并恶意使用。二是你不值得信任。而我们公司的许多工作的进行是必须依靠信任进行的，因为如果你负责了某个地区的市场开发，公司将赋予你许多职权。为了节约成本，我们没有办法设置复杂的监督机构，正如我们的公共交通系统一样。所以我们无法雇用你，可以明确地说，在这个国家甚至整个欧盟，你可能找不到雇用你的公司。

男孩如梦方醒，懊悔难当。这才想起不知什么人的一句话：德行有可能弥补聪明的缺陷，聪明却填补不了德行的空白。

第五个事例，不是真有其人，而是小说《红楼梦》中的艺术形象——王熙凤的故事。

我为什么讲到王熙凤呢？有两个原因：一是我是中国《红楼梦》

学会会员，虽然不够格，是混进去的，但我的确非常喜欢这部伟大的文学作品，对小说中的人物和故事多少也还知道一些。二是我从雷锋说的自己只有"一个心眼"，联想到了王夫人的陪房周瑞家所说的王熙凤"少说些也有一万个心眼子"。

我觉得一个人不能有坏心眼，不能有歪心眼，当然也不能缺心眼，不能多心眼。"一个心眼"的人，做人能做好，做事往往也能成功。心眼太多的人，往往做人做不好，做事也不容易成功。这种人如果做官，可能更糟糕，很可能会成为贪官。现在有人说，做官是一种高危职业，事实的确如此。过去成为一个贪官很困难，现在成为一个清官很困难。大家看看那些垮台的贪官，从县处级、地市级、省部级乃至副国级倒了多少？大家再看看，那些贪官，哪个是缺心眼的？他们不是心眼太少了，而是心眼太多了！

王昆仑先生在《红楼梦人物论》中说："恨凤姐、骂凤姐、不见凤姐想凤姐。"的确，一部《红楼梦》，如果没有王熙凤，真不知道要逊色多少。曹雪芹从多角度、多方位刻画王熙凤的八面玲珑、工于心计、贪婪成性，使我们看到了一个精明、刻薄、狠毒的"凤辣子"的形象：嘴甜心苦、两面三刀；上头一脸笑，脚下使绊子；明是一把火，暗是一把刀。

《红楼梦》第二回中，冷子兴说王熙凤："模样又标志，言谈又爽利，心机又极深细，竟是男子万不及一的。"

《红楼梦》第六回中，周瑞家的说王熙凤："这位凤姑娘年纪儿虽小，行事却比人都大呢。如今出挑的美人一样的模样，少说些有一万个心眼子。再要赌个口齿，十个会说话的男人也说他不过。回来你见了就信了。就只一件，待下人未免太严些个。"

就是这样一个"男人万不及一"、"少说些有一万个心眼子"的王熙凤，其结局又是如何呢？

种瓜得瓜，种豆得豆。善有善报，恶有恶报。尽管王熙凤能力很强、管理有方，在大观园里也的确大展了一番身手，但终因好话说尽、坏事做绝，最后落得个极其悲惨的下场。

金陵十二曲的《聪明累》，也暗寓了王熙凤的命运和结局："机关算尽太聪明，反误了卿卿性命。生前心已碎，死后性空灵。家富人宁，终有个家亡人散各奔腾。枉费了，意悬悬半世心；好一个，荡悠悠三更梦。呼喇喇似大厦倾，昏惨惨似灯将尽。呀，一场欢喜忽悲辛。叹人世，终难定。"

现实生活中，贾宝玉、林黛玉式的人物已经极少见了，因为我们现在的社会形态已经不具备产生这种人物的条件了。但我敢说，王熙凤式的人物还常有常在。而且下面有，上面也有；女人中有，男人中也有。

有人说，中国人的优点是聪明，缺点是太聪明。

太聪明的人们啊，反误了卿卿性命！

写到这里，忽然接到我的挚友，著名作家二月河发来的一则短信，转的是一首在英国脍炙人口的短诗《如果》，是诺贝尔文学奖获得者吉卜林写给他12岁儿子的诗。我看后觉得与我们现在正讨论的问题多少有些联系，所以抄在下面，供大家一起品读：

如果你在众人六神无主时，镇定自若，而不是人云亦云；
如果你在被众人猜忌怀疑之日，自信如常，而不是妄加评论；
如果你有梦想，又不迷失自我；
如果你有神思，又不是走火入魔；
如果在成功之中能不忘形于色，在灾难之后也勇于咀嚼苦果；
如果听到自己说出的奥妙，被无赖歪曲成面目全非的魔术而不生怨艾；
如果看到自己追求的美好，受天灾破灭为一摊零碎的瓦砾，也不肯放弃；
如果你辛苦劳作，已功成名就，还是冒险一搏，哪怕功名化为乌有，即使惨遭失败，也仍要从头开始；
如果你与村夫交谈而不离谦恭之态，和王侯散步而不露献媚之颜；
如果他人的爱憎左右不了你的正气；

如果你与任何人为伍能够卓然独立；

如果昏惑的骚扰动摇不了你的意志，你能等自己平心静气时再做回答时；

那么，你的修养就会如天地般的博大，而你就是真正的男人女人了。

一个人做一件好事容易，一辈子做好事不做坏事不容易；一个人干一辈子坏事不容易，但干一两件坏事很容易。但就是你干的这一两件坏事，就可能败坏了你的名声，甚至毁灭了你的前程。

思想的改变会带来生活方式的改变，生活方式的改变又会带来命运的改变。

有人说，世界上有这样几种人：一种人"大智若智"，一种人"大愚若愚"。这两种人一目了然，比较好分辨。另外还有两种人值得琢磨一番。一种是"大愚若智"的人，一种是"大智若愚"的人。

雷锋被人称为"傻子"，其实他是个"大智若愚"的人。

(三) 学习雷锋同志"一颗钉"的学习精神

一个人脑子里装什么很重要。

脑子里装圣贤，则神圣；装鲜花，则芬芳；装荆棘，则长刺；装乱麻，则烦乱；装淫秽，则丑恶；装党、祖国、民族、人民，心胸就博大了，眼界就开阔了，就不会为一些芝麻绿豆般的小事或闲言碎语而自寻烦恼了。

雷锋的脑子里装着一些什么？看雷锋故事，读雷锋日记，我发现雷锋的脑子里，装着四种东西：一是革命的理论，二是英雄的形象，三是广博的知识，四是过硬的本领。

不论是谁，只要能在脑子里装上这四种东西，那么，他就不会碌碌无为了，他的思想就会是高尚的，他的行为就会是有益的。

雷锋只有小学文化程度，他为什么能写出那么好的日记、眉批、诗歌、小说、散文、书信、赠言和其他文章？他为什么能在军内外做那么多可歌可泣的好事？他为什么能作那么多次生动深刻、感人至深的报告？特别是雷锋为什么能从一个小人物，成长为一个平凡而伟大的共产主义战士？这一切，都和雷锋酷爱学习有关，和他脑子里装着四种东西有关。

有人不承认雷锋是英雄，只承认雷锋是楷模。我不同意这种看法，为此还和有些人辩论过。

世界上的英雄有两种：一种是用平凡铸就伟大，一种是用惊天动地的壮举彰显伟大。二者得其一，即可称之为英雄。雷锋属于前一种英雄，董存瑞、黄继光、邱少云属于后一种英雄。

让我们看看词典中是怎样解释的吧！

词典上对英雄的解释有三：一、"英雄"是个名词，指本领高强、勇武过人的人，例如：英雄好汉，自古英雄出少年；二、"英雄"还是名词，指不怕困难，不顾自己，为人民利益而英勇斗争，令人钦佩的人，例如：人民英雄、劳动英雄、民族英雄；三、"英雄"还属于形容词、属性词，指具有英雄品质的，例如：英雄的中国人民。

我曾亲耳聆听一位老一辈革命家在人民大会堂作报告时说过：毛主席是我们中国空前伟大的民族英雄。我们平时经常说毛主席是这个"家"那个"家"，但很少有人说毛主席是空前伟大的民族英雄的。

一位外国友人说："毛泽东创建了新中国，其功不亚于美国的华盛顿、印度的圣雄甘地！"这是从横向比较而言。

一位著名学者说："毛泽东及其战友统一了中国，其功不亚于秦皇汉武！"这是从纵向比较而言。

一位历史学家说："谁是中华人民共和国的国父？是毛泽东！"

毛主席的确是无论古人、今人，都难以企及和比拟的。

"惟楚有才，于斯为盛"，三湘四水，物华天宝；芙蓉国里，人杰地灵。

国外评论界认为，中国湖南出了两个"神仙"：一个大"神仙"是毛泽东，一个小"神仙"是雷锋。

这样讲可能不准确、不恰当。正如《国际歌》里所唱的："从来就没有什么救世主,也不靠神仙皇帝!要创造人类的幸福,全靠我们自己!"

那就变换一个说法,湖南出了两个英雄:一个大英雄是毛泽东,一个小英雄是雷锋。

这样说总可以了吧?谁还有什么疑义?

雷锋作报告或写日记,善用比喻,既形象生动,又富有哲理。

请看雷锋关于读书学习的几则日记:

毛主席著作对我来说好比粮食和武器,好比汽车上的方向盘。人不吃饭不行,打仗没有武器不行,开车没有方向盘不行,干革命不学习毛主席著作不行!(1961年4月×日)

有些人说工作忙,没时间学习。我认为问题不在于工作忙,而在于你愿意不愿意学习,会不会挤时间。

要学习的时间是有的,问题是我们善不善于挤、愿不愿意钻。

一块好好的木板,上面一个眼也没有,但钉子为什么能钉进去呢?这就是靠压力硬挤进去的、硬钻进去的。

由此看来,钉子有两个长处:一个是挤劲,一个是钻劲。我们在学习上,也要提倡这种"钉子"精神,善于挤和钻。(1961年10月20日)

我们要真正学到一点东西,就要虚心,譬如一个碗,如果已经装得满满的,哪怕再有好吃的东西,像海参、鱼翅之类,也装不进去。如果碗是空的,就能装很多东西。装知识的碗,就要像神话中的"宝碗"一样,永远也装不满。(1962年3月28日)

对于看书学习,雷锋的确是善于挤善于钻的,以至到了如饥似渴、废寝忘食的程度。

雷锋在团山湖农场当拖拉机手的时候,有一个藤条箱子,里面放有不少书,如《刘胡兰小传》、《黄继光》、《卓娅和舒拉的故事》、《把一切献给党》、《钢铁是怎样炼成的》等等。白天紧张劳动一天,晚上他就争分夺秒地认真阅读这些书籍。

他不仅自己学,还鼓励工友一起学。有的工友说:"劳动一天累得很,哪里还有什么精神看书!"雷锋就说:"我们是生活在社会主义时代,比起解放前不知幸福多少倍,劳累一点算什么!"

雷锋特别崇敬《钢铁是怎样炼成的》一书中的主人公保尔,他对工友说:"战争和病魔使他瘫痪,接着又两眼失明。但他以无比顽强的意志和毅力战胜了种种困难,最后写成了这本著名的小说。我们要学习保尔这种坚忍不拔的精神。"

雷锋还经常当着工友的面,高声朗诵书中名言:"人最宝贵的东西就是生命。生命属于每个人只有一次。人的一生应当这样度过:当他回首往事时,不因虚度年华而悔恨,也不因碌碌无为而羞愧。这样,在他临死的时候,就能够说:我已经把自己的整个生命和全部精力,都贡献给了世界上最壮丽的事业——为人类解放而斗争!"雷锋把这段名言警句,当做自己终生奉行的座右铭。

雷锋于1959年8月8日从鞍钢转到弓长岭矿山,参加新建焦化厂的工作。在8月26日的日记中,他清楚地写道:

自从由鞍山转到弓长岭以来,自己就抱定决心:一定要好好地学习、工作,争取加入中国共产党。对各种学习任务都能认真完成,自学较好,每天早晨学习一小时,晚上总要自学到深夜10至11点钟……

部队是一所大学校。参军以后,雷锋对学习抓得更紧了。

他总结了挤时间学习的"六点"法:"早起点、晚睡点、饭前饭后挤一点、行军路上想着点、外出时候抓紧点、星期假日多学点。"

他还总结出了以实际问题为中心,到毛主席著作中找答案,按毛主席指示办事的学习公式:问题——学习——实践——总结。

最难能可贵的是,雷锋并不是为学习而学习,不是为了装点门面、武装嘴巴而学习。他在日记中写道:

理论学习如果脱离实际,即使学得烂熟,但是表里不一,言行不一,仍然不能很好地改造思想,……我决心要把毛主席的思想学到手,一定要使毛主席的光辉思想在我的脑海里扎根,在我的一切实际行动中开花结果。

第一部分
将军和大学生漫谈学雷锋

雷锋在 1961 年 11 月 26 日的日记中写道:

我学习了《毛泽东选集》一、二、三、四卷后,感受最深的是,懂得了怎样做人,为谁活着……

我觉得自己活着,就是为了使别人过得更美好。

我要以黄继光、董存瑞、方志敏等同志为榜样,做一个热爱祖国、热爱人民、永远忠于党、忠于革命事业的人。

看了雷锋这一天的日记,引发了我的三点联想:

一是雷锋对于学习的确抓得很紧,他的读书量很大、进度很快。我是与雷锋同年入伍的,我在军校,他在部队。我清楚地记得,《毛泽东选集》第四卷是 1960 年冬天才开始发行的,不到一年的时间,他就通读了一、二、三、四卷,其中有些文章,他还反复读过很多遍。另外,他还读过《论共产党员的修养》等 60 多本政治理论书籍。不用说一个普通战士,就是当时的许多军队领导干部也做不到这样。

二是他通过学习进一步树立了革命的世界观、人生观、价值观。这"三观"属于人生的"顶层设计",是人生的"总开关",这"三观"正确了,遇到具体问题就好办了。这对于雷锋成为平凡而伟大的共产主义战士,无疑起到了不可估量的作用。

人为什么活着?应该怎样做人?有史以来,一切时代有社会责任感的人,都在寻求这个问题的正确答案。但是,只有辩证唯物主义和历史唯物主义才能给出最圆满的答案。雷锋对这个人生根本问题作出了正确的回答,他用自己找到的答案,指导自己的人生实践,从而获得了最大的人生动力。

三是雷锋把学习革命理论与学习革命先烈、战斗英雄结合起来,既读书又读人,这样印象会更深刻,收获会更巨大。

雷锋的涉猎面很广,我估计他还学习过马、恩、列、斯的一些著作。

比如,在 1962 年 5 月 6 日的日记中,他引用了马克思的话:

不学无术在任何时候、对任何人,都无所帮助,也不会带来利益。

又如,在1961年9月10日写的《自我鉴定》中,他引用了列宁的话:

多做日常细小平凡的工作,少说漂亮话。

再如,在1961年9月10日的日记中,他引用了斯大林的话:

我们不能要求批评百分之百的正确。如果批评是来自下面的,那么即使这种批评只有百分之五到百分之十是正确的,我们也不应当忽视。

雷锋不止是学习革命理论,他还特别注意向革命先烈和战斗英雄学习。我觉得,在雷锋的学习者和研究者中,对于这一方面还注意不够。

我大体统计了一下,在雷锋从1958年至1962年写的330篇日记中,他写到的向革命先烈、战斗英雄、劳动模范等人物学习的日记,就多达23篇,涉及的人物,一一映入我们的眼帘:董存瑞、黄继光、安业民、白求恩、聂耳、方志敏、郅顺义、王若飞、鲁迅、时传祥、邱少云、徐特立、张思德、吴运铎,等等。

近朱者赤,近墨者黑。一个人脑子装着什么人,崇敬什么人,他就会学习什么人,去做什么人。

我在何跃青编著的《历史上的那些人》一书中,看到这样几句话:

名人的力量作用到历史,会掀起时代的骇浪;
名人的力量作用到将来,会激起未来无穷的潜质;
名人的力量作用到众人的心灵,那将是一股永不枯竭的精神源泉。

事实的确是这样,以英雄人物为镜,可以端正人生态度,拯救自己的道德疾患,塑造健康的心理世界。榜样的力量是无穷的。重视英雄人物的作用,可以让我们变得坚强,少走弯路。

一些成功人士,心中都有一个乃至多个英雄人物作为偶像,作为参照系,作为奋斗的目标。正因为这样,他们才从中汲取了力量和营养,最终取得了成功。毫无疑问,雷锋之所以成长为平凡而伟大的共产主义战士,注重向革命先烈和英雄人物学习,是其中一个极其重要的原因。

第一部分
将军和大学生漫谈学雷锋

雷锋多才多艺，他热爱文艺、体育，擅长写作和演讲，他还怀揣作家梦。在总政办公厅编研室原主任邢华琪同志编纂的《雷锋全集》中，还收录了他创作的30多篇诗歌、3篇小说以及10篇散文。

雷锋在他还不满18岁的时候，于1958年8月1日，写了一首65行的长诗，题为《南来的燕子啊》。开头是这样几句：

南来的燕子啊！
新来的候鸟，
从北方飞到了南方，
轻盈地掠过团山湖的上空，
闪着惊异的眼光。
我分明听清了呢喃的燕语，
像在问：为什么荒芜的团山湖，
今年改变了模样？

全诗以拟人的手法，通过燕子的眼睛，反映了团山河翻天覆地的变化和雷锋欢天喜地的心情。雷锋的诗，是有情的血和肉，不是无味的笔和墨；雷锋的诗，是辛勤和智慧的花朵，不是懒惰和多余的饶舌。

看了雷锋的这首长诗，我既感动又汗颜。雷锋写这首诗的时候，我在读高中二年级，平时还比较爱好文科，但当时我绝写不出这样的长诗、好诗，就是现在我也写不出来。我不妨再问一句，我们这么些年培养出来的博士、硕士、学士们（包括学文科的），不知你们18岁的时候能否写出这样的长诗、好诗？也不知现在你们能否写出这样的好诗、长诗？

雷锋除了孜孜不倦地学习上述这些之外，他还非常注意学习技术，掌握过硬本领。他说："不但要有好的思想，而且还要有高超的技术，才能更好地为人民服务。"关于这方面的情况，我准备在其他部分再讲，这里就不多说了。

关于雷锋发扬"钉子"精神、发奋用功、刻苦学习的情况，大体上

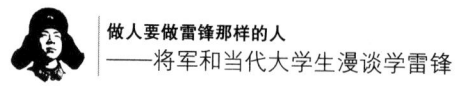
做人要做雷锋那样的人
——将军和当代大学生漫谈学雷锋

就讲到这里了。

下面，用老一辈革命家董必武于1963年5月写的一首歌颂雷锋的诗，作为这个段落的结语：

有众读毛选，雷锋特认真。
不惟明字句，而且得精神。
阶级观清楚，劳动念朴纯。
螺丝钉不锈，历史色常新。
只做平凡事，皆成巨丽珍。

下面，讲一讲我们应该如何发扬雷锋的"钉子"精神，如何刻苦学习的问题了。

毛主席在早年曾说过这样一段话："我们的队伍里有一种恐慌，不是经济恐慌，也不是政治恐慌，而是本领恐慌。过去学的本领只有一点点，今天用一些，明天用一些，渐渐告罄了。好像一个铺子，本来东西不多，一卖就完，空空如也，再开下去不成了，再开就一定要进货。我们干部的进货，就是学习本领，这是我们许多干部所迫切需要的。"

毛主席这样教导和要求别人，他自己就是终生看书学习的光辉榜样。我经常想，毛主席的渊博知识是从哪里来的？单从学历讲，他没有就读过正规大学，就在湖南第一师范读过几年书，按现在算，也就相当高中或中专学历。但毛主席却成了举世公认、流芳千古的伟大政治家、思想家、革命家、军事家、战略家，他还是书法家、大诗人，等等。毛主席的高超本领和渊博知识，一靠看书学习，二靠革命实践。他在这两个方面，都为我们树立了光辉的榜样。

前些年，我曾几次到毛主席位于中南海的故居瞻仰，看到卧室里那张宽大的木板床上，差不多有一半的位置摆放着成摞的书报杂志，他要看什么书，随手可拿，信手拈来。

什么叫嗜书如命？什么叫手不释卷？什么叫博览群书？我从毛主席故居的卧室里，得到了令人信服的答案。

我还听说过毛主席酷爱看书学习，同时教导别人看书学习的两个故事。

1938年的一天，毛主席在党中央于延安举行的会议期间，与贺龙、徐海东等同志散步、闲谈。毛主席说，中国有三部古典文学名著：《三国演义》、《水浒传》、《红楼梦》，谁不好好看这三本书，谁就不算中国人！毛主席问徐海东看过没有？徐海东如实回答，看过前两本，没看过《红楼梦》。毛主席笑着说，那你只能算半个中国人！徐海东把这次谈话牢记在心，后来于生病期间，在病床上坚持读完了《红楼梦》。

1957年的一天，毛主席在卧室里休息，他指着放在桌子上的《史记》和《资治通鉴》两部书，对护士说，这是中国的两部大书，难得的两部好书。《史记》我读过多少遍记不大清楚了，《资治通鉴》我读过17遍，每读一遍都获益匪浅。毛主席还像辅导小学生那样，认真地对护士说，不读书不行啊，不读你不知道啊！人是学而知之，谁也不是生而知之啊！

让我们看一看毛主席他老人家在生命的最后两天是怎样度过的吧！

1976年9月7日、8日，毛主席已经生命垂危，但他仍然坚持要看书、看文件。7日这天，经过抢救刚苏醒过来的毛主席，示意要看一本书。由于声音微弱和吐字不清，工作人员没有弄明白是要看哪一本。毛主席显得有些着急，他用颤抖的手握笔写了一个"三"字，又用手敲敲木质的床头，工作人员猜出他是想看有关日本首相三木武夫的书。当把书拿来，他点点头，露出满意的神态。毛主席只在工作人员帮助下看了几分钟，就昏迷了过去。

根据医疗组的护理记录可以看出，9月8日这一天，毛主席看书、看文件十一次，共两小时五十分钟。他是在抢救的情况下看书、看文件的：上下肢插着静脉输液导管，胸部有心电监护导线，鼻子插着鼻饲管，书和文件是由别人用手托着看的。

毛主席最后一次看文件，是8日下午4时37分，在心律不齐的情况下，看文件时间长达30分钟，这时离他去世只有8个多小时了。

1976年9月9日零时10分，经过连续4个小时抢救无效，一代伟

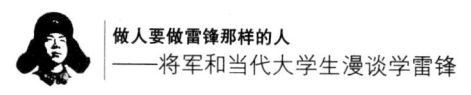
做人要做雷锋那样的人
——将军和当代大学生漫谈学雷锋

人毛主席的心脏停止了跳动。

毛主席真正做到了活到老、学到老!

下面,我再讲讲大科学家钱学森认真看书学习的故事。

钱学森和夫人蒋英当年一个是年轻有为的留美博士、在航空理论领域崭露头角的科学家,一个是中国乐坛冉冉升起的歌唱明星。他们的结合让很多人羡慕,但却遭到蒋英姐姐的反对,她给妹妹讲了一个故事:在美国的时候,别人给钱学森介绍了一个女朋友。有一天,钱学森去接女朋友参加一个聚会,等了很久,大家才看到钱学森一个人急匆匆地赶来。一问才知道,他在路上把女朋友给丢了。

但蒋英没听姐姐的话,她佩服钱学森,认为有学问的人就是好人。6个星期后蒋英与钱学森在上海和平饭店举行了婚礼。

婚后不久,钱学森先回美国,一个多月后,蒋英独自到了波士顿和钱学森会合,在异国他乡开始了他们的新婚生活。

他们愉快地在一起吃早饭,钱学森泡了一杯茶,喝完,突然站起来向蒋英告别。

蒋英回忆道,他说我走啦,晚上再回来,你一个人慢慢熟悉吧。我很惊讶,这叫结婚啊?我第一天来呀!

人生地不熟的蒋英独自等待着钱学森回家,直到夜色来临。

蒋英记得,到晚上五六点钟,他回来了,很客气。他问吃什么饭?我不会做饭,不知道怎么做。于是,我们就到外面吃了一顿快餐。他跟我说:到礼拜六礼拜天,我陪你去买菜,咱们一起做菜。他给我介绍美国生活,我觉得很有意思。

一回到住所,钱学森的举动让蒋英吃了一惊。

蒋英回忆,他就说回见、回见。我还没反应过来,他就拿了一杯茶到小书房里去了,门一关不见人了。

到晚上12点他出来了,很客气。我也很客气。就这样,从结婚的第一年第一天到以后这六十几年,他天天晚上都是吃完晚饭,自己倒一杯茶,躲到小书房里去看书,从来没有跟我聊天,更没有找朋友来玩。

六十几年啊，天天晚上都学习到12点！

下面，我们再看看钱学森数十年坚持剪报的故事。

钱学森保存的剪报，总共629袋，24500多份，装满好几个书柜。剪报，是钱学森的资料库、信息库。他的剪报按照不同的内容，装进一个个牛皮纸袋，袋上写明剪报的主题。

钱学森有3位秘书。人们以为，这些剪报可能是钱学森在报纸上画个圈，他的秘书帮助他剪下来。令人惊讶的是，钱学森的儿子钱永刚教授告诉人们，这些剪报全是"老爷子"自己动手剪的！在工工整整剪好之后，钱学森把剪报端端正正贴在白纸上，再注明报刊名、年月日，便于日后引用时注明文章的出处。

钱学森喜欢看报。他每天要看的报纸依次是《人民日报》、《经济日报》、《光明日报》、《科技日报》、《解放军报》、《北京日报》、《参考消息》、《经济参考报》。这"依次"，是指他的阅读顺序。服务员知道他的阅读习惯，每天收到这八份报纸之后，必定按照这一顺序放好，送给钱学森。钱学森逐一看完，必定按照"依次"的顺序放好。在阅读的过程中，他认为有保存、参考价值的文章，就剪下来保存。

钱学森的阅读面很广。他不光是看报，而且阅读方方面面的杂志，既有他的专业方面的杂志，如《力学学报》、《中国航天》等等，也有自然科学杂志《科学通报》、《物理学报》，还有社会科学杂志《新建设》、《语文建设》、《中国图书评论》等等。钱学森家中，藏有15000多册他阅读过的期刊。

钱学森的剪报习惯，其实早在美国从事研究工作的时候，就已经养成。1950年8月下旬，美国海关无理扣压了钱学森的八大箱准备托运回国的行李。美国联邦调查局在细细审查这些行李时，发现内中有九大本按照不同主题分类的剪报。其中，甚至有关于美国原子能方面的详尽剪报。美国联邦调查局感到不解，钱学森的专业是火箭，并不是原子能，他为什么那样关注美国的原子能研究？这会不会是一种"间谍"行为？后来他们"研究"了钱学森方方面面的剪报之后，终于认定，这是一位高层次的科学家的广博学识的体现。

年过九十之后,钱学森虽然仍每日坚持看报,但是毕竟体力有限,已经无法一一亲自剪报。他只能请身边的服务员代劳。不过,服务员要么贴歪了,要么日期、报刊名写不完整,钱学森不满意。钱永刚说:"我来!"钱永刚贴的剪报,跟钱学森一样规范,钱学森这才满意。

上面讲了两位大人物看书学习的故事,一个是讲大革命家毛泽东,一个是讲大科学家钱学森。下面,我们再看看一位小人物自学成才的故事。

一名特殊的"清华人"——张立勇

2011年4月24日,对我国著名高等学府清华大学来说是极其重要的一天,那一天是清华百年华诞。而那一天对于其中的一个年轻人来说,也是一生当中值得记忆的日子。他不是清华的学生,也不是清华的老师,也没对清华的发展作出什么丰功伟绩,但他却作为清华大学的杰出校友代表,应清华大学的邀请,来到了庄严的人民大会堂,出席清华大学建校100周年的庆典大会,并受到党和国家领导人的接见。他是谁?其实他只是一位在清华学生食堂工作过八年的炊事员而已。他就是被清华大学的老师和同学们称之为"清华英语神厨"的张立勇同志。

张立勇同志是我众多朋友当中的一位小朋友、好朋友,算是忘年交。然而就是这么一位普通的炊事员为何能受到清华师生们的尊敬?通过我与张立勇同志多年的接触交流,我发现,他在清华园虽然职业只是食堂炊事员,但却敬岗爱业,刻苦学习,并用实际行动诠释了清华自强不息的奋斗精神。他的故事虽然普通,但却感人。在他身上,有着很多这一代年轻人应该学习的地方。

下雨和开学,是他最怕的两件事

张立勇同志出生在革命老区江西赣南的一个小山村,家境十分贫困,没有电,只能靠点煤油灯看书。"小时候,我最怕的事情有两件,一是下雨,二是开学。"一次我和张立勇同志共同去西安高校讲学的途中,他跟我这样说。原来,由于南方雨水多,加上家里的房子年久失修,十分破旧,一下雨屋子就漏水,屋里全是烂泥,根本没法住,而且房子有倒塌的危险。害怕家里的房子倒塌,担心父母被掩埋,几乎成了小立勇最大的噩梦。而害怕开学,则是因为每到开学,他的父亲便不得不去向别人借钱,"现在回想起来,觉得我的爸爸脸皮真的很厚,今天向这个人借钱,明天向那个人借钱。"张立勇回忆说。

即便如此,读书时的张立勇仍然每年都是学校的三好学生,读到高二的时候,以他当时的成绩,考上一所重点大学不是问题。然而,因为无法解决的贫困,尤其是一下雨,他在学校就无法安心学习,老是惦记家里的房子会不会倒下了砸到父母,所以在高二第一个学期结束后,热爱学习的他咬牙主动放弃了学业,准备外出打工挣钱,为父母盖一座风雨不漏的房子,供弟弟妹妹继续求学。"当时在我看来,父母的安全和健康,比我考任何一所重点大学都重要,如果父母真因房子倒了出意外,即使我考上了清华北大也没什么意义了",每当回想起这一段岁月,张立勇总是动情地跟我这么说。

1993 年,张立勇带着自己没有学完的高中课本和未竟的学习梦想去了广州。张立勇在广州给别人擦过鞋、送过水,后来在建筑工地当了一年半的建筑工人,与老家农村相比生活还算不错,但他对这份工作并不满意,因为过大的工作强度让他没有多余的时间与精力学习。后经朋友介绍,张立勇到了一家玩具厂工作,虽然每天工作十几个小时,但他还是会尽量抽出休息时间学习英语。张立勇当时的想法很简单,具备较高的英语能力,能找到一份更好的工作。

当时张立勇的栖身之所是一间几十人共享的工友宿舍,在那种环境下,学习并非易事。工友们平日休息最喜欢做的事便是打牌、打麻将,每每"三缺一"时,张立勇作为"替补队员",不得不加入其中。收了工的夏天晚上,工友们总喜欢结伴去吃夜宵,为了不脱离团队,张立勇有时候也会跟着一起去,但去了又会后悔,"觉得时间不应该这样被浪费。"

1996 年 6 月,不想浪费自己时间的张立勇经过亲戚介绍,来到清华大学,成为学校食堂的一名临时工。当时在广州,张立勇凭借自己的努力,已经做到了玩具厂包装部的经理,薪水也越拿越高,但中国最高学府——清华大学,对嗜学如命的他来说,有着不可抗拒的魅力,他没有丝毫犹豫,甚至有些迫不及待地奔向了北京,奔进了清华。"薪水越拿越高的时候,我越是想学习,越是觉得要去完成自己对父母的承诺",张立勇说。"爸爸、妈妈您们放心,我只是暂时不上学,将来我还要上学,还要上大学"——这是当年张立勇决定不上学的时候,为了安慰父母,说的一番话。

一张永不动摇的时间表

张立勇同志经常回忆说,踏进清华大学第一脚,"兴奋得简直快要休克了"——终于到了多年魂牵梦萦的大学。然而这种兴奋并未维持多久,现实很快将他打回原形,在清华同样是14个人住一个宿舍。"每天早上,我骑着自行车,和清华大学的学生擦肩而过,同样的年龄,他们去教室上课,我去食堂工作。"这让张立勇颇感失落,甚至有些自卑。但坚强的性格让张立勇又一次战胜了失落和自卑,他暗下决心,既然来到了清华大学,就要做一点对得起"清华"两个字的事情,那些与自己同龄的清华学生能做到的事情,我也一定能做到。于是他给自己定的目标是:在做好本职工作的基础之上,要按照一个清华学生的标准来要求自己,清华的学生们学什么,他也要学什么,清华的学生们考什么,自己也考什么。

虽然在清华的本职工作是厨师,自身所处环境艰苦,但张立勇还是被清华大学浓厚的学习氛围打动,他仍不断督促自己学习。起先,他在学校东操场边找了块空地,一有空便来这里看书、读英语,"因为找遍整个校园,就这里的路灯最亮,晚上也可以看书。"直到有个清华大学的学生告诉他,即使是厨师,也可以到学校的教室里自习,他才转战清华大学第四教学楼。"第一次到教室上自习时,我穿上了自己最好的衣服,将胡子刮了又刮,还特意买了个书包。"即便已经如此隆重,张立勇还是在教学楼前足足徘徊了20分钟,在他看来,在清华大学的教室里学习,是一件无比神圣的事。从那天起,在清华大学第四教学楼里，张立勇这个食堂小厨师，成了那个走得最晚的"学生"。

张立勇并不满足于只是在教室里学习，他恨不得抓住不用工作的每一分每一秒。每天中午，食堂员工的吃饭时间为15分钟，张立勇将其分为两份：前7分钟快速吃饭，后8分钟，他便会躲到食堂碗架后的小小空地，大声朗读英语。每天8分钟，张立勇整整坚持了四年半，在这个过程中，他自学完了清华大学本科四年的所有英语教材。1600多个8分钟的坚持与努力，使张立勇很轻松地以高分通过了大学英语四、六级考试。

据后来我对张立勇的了解，到了清华，在熟悉和稳定工作后，张立勇并没有仅仅陶醉于清华大学优美的环境中。当时他决定把自己感兴趣的、作为当代大学生们必须学的一门课程英语作为学习的突破口，并为此制定了"残酷"的时间表：早上6点必须起床；6点15分到6点半跑步；6点半到7点背英语；7点至7点15分刷牙、洗脸；7点15分到7点半上班；午饭时间控制在7分钟之内，剩下的8分钟背英语；中午1点钟听英语广播；晚上8点下班，学习英语到12点；深夜12点30分到1点收听英语广播。为了避免早上起不来，张立勇甚至买上两三个小闹钟一到点轮番叫他，想不起来都不行。对他而言，这是"一张永不动摇的时间表"。

学校里的英语角，也是张立勇常常出没的地方。一次，在与清华学生聊天的过程中，他听到了一个新名词：托福考试。在得知这是一个要到美国读大学必须通过的英语考试后，张立勇萌生了要参加这个考试的想法，"我当然没有条件去美国留学，但我想看看自己的英语到底具不具备到美国去读书的水平，能不能考到清华学生们这么高的分数。"为了练习最令他头疼的听力，他坚持将完全听不懂的磁带听了四个多月，"到最后，每当看到英语托福考试的资料、磁带都想呕吐，甚至想放弃托福考试，但还是逼我自己把耳机塞到耳朵里面去听"。直到有一天，"奇迹般地都听懂了"。2001年，张立勇走进北京林业大学托福考场，最终取得了630分的高分，这一分数超越了许多与他同时参加考试的清华学生。要知道，托福考试的满分只有677分。

张立勇同志时常与我分享他在清华大学英语角的诸多故事，每一个故事其实都十分感人和难忘。1996年10月的一个晚上，这位在清华大学学生食堂切了一天菜的厨师张立勇，没有像往常那样回到宿舍，他走向了清华园第三教学楼的露天平台上，踏上了那片对他来说非常神圣的土地——因为那里有一个英语角。在那里，他显得有些沉默与紧张，只是缩在一个角落里，听别人交谈。听着听着，有了一种要张口说说的冲动。一个男生走过来，跟他用英语打招呼，因为害怕、含羞，他差点想逃跑，最后只好哼哼哈哈应付着，根本就不是用英语会话，而是一个一个地往外蹦单词。虽然张立勇的英语会话当时没有一点水准，但正是这一次失败的打击更加坚定了张立勇练好英语口语的决心。所以在清华，他抓住一切学习的机会，在食堂的卖饭窗口开创了"英语窗口"，卖饭的时候用英语接待清华的学生，既锻炼了英语口语，也克服了自卑胆怯的性格。所以熟悉张立勇的人都知道，他的英语不仅分数考得高，口语也非常地道。

随着张立勇在清华园里的视野不断得到拓展，他不再满足仅仅对英语的学习，利用业余时间，他还到北京大学成人教育学院学习了对外经济和国际贸易专业的课程，取得了本科文凭，自学学会了计算机，旁听了许多法律、新闻学的课程。

合格的建筑工人、优秀的清华厨师

张立勇作为一位农民的儿子，虽然离开家乡十几年了，住在首都北京，但他的朴实品格并没变，"向首长汇报，田将军，在清华十几年，我最怀念的是在清华食堂的八年，我最自豪的事情不是说我英语分数考得高，获得了大学文凭，如果说能让自己感到一点自豪的，那就是我自己是一名合格的清华厨师，优秀的清华厨师，优秀食堂服务员，我热爱劳动，我热爱厨师这么一份职业，劳动是光荣的，同样在广州的建筑工地，我也是优秀的建筑工人"，每当想起张立勇跟我说过的这段话，总是让我觉得这小伙子不简单，他在清华园不仅学习好，本职工作做得更好，据说在清华做一名厨师很不容易，每年都要进行岗位考核，考核不及格还要降工资甚至辞退,但张立勇每年的岗位考核无论是切菜岗位还是炒菜岗位,甚至刷碗岗位考核的分数都没有低于90分以下的。正是因为这样,清华大学党委书记、校长多次亲自接见这位"小张师傅"。"不管什么职业,自己选择了就要把它做好,做好了,一定会得到别人的认可和尊重。"张立勇说。

祖国需要就是他的工作

张立勇的事迹一经媒体报道,便引起了全社会的关注,也给他带来了许多令人艳羡的机会,有外企向他伸出了橄榄枝,2006年美国犹他大学甚至愿意提供全额奖学金,录取他为研究生。而也在这一年,北京奥组委也同时向他发出邀请,希望他能参与北京奥运会的志愿者英语培训工作和运动员接待工作。张立勇又一次放弃了他人难以舍弃的大好机会,他毫不犹豫地放弃了到美国读书的机会,选择留在北京奥组委工作。"当祖国需要我的时候,当我有这么一份能力的时候,我一定会勇敢地站出来",张立勇向我说。他先后参与了北京奥运会、汶川大地震抗震救灾、国庆60周年庆典等的筹备工作。他说:"这些年来,祖国的需要就是他的工作。"

一份耕耘,一份收获,鉴于张立勇同志的杰出表现,荣获"中国青年学习成才奖"、被共青团中央评为"中国十大杰出学习青年",被《人民日报》评为"2004年中国十大年度新闻人物",被评为"感动江西十大年度人物"、"中国榜样人物"、"清华大学先进工作者",还被国务院授予"2008年北京奥运会、残奥会先进工作者"等称号。难能可贵的是,张立勇面对这些荣誉总是能够做到淡然低调,谦虚谨慎。为此,中央电视台《东方之子》、《面对面》、《新闻会客厅》、《小崔说事》、《名师名校》等节目,凤凰卫视《鲁豫有约》栏目,《人民日报》、《中国青年报》、美国《世界日报》、英国《金融时报》等国内外300多家媒体报道了张立勇同志的事迹,白岩松、崔永元、陈鲁豫、王小丫、董倩、沈冰等著名主持人在采访张立勇同志时都不得不佩服这位来自赣南老区的青年农民、这位清华食堂的临时工炊事员所展现的坚韧和执著。

做人要做雷锋那样的人
——将军和当代大学生漫谈学雷锋

能够帮助别人改变，是最好的人生

人生当中有很多难忘的时刻，张立勇也一样，2008年5月，张立勇奔赴四川地震灾区参加抗震救灾工作。这段经历让他第一次开始思考，人如果仅仅为自己活着，可能是一件容易的事情，但作为一个有责任的人，更应该为国家、为社会做点事情，在允许的情况下应该带领更多的人一起奋斗。为此，他开办了"北京立勇阳光工作室"，义务为青少年提供心理咨询、学习辅导，尤其是英语等学科学习方法的咨询辅导等，帮助众多的青少年朋友克服了学习上、工作上、感情上的困惑，走出沼泽，走向阳光人生，受到广大青少年的尊敬和赞扬。据他说北大就有一名学生因为失恋想放弃学习，甚至想放弃生命，这名学生从报纸上看到张立勇的报道，求助张立勇，张立勇通过多次与他的谈心，让这位北大的学生重新找回了学习和生活的信心，顺利读完了本科，上了研究生，目前在读博士。此外他还在全国范围内发起了一项大型的公益活动——中国青少年责任与成长大讲堂，张立勇作为创办人、组委会主席兼首席讲师，这些年来，已在全国各地大中小学举行了400多场专场讲座。他现身说法，将学习的方法，更将持之以恒的信念，带到更广阔的地方。张立勇坚信，能够帮助别人改变，是最好的人生。

作为有着53年党龄、参军52年、现已72岁的我来说，在与年轻人接触时，都怀着一种期待的心情去与他们交流，那就是期待年轻人更好、更优秀。为此，在与张立勇同志交流时我也一样，赞扬鼓励的同时总是不忘大胆地说出年轻人身上的一些不足，我经常提醒张立勇同志要注意休息，锻炼身体，要不断创新，不断扩大知识面，等等。我觉得这是我的一份责任，我非常高兴地看到张立勇同志非常诚恳地接受了我的很多要求和建议，而且付诸行动，所以我相信张立勇同志一定会做得更好、更精彩，一定能为社会、为国家做出更多的贡献。

为了说明认真看书学习的重要性、必要性和迫切性，请大家看看这三组数字：

第一组数字是：据英国一位科学家考证，人类的科学知识在18世纪是每五十年增加一倍，20世纪中期是每十年增加一倍，目前则是每三年增加一倍。

第二组数字是：据有关方面统计，2011年，中国人均读书4.3本，比韩国的11本、法国的20本、日本的40本、犹太人的64本少得多。一段时间以来，这个论断被各种媒体反复引用，说它令我们感到振聋发聩甚至痛心疾首，并不为过。

犹太民族是值得我们关注和研究的民族。看看这些伟大的名字——马克思、爱因斯坦、弗洛伊德、海涅、卓别林、毕加索、门德尔松、基辛格、斯皮尔伯格、玻尔、费米、罗斯柴尔德家族、摩根、洛克菲勒、巴菲特……在全美200名最有影响的名人中和100多名诺贝尔奖得主中，占美国总人口2%—3%的犹太人占了一半；在全美名牌大学教授中，犹太人占1/3；全美律师中，犹太人占1/4；美国的百万富翁中，犹太人占1/3；全美文学、戏剧、音乐的一流作家中，犹太人占60%……

一个民族获得这些杰出成就，靠的是什么？是智慧。而智慧的背后，是犹太人精神成长历程中对于书籍宗教般的情怀。犹太人嗜书如命，将阅读置于很高的地位：每4500个犹太人就拥有一个图书馆；在以色列，平均每6个人就订一份英文报纸；犹太人会在书上涂一层蜂蜜，让孩子一生下来就知道书是甜的，他们还喜欢将书放在枕边。犹太人勤奋好学的精神，应了这样一句名言："阅读是消灭无知、贫穷与绝望的终极武器，我们要在它们消灭我们之前歼灭它们。"

第三组数字是：统计自1901至2012年的诺贝尔自然科学奖、经济学奖和文学奖，以国籍来衡量，美国共有308人获奖，每千万人可摊到9.84个奖；日本共有16人获奖，每千万人可摊到1.28个奖。杨振宁和李政道获诺贝尔物理学奖时还是中国国籍，加上莫言，共有3人获奖，每千万人仅摊到0.02个奖，与中国的广袤国土、庞大人口、悠久历史和深厚文化极不相称。我们还没有任何自高自大、固步自封的资本。

2009年，中国GDP首次超越日本，成为世界第二。龙永图看到外媒的发问，其中一问为：什么时候才能使全球精英都愿意把孩子送到中国留学，而不是送到欧美？当中国获诺贝尔奖人数及比例超过日本、中国的教育与学术系统有全球竞争力之时，我们就可以自信地回答这个问题了。

我这里要讲讲，学习是个非常个人化的事情。

《浦东时报》1月13日刊登的《求是》杂志副总编辑朱铁志的文章说：其实，学习是一件非常个人化的事情。"讲学习"也罢，"建设学习型党组织"也罢，最后总要落在具体实在的个体学习上，离开这一点，再热闹的学习也是形式大于内容，动机大于效果。向书本学习，书要一本一本地老实读，谁也不能代替别人作独立思考；向实践学习，要走出家门、走出自我，老老实实到实践中去，拜普通群众为师，于无字句处读书，坐而论道、纸上谈兵终觉肤浅。

学习又是一件非常复杂的事情，要根据不同对象的不同需求区别对待。对于一个工作多年的人来说，自己缺什么应该补什么，想要学什么，自己最清楚。对于刚刚毕业的硕士、博士而言，不断增加书本知识当然重要，但相对而言，他们更缺乏实践锻炼，缺乏理论联系实际的本领。在这种情况下，把他们放到实践一线压担子、给任务，可能是最好的学习。指望用一把钥匙开所有的锁，用一味药治疗所有人的病，那是天真而不负责任的。

这里再讲讲要注意学习的高度与深度的问题。

著名作家、曾任文化部部长的王蒙同志，专门发表文章，论述了这个问题：

先是广播电视的发展，然后是电脑、网络、手机的发展，使人们获取信息变得越来越便捷与舒适了，工具的性能与科学技术含量日新月异地膨胀着。同时，对于使用这些工具的主体的要求却越来越降低了。工具越先进操作就越简单，你只消敲几个键，要什么就有什么了。它比以往不知简便了多少。

在我国，网络的发展还带来了群众的民主参与及监督的便捷，一些坏人坏事就是网民们首先发现并群起而攻之的。国家领导人也开始应用网络与网民直接对话。

网络的发展还带来巨大的经济效益，一个点击率高的微博写手，他的效益远远高于一个专门家的专门学术著述。

同时，纸质的媒体开始受到挤压，读书的风气一再被上网浏览所削弱。有人预言网络时代的到来。有人预言文学与书籍的式微。有人嘲笑学术与艺术大家的冷落。市场更加欢迎的是能便捷与舒适地获取信息的手段及相关产品。

便捷与舒适使受众获得的信息百倍千倍地增长，于是以秒计算浏览时间的微博代替了花费数小时才能读完的论文，成为受众的宠儿。有时，粗野与狰狞成为吸引眼球的"风格"。碎片化的"思想"，耍笑化的"段子"，俏皮话的"自得"，八卦式的"渊博"，不文明的"争论"，歪曲变形的"流行新词"，千奇百怪的化名与潮起潮落式的以与人为恶为特色的声讨与人肉搜索，已经相当程度地代替了传统传媒与言论文明，成为所谓"P民"与"屌丝"（指草民）们饕餮的精神食粮。同时它们与传统传媒特别是主流传媒分割成了两重天地，而对真正高端的文化精品，越来越少人问津了。

全世界已经有越来越多的有识之士提出来，网络化的结果，除了各种方便与推进以外，也可能带来精神生活浅薄化、快餐化、碎片化与单一化的危机；有可能培养出一大批什么都知道一点点，什么都是人云亦云，半真半假，而没有自己的感悟、没有自己的查证、没有自己的任何创见的"聪明的白痴"式的网络信息小贩；有可能让手段先进的媒介，操控我们的头脑与灵魂。说得严重一点，就是便捷化与舒适化有可能制造浅薄化与白痴化。

当然不是说先进的智能工具不好。而是说，作为一个伟大的古老的文明国家的儿女，至少其中的一部分比较优秀的人士，完全可以做到在任何情况下不放弃苦读与苦学的传统，不放弃"书山有路勤为径，学海无涯苦作舟"的理念，不满足于聪明的白痴随时卖弄白痴的聪明，以真正的经典的学者、发明家、思想家、科学家、文学家为榜样，不仅是开拓市场与凑热闹，不仅仅是混个点击率，而是作出无愧于祖先与后人的贡献。

我们一定知道，学习、实践或实验、研究、思考、创造，是不可能便捷化与舒适化的。便捷与舒适的浏览所得，至多是浅浅的一层表皮，它不能代替长久的专注，精益求精的刻苦，永不停息的探索，反复地查证与纠错，系统地阅读与钻研，既能登高望远，又能见微知著的独特发现。

取法乎上，仅得其中，我们不能忘记高端的文化追求与文化献身，我们要善待科学技术与各种时尚产品，我们更要善待自身的头脑与古往今来的治学传统与经验。

（四）学习雷锋同志"一块砖"的敬业精神

在湖南湘潭一带，至今广为流传着这样一则民间谚语，实际上是一个人名字谜：

似手不是手，胳膊往外扭；
甘露滴三滴，四季幸福有；
太阳正出山，霞光万年久。

谜底就是一代伟人毛泽东。

有人说，毛主席一生可以概括为三个"28"。

毛泽东三个字的繁体书写笔画为28画，所以他在1918年公开发表的第一篇文章《体育之研究》见诸于《新青年》时，署名即是"二十八画生"。

1921年，毛主席28岁，他出席了中国共产党第一次全国代表大会。他一生从事共产主义事业，汉字的"共"字，是由"廿八"组成的。

从1921年到1949年，中国共产党领导的新民主主义革命经历了28年。在1949年10月1日新中国的开国大典上，毛主席指示鸣礼炮

28 响。

1976 年，毛主席逝世，享年 84 岁（虚岁），这是他的人生第三个 28 年。

这就是毛主席的简历，就是毛主席的人生"三部曲"。

第一个 28 年，是他的青年期，是他成长学习、寻找救国救民真理的时期；第二个 28 年，是他的壮年期，他领导中国人民推翻了三座大山，建立了新中国；第三个 28 年，是他的老年期，他率领中国人民进行了社会主义革命和社会主义建设。

三部曲是文学创作的一种形式，其实，人生的过程也是一种"创作"，古今中外许多文人曾将人生的体验精辟地概括为三部曲。

最早，春秋时代的师旷就说过："少而好学，如日出之阳；壮而好学，如日中之光；老而好学，如秉烛之明。"好学，是贯穿人生的一根线索，证明"活到老、学到老"的真理。

用诗词的形式来抒写人生三部曲，古人当属宋代的蒋捷，他有一首《虞美人·听雨》：

少年听雨歌楼上，红烛昏罗帐。
壮年听雨客舟中，江阔云低，断雁叫西风。
而今听雨僧庐下，鬓已星星也，悲欢离合总无情。
一任阶前，点滴到天明。

德国文学巨匠歌德写过一首小诗："少年，我爱你的美貌；壮年，我爱你的言谈；老年，我爱你的德行。"诗人精辟地概括出人生成长的经历，这就是由外表到内心的成熟与完美。

现代诗人刘大白也有一首诗赞美人生："少年是艺术的，一件一件地创作；壮年是工程的，一座一座地建筑；老年是历史的，一页一页地翻阅。"

文如其人，不同职业的人对人生的感慨，亦是异彩纷呈、妙语连篇。

做人要做雷锋那样的人
——将军和当代大学生漫谈学雷锋

摄影师说："少年是感光，壮年则定影，到了晚年来放大。"

社会学者说："少年想成家，壮年想离家，老年盼回家。"

美学研究者说："少年审女美在其态，壮年审女美在其情，老年审女美在其心。"

人生三部曲描绘出生活的五光十色，品尝着生活的酸甜苦辣，显现了生活的无限情趣。

我们看雷锋短暂而光辉的一生，也可以概括为三部曲。

请看他1956年7月15日在小学毕业典礼上的发言：

亲爱的老师、同学们：

我们小学毕业了。毕业以后，很多同学准备升入中学学习。我呢，我决定留在农村广阔的天地里，当一个新式农民。我决心做个好农民，争取驾起拖拉机，耕耘祖国大地，建设社会主义新农村。将来，如果祖国需要，我就去做个好工人，为我国的社会主义工业化建设出把力。将来，如果祖国需要，我就参军做个好战士，用自己的鲜血和生命去保卫我们伟大的祖国。

同学们，让我们在不同的岗位上竞赛吧！

老师们，请你们看我的实际行动吧！

看到这里，有的人可能会说，雷锋的发言是后人整理或编造出来的吧？毕竟已经过去56年了，谁还能记得如此一清二楚、一字不差呢？

你如果这样说，可就大错特错了！雷锋的这段发言，记录在望城县荷叶坝小学夏柳老师的"教师笔记本"上。雷锋当时的名字叫雷正兴。

如果你还不相信，就请看看夏柳老师当年记录的复印件吧（见《雷锋全集》第4页）：

夏柳老师，你的身体还好吧？您真是一位好老师、有心人！作为老师，你这样认真记录一位小学毕业生的即席发言，为后人留下了雷锋关于人生设计的珍贵记录。谢谢您了，敬爱的夏柳老师！

美国黑人领袖马丁·路德·金说:"我有一个梦!"

雷锋有三个梦:当个好农民、好工人、好战士!

今天,在一些人看来,雷锋的这"三个梦"算不上什么远大理想。用现在的话来说,就是"草根",就是"弱势群体",就是"普通劳动者"。准确地说,我们把雷锋的这"三个梦",称为合理的、务实的理想吧!

问题可不能这样看。平凡可能铸就伟大,一些所谓高贵者其实也可能非常平庸。

我国有一句老话:"人的命,天注定。"我们剔出其中包含的迷信成分,这句话还是有一定道理的。

说来也巧,雷锋短暂而光辉的一生,就是按着他自我设计的三部曲依次实现的——做个好农民、好工人、好战士。

美国卡耐基教育机构曾对不同种族、年龄和性别的人进行过一次有关生涯规划的调查。结果表明只有3%的人进行了生涯规划,确定了人生目标并知道怎样把目标落实。而另外97%的人,要么没有人生目标,要么人生目标不确定,要么不知道如何去实现自己的人生目标。10年之后,对上述对象再一次进行调查,那97%的人,除了年龄增长了10岁以外,在个人成就、工作和生活方面上都非常平庸;而那3%的人,却在各自的领域里都取得了成功。

写到这里,我看到了、听到了在党的十八大新当选的中共中央总书记、中央军委主席习近平同志,最近在和中央政治局其他常委一起参观了《复兴之路》大型展览后,发出的关于实现"中国梦"的时代最强音,令我异常兴奋、激动不已。让我们一起看看习近平同志是怎么讲的吧!

每个人都有理想和追求,都有自己的梦想。现在,大家都在讨论中国梦,我以为,实现中华民族伟大复兴,就是中华民族近代以来最伟大的梦想。这个梦想,凝聚了几代中国人的夙愿,体现了中华民族和中国人民的整体利益,是每一个中华儿女的共同期盼。历史告诉我们,每个人的前途命运都与国家和民族的前途命运紧密相连。国家好，民族好，大家才会好。实现中华民族伟大复兴是一项光荣而艰巨的事业，需要一代又一代中国人共同为之努力。空谈误国，实干兴邦。我们这一代共产党人一定要承前启后、继往开来，把我们的党建设好，团结全体中华儿女把我们国家建设好，把我们民族发展好，继续朝着中华民族伟大复兴的目标奋勇前进。

我坚信，到中国共产党成立100年时全面建成小康社会的目标一定能实现，到新中国成立100年时建成富强民主文明和谐的社会主义现代化国家的目标一定能实现，中华民族伟大复兴的梦想一定能实现。

下面，我们回过头来，继续看看雷锋是怎样实现自己"三个梦"的吧！

一个人的一生是否能够取得成功，不在于他做什么，而在于他怎么做。

雷锋于1960年11月5日，在部队做过一场忆苦思甜的报告。当时，很多人听了他的报告都掉了眼泪。感谢雷锋当时所在部队的领导干部和有关同志，把这场催人泪下的报告录音整理了出来，给后人留下了弥足珍贵的历史资料。

现在我认真阅读这份报告录音整理稿，还是禁不住掉下了眼泪。

你想了解新旧社会的对比吗？你想了解雷锋的苦难家史吗？你想了解雷锋的人生轨迹和心路历程吗？你想了解雷锋成为平凡而伟大的共产主义战士的深层次原因吗？你想向雷锋同志学习吗？那就请你认真阅读雷锋的这篇报告吧！

雷锋的这篇报告稿，收录在《雷锋全集》186页至192页上，我反复斟酌，不忍删节，那就原文照录吧！

我叫雷锋，生于1940年12月18日，家住在湖南省湘潭专区望城县，家有五口人，爸爸、妈妈、哥哥、弟弟和我。

我在旧社会遭受的痛苦和广大劳动人民一样是深重的。解放后，党和英明的毛主席拯救了我，给我带来了无比的幸福，我所要讲的也就是

第一部分 将军和大学生漫谈学雷锋

我在两个不同的社会里,过着两种不同生活的对比。

黑暗的旧社会是一个吃人的社会,穷人只能给富人当牛当马,过着非人的苦日子。我家祖辈三代都是给地主做长工,维持一家半饱的生活。我爸爸给唐地主做长工时,连一家半饱的生活也维持不住。到了荒年腊月,好久还看不到一粒米下锅。我哥哥常常带着我出去要饭,看到富人就央求给点吃的,要是碰上有钱人家做喜事,就讨点剩饭剩菜吃,看到桌上的饭菜也用手扫了起来,装在一个要饭的破布兜里,留着下顿吃,要是离家近一点,就送回家去,给小弟弟吃。

我妈妈怕养活不了我那幼小的弟弟,想把他卖给有钱的人家,我爸爸心如刀割,坚决不让。他泪汪汪地说:"我们全家死也要死在一起,决不能把他卖了。"我爸爸被逼得没法,只好把睡的床铺抬出去卖了,在地上砌几块土砖,取下房门板,搭着睡觉。

我们住着一间破草房子,屋顶露着天,后墙倒塌。要是天下雨,外面下大的,屋里就下小的,我妈怕雨淋湿了我的脑袋,拿着一个破脸盆罩在我的头上,又怕冻着我,拿破烂麻袋披在我的背上。冬天冻得没法,只好拿几捆稻草,堵住风雪,冷得实在不行了,全家人紧紧地挤在一起,又拿上几捆稻草盖上。终年辛勤劳动,全家五口有米不够半年吃。

抗日战争时期,日本鬼子侵略我国,残酷地屠杀人民,地主、资本家血腥地统治、压迫和剥削人民,劳苦人民无法生活。我爸爸参加过共产党所领导的抗日斗争,1945年被日本鬼子抓住,惨遭毒打,吐血屙血而死。全家无法生活,我12岁的哥哥到离家几百里的津市一个机械厂当徒工,经受资本家一年左右的折磨,得了童子痨(肺病)。一天,昏倒在机器旁,轧伤了胳膊,轧断了手指,资本家看他再无油水可榨,便把他赶出了工厂。回家之后因无钱医治,死于1946年春。

我和妈弟3人,只好上街讨吃,我那幼小的弟弟受不住那种生活的折磨,活活饿死在母亲怀里。可恨的唐地主,逼迫我妈到他家做女工,我也跟着去了,我妈给他家喂奶带小孩子,给小孩洗屎洗尿,给少奶奶倒马桶。我给他家扫地,抹桌凳。后来妈妈被唐地主强奸,我妈被逼得

做人要做雷锋那样的人
——将军和当代大学生漫谈学雷锋

上天无路，入地无门，在1947年8月中旬的一天晚上自杀。那天晚上，她泪汪汪地对我说："苦命的孩子，妈妈不能和你在一起了，靠天保佑，你要自长成人。"她脱下自己的一件衣服披在我的身上，叫我到六叔祖母家去睡，我走后，她就上吊了，和我永别了！（哭声……）

我母亲死时我还只有7岁，旧社会使我无法活下去。在那吃人的社会里，三大敌人压得我简直没法活命，那些仇恨我一定不能忘记，我要报仇。

一个农民介绍我到地主家看猪，每天看10头猪，要给猪洗澡，晚上没有地方睡，有时还要同猪睡。有一天扫猪栏扫得不干净，地主卡着我的脖子打。过年地主吃鱼吃肉，把肉喂狗，我也想吃点，我捡了喂狗的肉吃，被狗腿子揪着耳朵，揪出了血，我哭了，地主把我往外面拖，不给我饭吃。我一个同伴很同情我，但也没有办法，就装了点猪食给我吃。

有一天是8月15日，天已经黑了，地主要我到6里外去打酒。到酒店，店主已经睡觉了，喊门叫不开，我就哭起来，他们才开门。我一天没吃饭，在回来的路上走不动了，跌了跤，把酒也洒了些。回来时地主还坐在床上等酒吃呢，一进门就说我回来晚了，打了我几个耳光。又说酒不够，问哪里去了，我说洒了点，他怪我把钱买糖吃了，一拳就打在我的鼻子上，出血了，一脚又把我踢在地上。当晚不给我饭吃，我没有办法，就到屋后挖了两个地瓜吃，又被地主婆打了一顿耳光。1947年在地主家看猪，一天我用小罐子煮了点野菜，煮好了正准备吃，被地主家的一只猫刮倒了，狗又跑来吃了我的菜。我就打了狗，狗也咬了我，被地主婆看到了，她说打狗欺主，要打死我，还骂道："这样的穷鬼打死十个少五双，死一个少一个！"多亏毛奶奶说情，才没有打死我。第二天地主把我赶出来，我没有办法，在破庙里住了几天，只得吃野果山枣。解放后，我看了《白毛女》电影以后，心里非常痛，在吃人的旧社会里像我这样的人很多，都被搞得妻离子散、家破人亡。我一定革命到底，不消灭反动派决不甘心。

旧社会的苦是我们的阶级苦，我时时记住这血泪深仇。我想到全世界人民没有得到解放，我国台湾也还没有解放。想起他们心里就难过，一定要解放台湾，打倒帝国主义，把我的一切献给人民，献给党！

1949年我的家乡解放了，地下党员彭德茂乡长找到了我，我那时真不像样子了，头发长得很长，身上披了一个旧麻袋。他给我洗了澡，给我换衣服，过年还把我接到他家里做好了菜给我吃。我好像做梦一样，心里非常感激彭乡长，就跪在他面前。他说，孩子，不要感谢我，是伟大的党和毛主席救了你，要感谢党和毛主席。后来党又送我到学校念书，老师给我和同学发了新书，看到同学都交了费，我就去找老师说，我还没有交费呢，老师就说这是党送你去读书，并翻出毛主席像说，就是他老人家送你读书的，你永远也不要忘记他老人家。所以我第一次在笔记本上写了"毛主席万岁"五个大字。我非常感谢党和毛主席，连睡觉做梦都想见到毛主席。后来有一个同志带我到了毛主席家乡去参观，有一个老爷爷给我讲了毛主席的故事。毛主席热爱学习，热爱劳动，处处从人民的利益出发。我非常感动，一定要好好学习，做毛主席的好学生。每天功课每天都做完，星期天也不休息，晚上9点多钟才睡，我想将来很好地为人民服务。所以一年级时我考了第一名，二年级也是第一名。二年级时土改斗地主，我们乡里成立了儿童团，我参加了，后来大家选我当团长。大人搞生产很忙，我们儿童团就去看管地主，斗争那个姓唐的地主时，我非常气愤，恨不得一口气要吃掉他，旧仇都一齐涌到我的心头，母亲是在他家做女工时被害死的，我在他家放猪遭到了非人的折磨，斗争后就把他枪毙了，为我们的阶级兄弟报了仇。

只有好好学习，才能将来更好地为人民服务，报答党的恩情。我在三年级时，参加了少先队，我是第一批入队的，大家选我当了队长。我们队的工作搞得很好，被评为全县的一个先进少先队，这是队员们的努力。

我于1956年高小毕业，正是党号召大办农业、发展农业生产的时候。老师要我们学生填志愿，很多人都填志愿要入技校、高中，我就在志愿书上写着"党的需要就是我的志愿"。当时这样填的，班上只有两个人，一个是贫农的女儿愿意回农村养猪。老师让我升学，我向学校写了决心，要求到农村参加农业生产，去建设新农村。农业是国民经济的基础，到农村可帮助农民扫盲，去锻炼和改造自己。农村是广阔的天地。毛主席说有两门知识：实践知识、书本知识。我再三保证，老师才批准我的要求。到农村几个月收获很大，学了犁耙和许多生产知识。

同我去的那个女同学成了养猪模范，上北京见了毛主席。她经常对我进行帮助。在农村是艰苦一些，但是想到建设新农村，我就很乐意干了。

1956年12月调我到望城县委会工作。县委张兴玉书记经常教育我，给我讲革命故事，买书给我看，对我帮助很大。

1957年2月，我入了团。

1958年，望城县委在团山湖创办了农场，我要求到农场去，张书记批准了我的要求。到农场以后，场长对我很好。有一次，我同场长去开会，路上碰上雨，一个同志借了一件雨衣给场长，他要给我穿，我不肯，推来推去，最后俩人都有了才算作罢。

我生了一身疖子（疮），场长把我送到医院，场长、书记天天来看我，送东西给我，对我非常关心，我很感动。医生叫我住一个星期医院，我住了三天，就从窗户偷跑回来，到工地参加劳动去了。不久又调回县委工作，县委会要建立拖拉机站，团县委号召捐钱买拖拉机。我那月发薪29元，除了9元伙食费，捐了20元。县委要我学开拖拉机，我又当了望城县第一名拖拉机手，学了五个月，就毕业了。回来时，张书记还给我戴了一朵大红花。

每天白天、黑夜，我就驾着拖拉机耕地，一天工作10多个小时，我也不觉得累，后来粮食丰收了，我非常高兴，原来是荒湖，现在开垦成了良田。

1958年，党发出"大炼钢铁"的号召。毛主席说，没有工业，就没有国防，没有人民的幸福。要有钢铁，就只有听毛主席的话，自力更生。那时鞍钢到望城县招工，我再三要求，还是不同意，我又找到张书记，才批准我。1958年11月15日离开县委机关，不久来到鞍钢，看到大机器,我非常高兴。到鞍钢后,人事科长找我谈话,说:"你以前当过公务员,你还给领导当公务员,生活会好些。"我不同意,说我不是来享受的,是来工作的。后来,才送我到技校学习,学了两个月回来,当了推土机手,人小机器高,我就垫了一些被子等东西才勉强开得动。

1959年8月,鞍钢扩大焦化厂,在辽阳建厂条件很艰苦,我要去,副厂长不让我去,在我坚决要求下,才让我去的。那里条件很差,有些同志不安心工作,不愿意挑大筐,不愿意盖房子,有的说怪话。这时我想起自己是共青团员,坚决不动摇,想起最艰苦的地方也是党最需要我的地方,是党考验我的时候。我就向李书记表决心,愿意干一辈子。李书记对我教育说:"干革命不但要埋头苦干,还得懂得革命道理。"他买了一本毛主席著作给我。从那时起,我就开始学习毛主席著作。前一段我只知道感谢党的恩情,埋头苦干,自己干好了就行了,从这时起,我开始懂得了一点道理。但开始学习碰到很多困难,有些字不懂,看小说一样。李书记又告诉我,学习毛主席著作要有的放矢,从实际出发,带着问题学习毛主席著作。那时盖房子是冬天,和稀泥是关键,是最艰苦的工作。稀泥供不上,这个困难怎么办,我就带着这个问题学习毛主席著作。毛主席说:"艰苦的工作就像担子,摆在我们的面前,看我们敢不敢承担。担子有轻有重。有的人拈轻怕重,把重担子推给人家,自己拣轻的挑,这就不是好的态度。"毛主席的教导使我得到深刻的启发,听毛主席的话,把重担子挑起来,一定选艰苦的工作干。我就争着去和泥,水结了冰,和不动,我就脱掉鞋袜、赤着脚,冷得很厉害,手脚都冻麻木了,但想到为祖国建立化工厂,心里挺暖和的,又有两个青年和我一起干起来,这是我学习毛主席著作第一次收到了效果。后来又搞技术革新,怎么搞?我又学习毛主席著作,主席说:"你要有知识,你就得参加变革现实的实践。你要知道梨子的滋味,你就得变革梨子,亲口吃一吃。"我就和同志们一起参加劳动,我又和同志们一起学习毛主席著作。有一天晚上,我正在学《关心群众生活,注意工作方法》,到半夜,突然下起雨来,我跑到调度室听说还有7200袋水泥没盖,被雨打

做人要做雷锋那样的人
——将军和当代大学生漫谈学雷锋

湿就完了，心里很着急，怎么办？我想到了向秀丽，想到了毛主席的教导："无数革命先烈为了人民的利益牺牲了他们的生命，使我们每个活着的人想起他们就心里难过，难道我们还有什么个人利益不能牺牲，还有什么错误不能抛弃吗？"这时我马上叫起20多个青年，把自己的棉衣、被子拿去盖了。被子被打湿了，但看到国家财产没有受损失心里很高兴。

党的八届八中全会以后，我学习了全会文件，自己想，我为人民公社做了什么？我每天就捡大粪积肥，一个月捡了800多斤，送到了公社，公社要算钱，我说我没有什么礼物送公社，这些大粪就作为我的礼物吧！

一次碰到了一个老人在冬天早晨没有穿棉衣，我就脱了自己的棉衣，送给了他。毛主席说关心他人比关心自己为重。我后来又送了几件衣服给他家，我常到他家，他还要我当干崽，我很爱他家。这是毛主席教导我所产生的阶级感情。

厂里开展社教以后，一次工会副主席对我说："工厂是集体的，你不要那么认真，要注意身体。"那天我睡不着想不通，他是工会副主席，为什么还这样。又过了几天，他又找我谈："小雷，工厂大鸣大放，叫大家提意见，你要放就放几条，过去旧社会什么东西都有卖的，有鱼肉，现在什么也买不到。"我想在旧社会吃鱼肉的是地主，穷人哪吃得起呢！心里对他有意见，但是不敢对他提意见，他是工会副主席。李书记说大鸣大放要站稳立场，听党听毛主席的话，我看了《中国社会各阶级的分析》一文，我就用阶级分析的方法，对工会副主席进行了分析，看到他不是我们的人，我就将情况向李书记反映了，李书记要我以后注意他的言行。有一次在厕所，他又对一个新工人说过类似的话。我听了很气愤，又马上报告了党委。经过调查才知道，他是一个混进党内的异己分子，当过土匪，后来被开除了党籍，进行劳动改造。这件事对我教育很深。

1959年12月8日，李书记在青年会上作了应征入伍的报告，我听了很激动，一晚也睡不着，半夜跑到了李书记那里，把他叫起来去报名，连棉衣也忘记穿，他把自己的棉衣给我穿上说："你先睡觉吧！明天再来。"当晚我又写了一篇稿子"决心应征"，4点就去了，但只报了第二名。我想体检我一定要搞第一名，第二天半夜，我就起来去体检，传达室不让我去，我说是起来去解手，出了大门后，正碰上一个军车，我就坐上了车，到了辽阳兵站。碰上了一位少校首长，一进门就问："小雷你怎么这么早？"我很奇怪，说你怎么认识我，他拿了一张登了我的报纸给我看，说："你那次搞劳动，就认识了你。"他把我带到办公室谈了一会，问："你为什么要入伍？"我说："为了消灭帝国主义，解放台湾同胞，一定要当解放军，保卫国家，捍卫边疆不被侵犯。"

后来搞体检，量我血压高了，不合格。我说："我休息一会儿再检查好吗？我昨天晚上没睡好，今天早晨没有吃饭。"后来李书记来了，对武装部政委说："他昨晚没睡，很激动。"那位少校也跟医生讲了，检查才合格。第二次检查身高，我就伸长脚尖，被医生发现，后来正好及格。检查体重我才48公斤，我又向医生说我还没吃早饭哩！吃了饭就会合标准！

1960年1月8日我入伍了。我到了部队，首长把衣服、帽子给我一穿，对镜子一照，特别高兴，不知怎么说才好。一夜没睡，感冒了，营长半夜来查铺看我咳了几声，马上叫医生来给我看病，并把自己的被子给我盖上，使我非常感动。

首长经常对我说，我们的军队是人民的子弟兵，有明确的政治方向。他鼓励我做毛主席的好战士。懂得革命道理才能当好毛主席的好战士。我也积极学习毛主席的著作，挤时间学，有时晚上学习太晚，头昏，我就洗一洗脸。我想到自己的觉悟低，一定要好好学习，利用开饭前后，有时连到厕所我也不放过学习，部队规定9点钟熄灯，我就买个手电，在被子里学。我学完了《毛泽东选集》一至四卷，其他政治书籍60多本。重点学习了《反对自由主义》、《将革命进行到底》、"老三篇"、《矛盾论》、《实践论》。学了毛主席著作以后，使我眼亮心宽，懂得了一个人应该怎样活着、树立什么样的人生观，对我帮助很大。在学习中，我曾碰到很多困难，但我没有向困难低头。开展军事训练，投手榴弹，我体力差，投不远，这时又学习了毛主席著作，毛主席说要向困难做斗争。投手榴弹是练战斗本领，为了消灭敌人，不练好本领怎么消灭敌人，因此我经常天没亮就起来练手榴弹，手臂练肿了，但我从未终止，练了一个多月，搞实弹练习时，我合格了。

读了雷锋的这篇报告稿，我们可以看出，他的人生三部曲——做一个好农民、好工人、好战士，都是根据党、国家和军队的需要，而做出的认真选择；而且，雷锋确实做到了干一行、爱一行、专一行、精一行。

我认为，很多学习雷锋、研究雷锋的人们，过去往往强调了他"做好事"的一面，而忽略了他做好本职工作的一面。而干一行、爱一行、专一行、精一行，才是雷锋所做的最大的好事。

为什么雷锋能做到干一行、爱一行、专一行、精一行呢？

这来源于他深沉、浓厚、真挚的报恩思想。

抚顺雷锋纪念馆馆长陈茁接受记者采访时说："雷锋非常突出的一点，就是报恩思想。他当农民干到极致，当工人干到极致，当军人干到极致。他一直有个大愿望：立功、去见毛主席！1962年6月，沈阳军区政治部批准雷锋代表军区出席国庆观礼，到时他可以见到毛主席了。他还没有来得及获知这一消息就牺牲了，只差两个月。雷锋灵魂里透着的是感恩。报恩思想给了他无穷的力量。"

这里讲讲这个"恩"字。什么是"恩"？始终放在心上、含在口里最大的事，就是"恩"字。一个人有了报恩的思想，他的身上就会有无穷的力量。

这来源于他对劳动和对劳动者的正确认识。

请看他1961年3月16日的日记：

世界上最光荣的事——劳动。
世界上最体面的人——劳动者。

第一部分
将军和大学生漫谈学雷锋

再看他 1961 年 10 月 16 日的日记：

高楼大厦是一砖一石砌起来的，我们何不做这一砖一石呢！我所以天天都要做这些零碎事，就是为此。

这里特别说明一下，我把这部分称为"一块砖"的敬业精神，也是来源于此。甚至可以说是来源于雷锋当年一位重要的恩人、贵人——县委书记张兴玉的一个举动。

雷锋在中共望城县委当公务员（勤务员）的时候，县委书记张兴玉很同情他、喜欢他、关心他。张书记是从战争年代走过来的人，经常给雷锋讲革命故事。有一次，雷锋跟张书记下乡，在路上踢到了一个螺丝钉，张书记弯身捡了起来。一个县委书记捡螺丝钉干什么？后来张书记让雷锋把这颗螺丝钉送到工厂，并告诉他现在国家不富裕，工厂建设需要它。螺丝钉虽小，但机器设备缺了它却不行。张书记的举动和教导，给雷锋留下了终生难忘的记忆，给了他深刻的启示。

我们常说，一个人、一本书、一件事、一首诗、一句话、往往改变甚至决定一个人的命运。事实的确如此。

请看雷锋 1962 年 4 月 17 日的日记：

一个人的作用，对于革命事业来说，就如一架机器上的一颗螺丝钉。机器由于有许许多多的螺丝钉的连接和固定，才成了一个坚实的整体，才能够运转自如，发挥它巨大的工作能力。螺丝钉虽小，其作用是不可估计的。我愿永远做一个螺丝钉。

螺丝钉要经常保养和清洗，才不会生锈。人的思想也是这样，要经常检查，才不会出毛病。

我要不断地加强学习，提高自己的思想觉悟，坚决听党和毛主席的话，经常开展批评与自我批评，随时清除思想上的毛病，在伟大的革命事业中做一个永不生锈的螺丝钉。

做人要做雷锋那样的人
——将军和当代大学生漫谈学雷锋

我们部队官兵经常讲，军人以服从命令为天职；经常讲"革命战士一块砖，哪里需要哪里搬"；经常讲"要做一个永不生锈的螺丝钉"。现在却有人讲，这种说法过时了，不适用了。

我认为，螺丝钉精神，实际上表达的是一种责任心，就是每一个人在不同的岗位、不同的部门，都要工作到位、责任到位。不挑挑拣拣，不斤斤计较，默默无闻、默默奉献，敬业守纪，是螺丝钉精神的实质。默默无闻是一种选择，轰轰烈烈也是一种选择。

螺丝钉有大有小，作用有大有小，责任有大有小，不同的螺丝钉在不同的地方作用也不一样。比如一颗自行车的螺丝钉，它是自行车上的作用，汽车上的螺丝钉是汽车上的作用。那如果是飞船上的螺丝钉是什么样的作用呢？神七、神八、神九，"嫦娥奔月"，那上面的螺丝钉的作用就非同寻常了。

现在有人说，螺丝钉精神把人的个性扼杀了，个性不能张扬了。螺丝钉和张扬个性在某种意义上来说是问题的两个方面。螺丝钉严格来说是岗位责任，把工作落实到位。一所学校、一个企业、一个部门、一个人，所起的作用在整个社会当中，在某种意义上来说，都是一颗螺丝钉。如果我们片面地认为把螺丝钉拧在一个地方就不能动了，就不能发挥个人作用了，个性不能张扬了，那是一种非常狭隘低级的认识，也是形而上学的思维方式。

千万别小看一颗螺丝钉的作用和影响。英国历史上有一个典故：

缺了一颗铁钉，掉了一个马掌；掉了一个马掌，失去一匹战马；失去一匹战马，俘虏一位将军；俘虏一位将军，输了一场战争；输了一场战争，亡了一个帝国。

一个帝国的灭亡，居然是因为一位能征善战的将军的战马的马蹄铁上的一颗小小的铁钉松掉了。

企业管理中还有一个"回形针理论"，如果地面上有一根回形针，以下面哪一种方法来处理呢？

第一种方式，把它捡起来，擦干净，再放到原来放置的地方。第二种方式，当做没有看到走过去。第三种方式，踢它一脚出出气。

某调查公司曾抽样问过一些企业内的员工，所得到的结果以第二种方式居多。原因可以归纳成以下几个方面：

第一个原因，由于回形针非常便宜，所以一般人对它们掉落并不会觉得很可惜，因而懒得弯下腰去捡起来。

第二个原因，因为在大多数企业里，取得回形针并不是一件困难的事情，只需简单申请就可以拿到，根本不必自己掏腰包。既然来得容易，花的也不是自己的钱，不仅不会珍惜回形针，丢掉了也就不会觉得可惜。

第三个原因，错误的机会成本观念作祟。有些人认为一根回形针根本不值多少钱，而弯下身把它捡起来再擦干净的动作，所花费时间的价值可能会比一根回形针要大上好几倍，认为根本不值得做这件事。当员工们有这种行为出现时，不仅只是回形针的浪费而已，更需要注意员工的错误心态对企业可能造成的负面影响。

因为这种"细小的浪费无所谓"的观念注入员工思想之后，将会使他们养成一种不重视成本的习惯。

当这种错误的行为变成员工工作行为中的一部分之后，公司整体利益将会受到相当大的影响；更甚者，可能会导致企业经营的困境。当然，当企业受到不利的影响时，企业成员也会受到影响，因为员工的"钱途"与"前途"都是和企业的运作息息相关的。试想，万一企业不赚钱，那么，年终奖金或调薪的幅度是否还能增加很多呢？答案必然是否定的。另外，如果企业的经营受到挫折，那么，公司决策层再投资的信心可能也会受到影响；如果企业一直停滞不前，员工们自然也前途暗淡了。

雷锋干一行、爱一行、专一行、精一行。敬业必然乐业。他不是把工作看成是谋生的手段、沉重的负担，而是把工作看做应尽的义务、重要的岗位和无限的荣光。

1958年3月，他学会了开拖拉机，成为望城第一位拖拉机手。他怀着激动的心情于 3 月 16 日写了一篇文章《我学会开拖拉机了》，发表在《望城报》上。并在《南来的燕子啊》这首诗中专门写了几句：

南来的燕子啊！
你可不用惊呆。
不是晴天里响起了春雷，
而是拖拉机在隆隆地开。

1959 年 2 月，他在鞍钢学会开推土机之后，又怀着激动的心情，写了一篇文章《我学会开推土机了》，并写诗表达他兴奋的心情：

马达在轰鸣，
翻车机好像个大蛟龙，上下不停地翻腾搅动。
你的力量无尽无穷，
你的任务是多么重大而光荣。
你有时有点小毛病，
我们工人的心啊，
比失掉自己的双手、眼睛还痛。

1960 年 1 月，雷锋光荣参军，分配他当汽车兵，他更是兴奋异常，专门写了一首诗《穿上军装的时候》：

小青年实现了美丽的理想，
第一次穿上了庄严的军装，
急着对照镜子，
心窝里飞出了金凤凰。
党分配他驾驶汽车，
每日就聚精会神坚守在车旁，
将机器擦得像闪光的明镜，

爱护它像爱护自己的眼睛一样。

雷锋从事每项工作，都力求精益求精，做到极致。这里仅以他驾驶汽车为例，来说明雷锋的工作态度和敬业精神。

他在1962年2月1日所写的《精通业务 熟练技术》这篇文章中，专门总结了驾驶汽车要做到四勤、三先、五不超、六不走、九慢的经验。

四勤：1. 勤检查，2. 勤保养，3. 勤督促，4. 勤清洗。

三先：1. 会车先慢，2. 先让，3. 先停。

五不超：1. 不超速，2. 不超载，3. 不超高，4. 不超长，5. 不超宽。

六不走：1. 行车文件不齐不走，2. 车辆检查不好不走，3. 油料不足不走，4. 人员没坐好不走，5. 操纵机械有故障不走，6. 没有上级首长的指示不走。

九慢：1. 转弯慢，2. 交叉路口慢，3. 坡道慢，4. 人员多的地方慢，5. 复杂气候慢，6. 过铁道慢，7. 道路不熟慢，8. 桥梁渡口慢，9. 错车慢。

请看雷锋总结的驾驶经验，是多么具体、多么细致、多么管用啊！不是干一行、爱一行、专一行、精一行的人，是绝对总结不出这样的经验的。

雷锋是这样写的，也是这样做的。有一位叫南君的同志，就"雷锋是怎样开车的"这个问题，专门采访了雷锋的战友薛三元和乔安山。通过他俩的点滴回忆，雷锋的"车德素描"展现在人们面前。

"雷锋的驾驶作风、道德真是一流的。在行车当中，如果经过农村，雷锋会开得很慢很小心，生怕碰到老乡养的猪、牛、羊、鸡。当时农村都烧秸秆，下雨之后老乡会把这些秸秆铺到路面上晾干。一般来说很多车会直接轧过去，雷锋从来不这样，他总是停下车，先把老乡的秸秆搬到边上再通过。"乔安山回忆道,"如果是下雨天出车,雷锋总是特别注意行人,即使地上没有坑,他也会提前减速,他说不能溅别人一身。"

乔安山说:"雷锋总是对班里的同志强调:'咱们开车不要遇到人就乱按喇叭,尤其是岁数大的、抱孩子的,到人跟前一按喇叭吓人一跳,哪怕咱们再开慢一些'。雷锋总是说:'作为一个驾驶员,一定要处处注意,尤其要换位思考,你要是行人你会怎么想。'"

"雷锋在学车时,不管是理论学习,还是安全教育、操作驾驶,都非常扎实。"薛三元是雷锋当年学车时的师傅。谈到雷锋的学车经历,他向笔者介绍说,"当时非常讲究安全礼让、不抢信号。会车时,下坡的车辆要提前停车,给上坡的车辆让道,等等。"

谈到中国爆发式进入汽车社会,但新手开车事故多、车德差的现象,乔安山有些激动地说,现在驾校基本是交了钱就能拿照,新手就是杀手,应当不仅教学员怎么开车,还要教他们怎么做人,怎么做个好驾驶员,这是关键。

不知我们国家有多少人当专职司机,也不知我们国家现在有多少人有自驾车,但是我想,如果这些人都有雷锋这样的车德、车技,那么这些人就会把车驾驶好,出事故的频率就会大大减少。

我这里提供一个材料,供大家参考。

最近,中国疾控中心慢病中心伤害预防室主任段蕾蕾在"世界道路交通事故受害者纪念日"活动上介绍,近年来,国人受伤害死亡的原因已发生明显变化,交通伤害死亡取代自杀成为首因。2011年,我国共发生道路交通事故21万余起,致死62387人,另有逾23万人受伤,直接经济损失超过10亿元。据悉,疲劳驾驶、超速、超载、违法占用对方车道,安全监督漏洞是造成事故的主要原因。

我在前面说过,一个人是否有发展前途,不在于他干什么,而在于他怎么干。雷锋先后当过普通农民、普通工人、普通战士,但他成长为了平凡而伟大的共产主义战士,成了家喻户晓、举世皆知的著名人物。他的人生经历和工作态度,特别是甘当"一块砖"、"一颗螺丝钉"的精神,对当代大学生有着重要的启示作用。

我国的大学教育，已经实现了"两个转变"，即：从精英教育向大众教育的转变，从培养"天之骄子"到培养普通劳动者的转变。依据这"两个转变"，大学生的就业观念和工作态度，也应该随之发生相应的转变。

时值中国经济结构调整期，职场"经验准入"要求与市场需求因素发生变化，大学生结构性失业状况令人担忧。与此同时，很多的技术工作岗位，却招聘不到工人。比如，在招聘会上我们经常看到这种现象，某餐馆招饺子工，月薪 2500 元包吃包住，没有人应聘。而应届大学毕业生求职的时候，期望薪酬只有 1500 元，却到处找不到工作。针对这种现象，我们需要探讨当前经济形势下的年轻人就业问题。

其实，高等教育过度市场化和学历化是出现这种现象的深层原因。20 世纪 90 年代中期之后，整个中国的高等教育快速推行市场化。在市场化过程中，学校大量扩招，规模越来越大。扩招的直接后果就是入学标准降低，同时，每个教师分配到学生身上的精力、时间都变得非常有限，致使学生的综合素质整体下降，毕业后到就业市场上就有些不受欢迎。其实，现在年轻人可就业的岗位数量跟过去的十年相比，并没有大的减少。但对于他们自己来说，由于觉得自己是受过高等教育的，因此对工作岗位的预期就比较高，不愿意从事一些中低端的工作。这样就导致一方面大量中低端的工作没有人干，另外一方面又有大量的大学毕业生找不到工作。就算找到工作，雇主对大多毕业生的评价也很低。

我们看到，很多中国大学的口号或者培养学生的目标，是为国家培养栋梁之材，而我们看到德国大学的口号：为社会培养合格的劳动者。从主导思想上看，中国的制造业要转型升级有多难，我们缺少合格的劳动者，而德国制造是品质高端的代名词，这正是两国大学培养目标差异的结果。

这种现象与目前高等教育中重学历教育而轻能力教育、重大学教育而轻技工学校的发展有很大的关系。在我们当前的教育理念中，技术教育始终不发达。看看二战后快速发展的德国和日本，这些国家产品的品质很高，其实跟技工的能力、素质是有非常大的关联的。这里的技工不是指过去那种学徒制，不是师傅一步一步带出来的，而是进入了现代教育的模式，就是通过各种等级的技工学校来培养人才。德国和日本拥有大量技工学校培养出来的高级技工，而我们国家在这方面严重滞后。这其中一个很大的原因，是整个社会中没有给技工应有的上升空间和对应的社会地位，包括报酬。所以对于很多年轻人来说，没有一种内在的驱动力让他们走上技工的岗位，让他们愿意到这个领域当中学习。反观德国和日本，技工在工资、社会福利方面有很好的待遇。与大学毕业生相比，技工也有他们自己的晋升体系。大学毕业生是进入工程师体系，技工是进入技工体系。作为一线的工程师和技工，他们在两个体系都有自己上升的空间，都可以有自己对应的职称和地位，而且两者之间待遇差异越往上走越小，所以人们不存在谁比谁社会地位高、谁比谁社会地位低这种意识。其实咱们国家在20世纪五六十年代的时候对高级技工也是非常重视的，以前工厂里面有八级钳工、八级锻工，也有社会地位和很多荣誉。但在市场化过程中，因为没有在社会中给他们一个固定的、可以预期的上升空间，或者说对应的社会地位，所以大家不愿意往这方面走。目前一方面到处招工难，另一方面大学生找不到工作，大的背景就在于此。

很多时候我们习惯于去给行业下定义，只能说明对产业模式方面的认识和描述太过肤浅，人类给行业打烙印是没有意义的。每一个行业都有可以深度挖掘的空间，对于人力资源的培养，我们的目光要紧盯行业的发展空间。换句话说就是要认识到每个行业都有前景，关键在于能否不断升级，提升品质。

其实，任何行业都有上升的空间，关键要不断地转型升级。关于技工人才的培养，近年来，我们虽然已经意识到人力资源发展的重要性，却片面地把人力资源培养等同于学历教育。人力资源本身是个综合性概念，涉及多方面的因素，而不是简单地指一个工厂里面有多少大学毕业生、研究生。单纯的学历排名不足以成为人力资源，所以并非学历高人力资本价值和贡献率就高。整个经济发展或者企业发展是各种生产要素的综合。中国情况比较特殊，既有高端的技术领域，也有传统的产业模式，这种情况下，对于人力资源的搭配方式不能一概而论。

事实上，每一个行业都有潜力，关键是如何挖掘出来，将"夕阳工业"变成"朝阳工业"。根据有关专家分析判断，未来十年对中国、对世界，最有潜力的三个行业，第一是农业和食品业，第二是水资源产业，第三是能源和矿产资源类行业。这三类行业是未来最有前景的。如果按照原来国内许多学者的看法，它们都属于夕阳工业。但是我们可以看到，最近十年这些行业产品的价格都在上涨，很多国外的大企业也在参与这些行业。目前对我们来讲最重要的，是充分探究每个行业的内在优势。这个过程跟人力资源发展是配套的，在挖掘行业深度的同时就要提高自己的技能，这就是人力资源的开发。这种开发不能完全依赖于外部，比如说依赖政策或者条件，更多时候可以搞一些自我开发。

在人力资源的培养上，过度依赖外界环境是目前最大的一个误区，由此导致很多年轻人在择业过程中老是觉得自己没有机会。其实，每个行业都有精英人才，都有垄断的企业，看起来就业或者创业都很困难，但是，如果对这个行业仔细作分析，找到切入的角度，特别是深挖下去，在细化市场当中都可以创造出很独特的自我价值来。人的潜能是很大的，关于人力资源的培养方面，特别需要大家关注的一点是：不要去赶潮流、赶时髦，用市场化的观点来左右自己的择业观。同时也没有什么"朝阳"、"夕阳"的概念，没有"新兴"、"没落"的概念，关键在于把握自身的条件和创造升级的空间。

目前，中国经济的发展已经到了一个关键性的节点，如果无法顺利地实现经济转型和产业升级，将有很大的风险陷入"发展的陷阱"。在逐步丧失以"人口红利"为代表的低成本优势之后，"后发劣势"将愈加强烈地表现出来。因此，在当今中国教育制度存在的一些普遍问题影响下，在青年人择业受到社会大环境左右的情况下，年轻人更要端正心态来面对职业之路。

目前，中国经济总量仍然在扩张过程中，今后5到10年的快速增长势头不会有问题，未来的工作收入还会有进一步提升的空间。这种情况之下，年轻人毕业后的发展空间不需要过分担忧。行业可以自生，并且可以产生集聚效应。人才在某一个领域的发展,从大方向上来讲都有机会。年轻人在规划职业发展时要更多考虑自身的情况,不要只把关注点放在热门行业上。每一个行业都有自身的特点,无论选择了什么样的专业和道路,只要保持始终学习的精神,都可以有上升的渠道,所以在求职择业的过程中,既不要有盲目跟风的心态,也不要有行业饱和没有就业机会的焦虑感。

年轻人在自身发展的道路上首先要学会耐下心来,踏踏实实地做一份事业。要想耐下心来做长久的事业,重点在于要将职业和自己的兴趣结合起来。很多时候追求热点,对年轻人自身来说可能是很无聊的。也许他喜欢美术,但父母要求学金融,只好学了金融。但这不是忍耐一时完成专业的问题,因为在未来,他要面对大量金融学的东西,自己不喜欢的话就会无形中排斥这个职业。其实无须因为环境而改变自己的兴趣,任何行业都有机会在里面,要选择自己热爱的领域。

其次,虽说跟自己的兴趣结合起来会愿意把一个行业做下去,但是也要有不断升级的意识,要不断提高自己的技能,不要完全依赖于雇主和外部环境。国外都强调终身教育、终身学习,就是一个很好的职业发展途径。但这里的学习并不是说我们都要读到研究生、博士生,而是要在不断的发展中去完善自我。因为无论博士也好,硕士也好,特别是博士,对其培养目标是从事研究工作,有没有兴趣去搞研究是要不要往上读的关键。如果没有个人兴趣,仅仅是想追求社会的认可度,这种想法本身就是错误的,很多时候无法带来你所期盼的东西。

最后,人力资源是一个不断开发自我的过程。高学历并不等于高起点,所以都去追求高学历的思路是不需要的,在没有兴趣或者一知半解的情况下,勉强拿一个硕士,拿一个博士,你的竞争力为零,并不会增加多少色彩。这一点大家一定要认识清楚。就业本身不光是挣工资,而是一个自我独立的过程,更重要的是对社会的认识和自我方向的把握过程。大家应该更多关注怎么发现自己的潜能,找一些自己感兴趣的东西。到后期如果有这个必要,需要发展,提到了技能缺失的时候,可以通过一些学习,包括读硕士来提升自己。但是硕士只是一个选择,专门某一领域的职业培训可能比读书更有必要。正确认识自己的需求，从而通过充电来提高自身能力才是年轻人职业发展之路上最重要的一环。

（五）学习雷锋同志"一滴水"的合作精神

你读过《雷锋日记》吗？如果没有，让我们一起读一读《雷锋日记》中收录的第一篇（写于1958年8月7日）日记吧！

如果你是一滴水，你是否滋润了一寸土地？如果你是一线阳光，你是否照亮了一分黑暗？如果你是一颗粮食，你是否哺育了有用的生命？如果你是一颗最小的螺丝钉，你是否永远坚守在你生活的岗位上？如果你要告诉我们什么思想，你是否在日夜宣扬那最美丽的理想？你既然活着，你又是否为了未来的人类生活付出你的劳动，使世界一天天变得更美丽？我想问你，为未来带来了什么？在生活的仓库里，我们不应该只是个无穷尽的支付者。

老实说，我第一次看到雷锋这篇日记时，又感动、又惊讶。雷锋当时还是一个刚从小学毕业且不满18周岁的年轻人，竟能写出这样既文字优美又含义深刻的日记，真不简单呀！

或许有人会问，雷锋的这篇日记，可能是抄写的什么人的名言警句吧？

如果你这样认为，说句不客气的也带开玩笑的话，你可真有点"以小人之心度君子之腹"了。

这段文字，的确是雷锋写的，但算不算日记，倒值得斟酌。

据雷锋的老乡杨必华回忆，雷锋的这段精美的文字，是写在团山湖农场的两页专用信纸上，被雷锋夹在《不朽的战士》一书里。在雷锋及老乡从湖南奔赴鞍钢的火车上，杨必华从雷锋那里借阅《不朽的战士》时发现的。当时，杨必华发现身边这个伙伴是个蛮有思想的人，便想抄在自己的笔记本上。雷锋有些不好意思地解释说，不久前有家报社约他为"青年论坛"写篇稿子，只写了这么一段话，觉得没头没尾的，

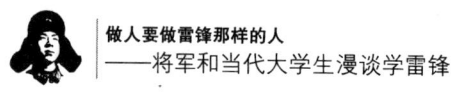

做人要做雷锋那样的人
——将军和当代大学生漫谈学雷锋

不像一篇稿子，没给报社寄去，就夹在这本书里了。

了解了这段文字的来龙去脉，你该服气了吧？雷锋的确是有思想的人啊！

这段文字的开头是：如果你是一滴水，你是否滋润了一寸土地？

在雷锋的日记、讲话和文章中，谈到"水"、"一滴水"的地方，还有多处。让我们一起来看看吧！

一滴水只有放进大海里才能永远不干，一个人只有当他把自己和集体融合一起的时候才能有力量。

力量从团结来，智慧从劳动来。

行动从思想来，荣誉从集体来。

我要永远戒骄戒躁，不断前进。

……我真正懂得了群众的力量能移山填海，只有群众的力量是无穷无尽的，一个人的力量总是沧海一粟。我决心永远和群众牢牢地站在一起，为人类最美好幸福的生活而斗争。

骄傲的人，其实是无知的人。他不知道自己能吃几碗干饭，他不懂得自己只是沧海一粟……

这些人好比是一个瓶子装的水，一瓶子不满，半瓶子晃荡，可是还晃荡不出来。这有什么值得骄傲的呢？

一天两天，一点一滴，真是积少成多、滴水成河。

我懂得了一滴水，只有放进大海里才会永远不干，一个人只有和阶级结合在一起，才能有力量。……因此，使我产生了献身本阶级最高利益的愿望。当我看到人们有困难的时候，我就想到，穷苦大众是一家，阶级兄弟要帮助，哪怕牺牲个人的利益或付出什么代价也心甘情愿。

积少可以成多，滴水可以成河。

个人的力量毕竟是有限的，走不远、飞不高，好比一条小溪，如果不汇入河流，永远也不能汹涌澎湃，一泻千里。

雷锋的日记中，多次写到"水"、"一滴水"，这体现了一种什么精神？

我反复揣摩，雷锋钟情于水，体现了他的集体主义的精神，体现了他勇于担当的精神，体现了他善于学习的精神，体现了他谦虚谨慎的精神，体现了团结友爱的精神。我在这一部分里，姑且称之为合作精神吧！

据雷锋的战友们回忆，雷锋很讨人喜欢，他爱笑，活泼，和什么人都能相处，和谁都能团结得很好。

大凡一些成功人士，往往借助于某种植物、动物或什物的形象，或以物自喻，或以物喻人，用以鞭策自己、启迪他人，从而树立了各具特色而又无限美好的道德形象。

孔子曰："三人行，必有我师焉。"其实，何至于此，与万物同行，皆有我师焉。

雷锋也是这样。比如，他用"一砖一石"、"一颗永不生锈的螺丝钉"比喻一个人在整个革命和建设中的地位和作用，用钉子的挤劲和钻劲比喻勤奋好学的精神。

雷锋还有一些类似的比喻，例如：

我要像松树那样，不怕风吹雨打，严寒冰雪，四季常青；我要像柳树一样，插到哪里都能活，紧紧与人民连在一起，在人民中生根、长大、结果，做人民最忠实的勤务员。

雷锋参军十天后，还这样叮嘱自己：

做人要做雷锋那样的人
——将军和当代大学生漫谈学雷锋

雷锋同志：
愿你做暴风雨中的松柏，
不愿你做温室中的幼苗。

火车头的力量很大，如果脱离了车厢，就起不到什么作用。一个人做工作，如果脱离了群众，就会一事无成。

在雷锋写的诗中，还把啄木鸟和鹦鹉作了对比，他称赞啄木鸟"用辛勤而艰苦的劳动，为万木除病灭害，使树长得挺拔参天，绿化原野，造福人类"。而鹦鹉"成天只会学舌，对广大的劳苦大众，不给一丁点什么，不做些微贡献"。

不经风雨，长不成大树；不受百炼，难以成钢。

我懂得一朵花打扮不出春天来，百花齐放才能春满园的道理。
一花独放不是春，百花齐放春满园。

雷锋还用"愚公移山的气魄"、"武松打虎的劲头"、"排山倒海之势"来形容当年鞍钢工人的劳动热情。
在给同志的赠语中，他还分别写道：

船，能够乘风破浪，才能前进；人，能够克服困难，才能生存。
愿你的青春像鲜花一样，永远在祖国的土地上发散着芬芳。

不多讲了，还是让我们回头来谈谈水吧！
我们的老子真是了不起呀！连狂妄自大的哲学家尼采都赞叹："老子就像一口永不枯竭的井水，满载宝物，放下汲桶，唾手可得。"
老子在《道德经》中说过一句很著名的话："上善若水，水善利万物而不争。"意思是说，至高境界的善行，好像水的品德，泽被万物而不争名利。

有一位叫张保振的同志，写了一篇《人应学水》的文章，文字不长，写得很好。现照录如下：

天下万物，水最重要。无水，万物不生；缺水，万物不灵。

水可贵，水的性格更可贵：障之，就停一停；启之，就行一行；静之，就清一清。人在社会中，就应学学水的性格。

人之学水，就应学水那种被障时停一停的做派。停一停，不是无所作为，而是积蓄能量。君不见，无论是黄河小浪底，或是长江三峡，虽大坝障水流，但黄河之水却越积越厚，长江之流却越流越深。这种停一停，是为了进一进。一旦大坝开启，所积之水便会急湍如箭，一泻千里；便能猛浪若奔，呼啸向前。奔向前，是发电送光明；泻千里，是灌田送丰产。可以说，这种停一停，并非是事业的终结，而是事业的新生。

人之学水，还应学水那种被障时静一静的风度。静一静，清一清。清一清，能使激动的心情平静下来，焦躁的情绪舒缓下来。平静，可使脑清；舒缓，可使气顺。脑清，可客观总结得失；气顺，可科学认识环境。"客观"了，就不至于只会怨天尤人；"科学"了，就不至于一条胡同走到黑。毕竟，人与环境，人是矛盾的主导方面。这就不能只怨环境不怨人。再者，人与人，皆有想法。想法与想法不一致，很正常；相撞碰出点火星，很自然。这，就不能只去怨人，不怨己。

人之学水，更应学水那种灵气。水的灵气在神不在形，在行不在言。水的这种灵气，表现在：要走远，就要有所停。停一停则后劲大；要成大，就要有所忍。小不忍则乱大谋。水的这种灵气，还表现在：若人有德于己，决不可忘；若己有德于人，决不可记。水正是这样：虽然"河润九里"，却从不与人语；虽然"泽及三族"，却从不对人言。

人之学水，最应学水那种灵性。水的灵性在于具有理性之智：从不强而为之，从不一意孤行，而是顺其自然，看云卷云舒；应其自然，让花开花落，决不会如韩愈所写的《芍药歌》那样："娇痴婢子无灵性，竞挽春衫来比并。"水的这种灵性在人身上，就是：无事时，多"充电"，决不让心空；有事时，细理之，决不让心乱。

孙中山先生在《建国方略》中言："物种以竞争为原则，人类以互助为原则。"互助，离不开学水：胸襟大一点，敢纳众流，不辞泥水；方向坚一点，不怕山高，不惧壑深。如是，就能互助汇成河、变成江，就可互助成其大、变为强。

还有的人把水的品行归纳为"五德"：

一是以自己的活动而去推动他人；
二是遭遇阻碍更激起水势；
三是经常不断找自己的出路；
四是洁身自爱且能洗净他人和物，清污可以相溶；
五是填满汪洋大海，遇热蒸发为云，遇冷即变为雨，及遇剧冷便硬化成玲珑冰雪，如是仍不失其本性。

讲了水的"五德"，我顺便讲讲燕子的"五德"。雷锋写过一首诗《南来的燕子啊》。看来雷锋很喜欢燕子。这是为什么呢？因为燕子也有"五德"。

燕子的"五德"是《经济日报》驻济南记者站站长管斌博士总结归纳的：

永远与人为善，是待人最好的鸟，仁也；远飞千万里，眼界已大开，可总不忘归自己的家园，哪怕燕巢筑在牛棚猪圈，哪怕窝垒在主人最破旧的茅舍，总不嫌弃，总义无反顾，千辛万苦飞回来，义也；待人总那么温良、恭敬、谦让，久处而不舍人嫌，礼也；北方要寒冷——南下，北方要温暖——北上，从不为这这那那羁绊，总是生活在命运的春天里，智也；不管外面的风景多好，不论此处有多少牵挂，从不流连忘返，总是在春社日飞来，到秋社日飞走，信也。

你看，在小小的燕子身上，体现了中华民族的传统美德——仁、义、礼、智、信。这五个大字，古代称之为"五常"，是传统中为人处世的道德准则。雷锋既是现代的，又是传统的。他对国家忠，对同志义，在利益面前有智，待人彬彬有礼，做事让人信任。总之，他身上流淌着中国传统美德的血液，他真正还原了人的本质。

下面，听我讲几个与"水"有关的故事吧！

第一个是和尚"挑水与挖井"的故事。

有两个和尚分别住在相邻两座山上的庙里，这两座山之间有一条小溪，因此这两个和尚总会在清晨下山去溪边挑水的时候相遇，每次相遇，他们都会相互问好。久而久之，他们便成为好朋友了。

日复一日，年复一年。就这样，他们在每天山上山下的相遇中不知不觉地就过了五年，突然有一天，左边这座山的和尚没有下山挑水，右边那座山的和尚心想："他大概睡过头了。"便不以为然。哪知第二天，左边这座山的和尚还是没有下山挑水，连续好几天都是这样，一个星期过去了还是一样，就这样过了一个月。一个月以后，右边那座山的和尚终于忍不住了，他心想："我的朋友可能生病了，那个庙里就他一个人，生了病也没人照顾，怪可怜的。我要过去看看他，看看能帮上什么忙。"于是他便去探望他的老朋友。

到了山上的庙里，看到他的老友，不禁为之大吃一惊，他不但没有生病，而且还在庙前打太极拳，生龙活虎的，一点也不像很久没喝水的人。他觉得非常好奇，便问道："我已经有一个多月没有见你下山挑水了，为什么你看起来好像精神很好的样子？难道你练的太极拳可以不用喝水吗？"左边这座山的和尚笑着对他说："来来来，我带你去看。"右边山上的和尚跟着他走到庙后的院子，左边山上的和尚指着一口井说："这五年来，我每天做完功课后，都会抽空挖这口井，即使有时很忙，也是能挖多少算多少。如今我终于可以喝到自己挖的泉水了，以后我也不必再下山挑水，可以有更多时间练我喜欢的太极拳了。"

我们在工作领域中，即使薪水、股票拿得再多，那也仅仅相当于是在"挑水"；而却容易忘记把握下班后的时间，挖一口属于自己的"井"！千万不要忘记培养自己专业之外的某一方面的实力，这样，将来你年纪大了，体力拼不过年轻人了，您还是有"水"喝，而且还可以喝得很悠闲！

第二个是朱元璋训导官员"守住自己一口井"的故事。

明代开国皇帝朱元璋曾对他的手下说过这样一段话：老老实实地当官，守着自己的俸禄过日子，就好像守着一口井，井水虽不满，但可天天汲取，用之不尽。

其实，每个人都有自己的一口井，这口井既是财富，更是镜子。

贪欲乃万恶之源。贪心不足，不仅让人烦恼忧愁，还会被贪欲一步一步地引向灾难的深渊。古往今来，人最大的悲哀，就是嫌自己的水井不满，总是喜欢拿自己的荣辱得失与别人相比，结果越比越不平衡，越比越不安分。于是就守不住自己的那口井。唐朝卒徒出身的宿州太守陈蟠，因贪赃被处死时，索笔题词："积金堆金官又崇，祸来倏忽变成空。五年荣贵今何在？不异南柯一梦中。"四句小诗，道尽了人生悲惨的结局。

面对自己的一口井，要学会以一颗平常心平静地生活。不论是富裕还是贫穷，是身处顺境还是身处逆境，都能做到不怨天尤人，不悲观失望，不自暴自弃。这就是生活，这就是生活给予我们的一切。清朝倪元坦曾言："别人骑马我骑驴，自觉无颜叹不如。君试回头一察看，道旁还有赤脚夫。"以这样的心态看待生活，就会知足常乐，就不会嫌自己的水井不满，就会守住自己的那口井。

守住自己的一口井，既是一种境界，更是一种智慧。

三是美国总统罗斯福小时候的故事。

一个小男孩几乎认为自己是世界上最不幸的孩子，因为患脊髓灰质炎给他留下了瘸腿和参差不齐的牙齿。他很少与同学们游戏或玩耍，老师叫他回答问题时，他也总是低着头一言不发。

在一个冬天，男孩的父亲买来了一些树苗，想栽在房前。他叫孩子们每人栽一棵。父亲对孩子说，谁栽的树苗长得好，就给谁买礼物。小男孩也想得到父亲的礼物。但看到兄妹们蹦蹦跳跳提水浇树的身影，便萌生出阴冷的想法：希望自己栽的树早点死去。他浇过一两次后，再也没去搭理它。

几天后，小男孩再去看他种的那棵树时，惊奇地发现它并没有枯萎，与兄妹们种的树相比，显得更嫩绿、更有生气。父亲兑现了诺言，买了一件他喜欢的礼物，并对他说，从他栽的树来看，长大后一定能成为一名植物学家。

从那以后，小男孩变得乐观向上起来。

一天晚上，小男孩躺在床上睡不着，忽然想起来去看看自己种的小树。当他轻手轻脚来到院子里时，却看见父亲用勺子向那棵小树泼洒着什么。

顿时，他明白了一切，原来父亲一直在偷偷地为自己栽种的那棵小树施肥、浇水。他返回房间，任凭泪水肆意地奔流。

几十年过去了，那瘸腿的小男孩虽然没有成为一名植物学家，但却成了美国总统。他的名字叫富兰克林·罗斯福。

爱是生命中的养料，哪怕只是一勺清水，也能使生命之树茁壮成长。也许那树是如此平凡、不起眼，也许那树是如此瘦小，甚至还有些枯萎，但只要有养料和水分的浇灌，它就能长得枝繁叶茂，甚至长成参天大树。

四是讲讲苏东坡在杭州修"苏堤"的故事。

我在写这部分时，正在解放军杭州疗养院疗养，实际上是躲起来写漫谈学雷锋的小册子。有一天，我漫步在西湖苏堤上，想起了苏东坡修堤的故事。

苏轼，字子瞻，号东坡居士。公元1037年，苏东坡出生于四川峨眉山，他是一个全能型的文坛领袖，也是锐意改革的政治家。他曾经青云直上、指点江山，也曾经几起几落、屡遭磨难。他45岁被贬黄州，59岁被贬惠州，62岁被贬儋州。然而，也正是这样的苦难经历，造就了他独特而鲜明的魅力。回望苏东坡66年的人生，青年的意气风发、中年的愈挫愈勇、老年的达观淡泊，如此完美地结合在他的身上，至今依然余音绕梁。苏东坡得到了最多人发自内心的喜爱，那么人们为什么如此喜爱苏东坡、欣赏苏东坡？这样一个人见人爱的苏东坡，究竟是如何炼成的呢？

苏东坡36岁就当过杭州通判（是在知府下掌管粮运、家田、水利和诉讼等事项的官员），54岁又任杭州知州（相当于现在的市长）。他在第二次任职杭州时，为杭州人实实在在地做了一件"民心工程"。当时，西湖正面临很大的生态危机：湖里的淤泥太多，水面的水草太多，这两个问题不解决就把西湖给毁了。苏东坡在给朝廷的奏章里分析西湖形势，其中有一条提到，西湖是杭州的眼睛，西湖毁了，杭州就成了盲人。因此拯救了西湖，本身就有着浪漫色彩。

拯救西湖首先得清淤，但是挖出来的淤泥要往哪儿放呢？苏东坡跟大家商量之后，决定在西湖的西侧从南到北建一座长堤。既解决了淤泥的去处，又把西湖分成了内湖和外湖，节省了从湖南岸到湖北岸的时间，还可以在长堤上修桥，种上垂柳和花草。苏东坡还和老百姓一起在湖中种起了菱角，既开辟了一条致富新路，又清了淤泥，清了水草，一举数得。但是水域这么大，都种上也不行；为了保持水质的澄清，就要定下个区域。因此，苏东坡又带人在西湖中修了三座小石塔，构成了一个三角形，后来就演变成了西湖一景——"三潭映月"。

苏东坡这个实干家的浪漫事不少，这个浪漫文学家干的实事也很多。有一次饥荒过后发生了大瘟疫，危机之时，苏东坡拿出一个独门秘方，叫圣散子，是治瘟疫的良方，要说这秘方来得还真不容易。苏东坡在黄州时有一个好朋友叫巢谷，有一天，巢谷在聊天时说起他有这么一个秘方，苏东坡一听就来了兴趣，非缠着巢谷要这个秘方。巢谷架不住苏东坡的软磨硬泡，最后只好把他拉到长江边上，让他指着江水发誓说，只可自己享用，绝不传给他人。但是这次碰上瘟疫，苏东坡也顾不上什么发誓不发誓了，把这秘方拿出来，让人到山上去采药，然后准备几口大锅，天天熬药，凡是路过的人，每人可以免费领取一碗，因此救了不少人的性命。

但是在苏东坡看来，施药并不能解决根本问题，他想到了办医院。苏东坡自己掏了50两黄金，又从公款里拨了2000贯钱，建了一所病坊，起名叫安乐坊。据说，这是中国历史上第一所公办的、具有公益性质的医院。

有一次，有人到衙门来打官司，原告是一个绸缎商，被告则是一个做扇子的。原告说他把绸缎卖给了被告做扇子，但是一个钱都没收回来。被告诉苦说，他的父亲刚刚去世了，看病丧葬花了一大笔钱，哪儿来的钱还账呢？苏东坡听完后，想了想对被告说，把你们家上好的扇子拿20把来。扇子拿来了，苏东坡就拿起桌上判公文的笔，这儿画两根竹子，那儿画几块怪石，再题上两句诗，不一会儿功夫，20把精美的扇子就画好了。苏东坡说，你赶紧把这些扇子拿到门口去卖了，很快就能还上账了。苏东坡的字画在当时是非常值钱的，扇子很快就被抢购一空，既解决了实际问题，又不乏博爱浪漫情怀，这就是苏东坡和别的官员最大的不同。

有位领导干部曾说："做人要低调，做事要高调；做人讲过程，做事讲结果；做人一辈子，做官一阵子。"

此话言之有理！

你要给别人"一滴水"，你就必须有水，做教育工作的同志经常说这样一句话："你要给别人一碗水，你自己至少须有一桶水。""水"从何来？你必须不断地学习、不断地积累。只有不断地"充电"、"蓄电"，到必要的时候，你才能够"放电"。

让我们从南宋大学问家朱熹的七言绝句《观书有感》中得到一些有

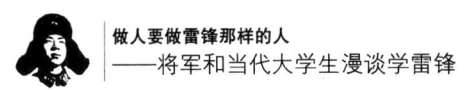

做人要做雷锋那样的人
——将军和当代大学生漫谈学雷锋

益的启示吧!

半亩方塘一鉴开,
天光云影共徘徊。
问渠那得清如许,
为有源头活水来。

半亩大的方形池塘像一面镜子一样展现在眼前,天空的光彩和浮云的影子都在镜子中一起移动。要问那方塘的水为何会这样清澈呢?是因为有那永不枯竭的源头为它源源不断地输送活水。

这首七绝告诉人们,只有不断读书学习,充实自己,才会让自己的思想永远活泼、才思不断。

希望这首七言绝句对无心向学、不读书看报、只知道玩玩乐乐的青年朋友,有所启迪和勉励。

你要给别人"一滴水",还要看人家需要不需要,还要选择适当的时机,这可怎么办呢?让我们从唐朝大诗人杜甫的七言律诗《春夜喜雨》得到一些启示吧!

杜甫这首七律的前四句是:

好雨知时节,
当春乃发生。
随风潜入夜,
润物细无声。

这是杜甫描绘春夜雨景,表现喜悦心情的一首名作。

一开头就用一个"好"字赞美"雨"。接下去就把雨拟人化,说它"知时节",懂得满足客观需要。当春天的万物萌芽生长的季节,正需要下雨,雨就下起来了。可见它多么"好"。

第二联,进一步表现雨的"好"。雨之所以"好",就好在适时,好在"润物"。春天的雨,是伴随着和风细细地滋润万物的。"随风潜入夜,润物细无声。"用的仍然是拟人化手法。"潜入夜"和"细无声"相配合,不仅表明那雨是伴随和风而来的细雨,而且表明那雨有意"润物",无意讨"好"。如果有意讨"好",它就会在白天来,就会造一点声势,让人们看得见、听得清。

有人这样说:"眉毛上的汗水,眉毛下的泪水,你总得选一样。"

最后,让我们用民族英雄林则徐的一副对联,作为这一部分的结语:

海纳百川,有容乃大;
壁立千仞,无欲则刚。

希望大家像大海一样开阔,像高山一样坚定。

(六)学习雷锋同志"一线阳光"的磊落精神

1972年,新加坡旅游局曾给当时的总理李光耀打了一份报告,说新加坡不像埃及有金字塔,不像中国有长城,不像日本有富士山,除了一年四季直射的阳光,什么名胜古迹都没有,要发展旅游事业,实在是巧妇难为无米之炊。

李光耀看过报告之后非常生气,就在报告上批示:你想让上帝给我们多少东西?有阳光就够了。

后来,新加坡利用那一年四季直射的阳光,在很短的时间里打造出了世界上著名的"花园城市",发展成著名的旅游胜地,连续多年,旅游收入在亚洲都名列前茅。

也许你曾经抱怨上帝的不公平。在同龄人中间,它送给别人美貌,送给别人金钱,送给别人地位。而你呢?既不是"官二代",也不是"富二代",更不是什么"天才"。不用自卑,不用丧气。我相信,你看

做人要做雷锋那样的人
——将军和当代大学生漫谈学雷锋

了李光耀的这两句话，你也许会振奋起来，经过若干年的不懈奋斗，说不定你还可能成为什么人物呢！

论出身，还有雷锋这么苦的吗？论背景，还有雷锋这么差的吗？但是雷锋却成为了平凡而伟大的共产主义战士。天上有个月亮，心中有个太阳。雷锋的心中就有阳光，这阳光，既能照亮自己，又可给予别人。这阳光，明快、温馨，循环着力量，传递着信念，持续着热望。

翻开《雷锋日记》，第一篇就有这样的发问：如果你是一线阳光，你是否照亮了一分黑暗？

他在1959年10月的一篇日记中，又有这样的话：要"一红到底，有一分热，发一分光"。

早在1958年，在他写的《党救了我》的一首诗中，就发出了这样的誓言：我要好好工作，听党的话，为祖国发出热和光。

雷锋就像春天的阳光一样，总是大方地照着，给人以温暖，给人以激励，给人以鼓舞。

谈到"一线阳光"，让我们再看看一些中外名人有关的名言警句吧！

人的一生可能燃烧也可能腐朽，我不能腐朽，我愿意燃烧起来！
——奥斯特洛夫斯基

人生应该如蜡烛一样，从顶燃到底，一直都是光明的。
——萧楚女

人生不是支短短的蜡烛，而是一支由我们暂时拿着的火炬，我们一定要把它烧得十分光明灿烂。
——萧伯纳

最杰出的军人，是能在暗夜里发现微光，并敢于跟随着微光前进的人。
——克劳塞维茨

要使别人心里充满阳光，自己首先得做播撒阳光的种子。
——罗曼·罗兰

如果你是一颗流星，也要让它闪亮夜空。
——张海迪

第一部分
将军和大学生漫谈学雷锋

即使我们是一支蜡烛,也应该蜡炬成灰泪始干;即使我们只是一根火柴,也要在关键时刻有一次闪耀;即使我们死后尸骨都腐烂了,也要变成磷火在荒野中燃烧。

——艾青

雷锋心中的阳光,既温暖他人,又照耀自己。我觉得雷锋是一个磊落的人,一个透明的人,一个光明正大的人,一个严于律己的人,一个勇于开展批评与自我批评的人。

"神化"雷锋的人,把雷锋说得完美无缺、高不可攀。贬低雷锋的人,专门在"鸡蛋里面挑骨头",有的说"雷锋做什么好事都写在日记里",是为了出名,为了显示自己。这两种看法,都是片面的、错误的、不符合实际的。

雷锋写日记,把自己的所思所想、所作所为、所见所闻、所感所悟,都忠实、细致、生动、深刻地记录了下来。雷锋日记是雷锋人生轨迹的活字典、证明书。

但一般说来,日记属于个人私密性的东西,不会公开发表。难道雷锋会想到自己不满22岁就牺牲了吗?难道雷锋会想到自己的日记会公开发表并产生那么大的影响吗?我想,这些都是不言而喻的。

任何人都有一个不断成长的过程,任何人都需要组织的帮助、提醒乃至批评。实际上,在雷锋所写的日记中,既记录了他所做的一些好事,也记录了连、排干部乃至炊事员对他的提醒和批评。

为了说明这个问题,我们不妨全文引用雷锋1961年9月10日、1962年3月24日和1962年7月29日(这时离雷锋牺牲只有半个多月的时间了)的日记,这3篇日记比其他日记在篇幅上明显长了一些。

1961年9月10日

今天陈排长找我谈了一番话,对我的启发和教育很大。从多次的谈话中,使我深知,陈排长是一个直爽、诚实,对同志关心、对革命负责的好干部,这种精神和优良作风,我要永远学习。

做人要做雷锋那样的人
——将军和当代大学生漫谈学雷锋

排长谈到,据同志们反映说,我工作主观,其事实是:到浑河农场拉菜,我看农场里的同志都已吃晚饭了,心想战友艾起福、何国良出了一天车,比较累,再说午饭吃得早,也可能饿了。我和农场的管理员联系了一下,准备好了饭,叫他们两位司机吃,可是他们硬不吃,说天快黑了,车没有灯,要赶紧回队。我想回去也要吃饭,现在这里饭已准备好了,在哪吃还不一样吗?再三劝他俩吃,最后他俩还是没有吃,我也就和他俩一块拉菜归队了。事后他俩说我办事主观。

今天排长给我指出,要我今后办事多和群众商量,注意工作方法。我觉得很好,一定改进。至于其他方面的小缺点,我也要特别注意,加以纠正。有些反映虽然有出入,但我也很欢迎,今后提高警惕,随时注意。我深记了斯大林的教导:"我们不能要求批评百分之百的正确。如果批评是来自下面的,那么即使这种批评只有百分之五到百分之十是正确的,我们也不应当忽视。"今天我是一个班长,对于战士的反映和意见,丝毫不能轻视,一定要坚决克服缺点,做好工作。

排长要我抓紧时间努力学习,提高政治觉悟和技术水平。这些好话,牢记心间,照着去做,定能进步。

1962年3月24日

今天吃早饭,我看到炊事班的饭盆里有很多锅巴,便随手拿了一块吃。炊事员×××同志说:"自觉点啊!"我听了这句话,心里很难受,觉得吃一块锅巴有什么?赌气把那块锅巴放到饭盆里,走了出来。这时,通信员送来了一张报纸,我接过来就看,首先看到报纸上毛主席的语录说:"因为我们是为人民服务的,所以,我们如果有缺点,就不怕别人批评指出。不管是什么人,谁向我们指出都行。只要你说得对,我们就改正。"我一口气把这段话念了10多遍,越念越感到自己不对,越念越感到毛主席的这些话好像是专门对我说的,越念越后悔不该和炊事员赌气。我自己问自己:"你多不虚心呀!人家批评重一点,你就受不了啦!"想来想去,我还是硬着头皮跑到炊事班,承认了自己拿锅巴吃不对,并检查了自己的缺点。炊事员感动地说:"你对自己要求这么严,真是好同志……"

1962年7月29日

今天，指导员找我谈话。他说："雷锋同志，你从3月份离开连队到下石碑山单独执行运输任务，工作很积极，政治责任心强，任务完成得很出色，安全行车四千多公里没发生事故，同时还给人民群众做了很多好事。这很好，要继续发扬……不过，现在有人反映，说你和一位女同志谈情说爱，是否有这么回事呢？你好好谈谈。"

从内心往外说，我没有和哪个女同志谈情说爱。指导员提出这个问题，我感到莫名其妙，不知风从何起。首长经常教育我们，无论到什么地方，都要严格要求自己，不要违法乱纪。这些话，我永远也不能忘记，坚决不会明知故犯。

我想：自己年轻，正是增长知识的好时候，应该好好学习，好好工作，更好地为人民服务。我还这样想过：我是在党哺育下长大成人的，我的婚姻问题用不着自己着忙……

现在，有同志说我谈情说爱，没有任何根据，完全是误解。我是个共产党员，对别人的反映和意见不能拒绝，哪怕只有百分之零点五的正确，也要虚心接受。现在有的同志还不了解我，冤枉了我，使我受点委屈。这也没什么，干革命就不怕受委屈。"没做亏心事，不怕鬼敲门"，我没有这回事，就不怕人家说。

"有则改之，无则加勉。"事情总会清楚的，让组织考验我吧。

我们再来看雷锋于1961年9月19日写的《入党转正申请书》的缺点部分（见《雷锋全集》第163页）

缺点：

因工作的需要，经常外出汇报，在生活上形成了一种自由散漫的作风。比如，有时候不请假外出，礼节不够周到，军容有时不够整齐。因今年我大部分时间在外地作汇报，很少参加党的组织生活，也没有经常

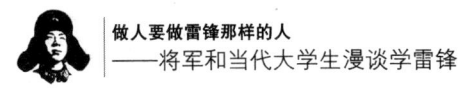

做人要做雷锋那样的人
——将军和当代大学生漫谈学雷锋

向组织汇报自己的思想、工作和学习情况。

对同志的帮助不够，没能经常进行谈心活动。工作缺少方法，有时抓住了这头却丢了那头，遇到具体问题，仅仅从大道理上作一些解释，究竟怎样解决，要达到什么为合适，自己心中没底。个性急躁，办事总想一口气得成。以上缺点坚决克服。

我之所以整篇整篇地全文引用雷锋的 3 篇日记和自我检查的缺点，一方面是为了说明雷锋是个实事求是、光明磊落、严于律己的人，同时对那些贬低乃至丑化雷锋的人，也是一个具体的辨析。

为了学习雷锋有一线阳光就照亮一片黑暗的思想，我下面讲几个故事，顺便发一些议论。

第一个故事。

有一个人，在长沙岳麓书院读书的时候，屡遭同学欺负。

当时，他的书桌面窗而置，且紧挨着窗户；而同学的书桌，放在离窗户稍远的地方。于是，这个同学便不干了，愤怒地对他说，我案头的光，都是从这孔窗户射进来，你挡在这里，不就挡了我的光了吗？可是，他却不愠不怒，问，我的桌子该放哪里？放在那边去！同学一指床头的位置。他居然二话没说，真的把桌子搬到了床边。

夜里，他读书，同学又不干了，嘲讽他说，白天不好好读书，到夜里就磨磨叽叽，你还让人睡觉不？他又未做任何辩解，退居一隅，悄悄默诵。

他的同学后来怎么样了，没有人知道。但这个人的名字，我若是说出来，可能吓你一跳，他就是大清一代名臣曾国藩。

真正的大器皿，不在器形有多大，而在于能容得多。正所谓，大器能容。一个人，若是斤斤计较，必然使自己拘于得失，困于得失，眼光流于琐碎和浅近；一个人，若睚眦必报，必然会让自己止于小肚鸡肠，滞于浅仇深怨，心性也会陷入局促和褊狭。

有时候，容人就是纳己。你容得下形形色色的人，就是在内心深处，悦纳一个又一个自己。最后，看起来像是容下了别人，实际上，是自己给自己松了绑。

第二个故事。

一个人生意失败了，年轻美貌的妻子也离他而去。他受不了这样打击，自暴自弃，万念俱灰。这时，他在附近一座庙宇里遇到一位很有名的禅师。禅师认真听完他的倾诉，把他带到室外，让他伸出手来，问他："你现在手上有什么？"他沮丧地说："一无所有。"禅师说："不对，你现在握住的是满手的阳光。"

三毛说过："快乐是国王的新衣，只有聪明人才看得见。"人生总是寻找快乐的时间多过享受快乐的时间，而我们总是在路上追求所谓更好的生活。让我们心平气和，放松自己，原谅自己的过失，留点时间和空间来爱自己，这也是生存的目的。

从你出生的一刻，拳头就紧紧握住了命运，人生该怎么去开始、进行和结束，都掌握在你手中。失意中的人请相信，你绝不会一无所有，因为只要你勇敢地伸出手来，就会收获满手的阳光。

第三个故事。

有一位单身女子刚搬了家，她发现隔壁住了一户穷人家：一个寡妇与两个小孩子。

有天晚上，那一带忽然停了电，那位女子还没来得及点蜡烛，忽然听到有人敲门，原来是隔壁邻居的小孩子，只见他紧张地问："阿姨，请问你家有蜡烛吗？"女子心想：他们家竟穷到连蜡烛都没有吗？千万别借给他们，免得被他们依赖了！于是，对孩子吼了一声说："没有！"

正当她准备关上门时，那穷小孩绽开关爱的笑容说："我就知道你家一定没有！"说完，竟从怀里拿出两根蜡烛，说："妈妈和我怕你一个人住又没有蜡烛，所以我带两根来送你。"这一刻，女子自责、感动得

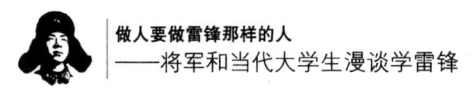

热泪盈眶,将那小孩子紧紧地拥在怀里。

还有一位作者,讲了这样一个故事,也很有意思。

朋友对我讲过,他的一位老师很有意思,常常能就一个话题说出两个不同的答案。

比如,他对学习棒的学生说:"这一学期你考了第一,没什么了不起,下个学期你不一定还是第一;即使你下学期仍然考了第一,也没什么了不起,高考你不一定是第一;即使高考你得了第一,那还是没什么了不起,走入社会,参加工作后你不一定就是第一。"而他对学习差的同学说的是另一番话:"这一学期你没考好,没什么,还有下学期呢;即使你下一学期还没考好,也没关系,还有高考呢;即使高考落榜,也没什么,还有社会这所大学呢。"

朋友说:老师还给他们讲过:秋天到了,蚂蚁忙着一天到晚运送粮食,储备起来准备过冬,而蟋蟀却大声地在草丛里歌唱。当冬天来临,蚂蚁可以美美地藏在洞穴里,享受自己的劳动果实,而蟋蟀却会渐渐冻死在野外。老师说:"同学们,你们应该学习蚂蚁呢,还是蟋蟀?"同学们异口同声地说:"蚂蚁。"老师满意地点点头:"对,我们要学习蚂蚁,辛勤劳作,用自己的手创造自己的幸福。千万不要学蟋蟀,只知道欢乐一时。"

不久,一位同学病了,是绝症,在这位同学去世前的一段时间,老师赶到医院去看望她。这一次,老师又讲起这则寓言。寓言讲完的时候,这位同学说:"老师,我也想做一只蚂蚁。"谁知道老师说:"不,孩子,你应该做一只蟋蟀,尽管它的生命短暂,但是它把美丽的歌声留在了世间。蚂蚁一天到晚虽然忙碌,但它只是为了填饱自己的肚皮。"据医生介绍,这位同学一直微笑着走到生命的终点。

谁说老师仅仅是在传授知识给学生?更重要的,他们是在修剪孩子们的心灵。在这个世界上,也许掌握一门技术、一种技巧并不难,难的是能在心田里栽种下美好的种子。因此，面对为心灵播种的老师，我常常感动，感动于他们的认真，他们的智慧，他们的热情。他们让我懂得，老师不仅仅是一个美丽的称呼，更是一个神圣的职业，而在心灵里播种，更会影响一个人一生的收成。

人们来到世界时，都是热热闹闹挥舞着拳头，准备大干一场；但是，我们离开这个世界时，却安安静静，摊开一双手。这世界上"物"的东西，我们一样都带不走。当我们的灵魂通过那窄长漆黑的生命通道向另一个未知之处飞去时，人世折磨得我们痛苦不堪的一切恩怨是非，都悉然超脱了。

我想起有这么一句歌词：昨天的太阳，照不到今天的树叶。每一个属于我们生命的太阳多么好呀！珍惜生命，不在乎得到多少钱财和权势，而是生命有没有充分燃烧。

爱我们的人总有一日要离去，为了令这份爱在人世永不消失，我们要爱他人。

要使一线阳光照亮别人，首先要塑造自己的阳光心态。

台湾著名作家林清玄，字写得很好。一次朋友向他讨墨宝，再三考虑后他写下了"常想一二"四个大字。朋友问这几个字是什么意思？他说："人生不如意事十常八九，但扣除八九成不如意，至少还有一二成是如意的、快乐的事情，我们如果要过快乐人生，就要常想那一二成好事，这样就会感到庆幸，懂得珍惜，就不致被八九成的不如意所打倒了。"

的确，我们在日常生活中会经常遇到各种各样的麻烦和困扰，比如工作环境不称心、经济条件不宽裕、评优评先没有份、受冤枉挨批评等等。如果总是想不开，就会导致情绪失控。一些同志为了芝麻大点儿事，出言不逊，更有甚者，干脆连工作也不干了，破罐子破摔。这样的行为使自己的人品大打折扣，同时人际关系也严重受损。而他们却往往以诸如"怀才不遇"、"生不逢时"为托词，来为自己开脱。一个宽容豁达的人，面对同样的困境就能持积极心态，妥善对待和处理好这些事情，他们的人生就可谓顺风顺水。这种豁达、乐观、开朗的心态，就是

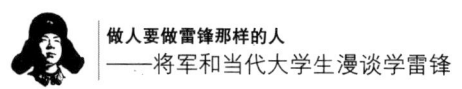

做人要做雷锋那样的人
——将军和当代大学生漫谈学雷锋

我们所说的"阳光心态"。

塑造"阳光心态",个人的内在修养至关重要。电视剧《士兵突击》中的许三多,新兵下连就被分到荒无人烟的大草原上。残酷的现实,对于向往火热军营生活的人来说无疑是当头棒喝。在这样的环境下,许多人选择在无所事事中虚度青春。而许三多心中却有一个念头:"不抛弃,不放弃",始终保持积极向上的"阳光心态",坚持每日作息时间,坚持每天的军事训练。同时,他还凭着坚忍不拔的毅力,独自修了一条当年一个加强排都没有修下来的路,给偏远的哨所增添了亮色,给周围的战友带来了激励。有个哲人说过,生活中并不缺少美,而是缺少发现美的眼睛。所以,我们应该养成一种习惯,用心灵的摄像机经常去发现生活的美好。

英国著名的威斯敏斯特教堂里,有块墓碑上刻着一段话:当我年轻的时候,我的想象力没有任何局限,我的梦想是改变整个世界。成熟之后,我发现自己不能够改变这个世界,我将目光缩短了一些,决定只改变我的国家。进入迟暮之年,我发现我改变不了我的国家,抱着最后一丝希望,我想改变一下我的家庭。但是,这也不可能。当我垂垂老矣、行将就木时,我突然意识到:如果一开始我仅仅去改变我自己,然后作为一个榜样,我可能会改变我的家庭,在他们的帮助和鼓励下,我也许可以为国家做一些事情,然后,我甚至可能改变整个世界,谁知道呢?

这段对人生真实感悟总结的碑文,曾引起不少共鸣。很多人年少时志向高远,意气风发,梦想着成为一代伟人,变成下一个盖茨、乔布斯。但他们却好高骛远,眼高手低,不屑于做小事,面对现实整天怨天尤人,慨叹怀才不遇,最终白了少年头,到老一事无成。列夫·托尔斯泰曾说:"大多数人想改变这个世界,但却极少有人想改造自己。"历史经验证明,坐而论道,不如起而行之;要求别人做到的,不如自己先做到;要想改变世界,不如先改变自己。奇迹,往往是从改变自己开始的。

现在有一个常见的怪现象：围坐餐桌，数人侃侃而谈最近的热点事件后，都会感叹这个社会真的太让人忧虑了。孩子捣蛋，家长埋怨是孩子受了社会上的不良影响；贪官入狱，忏悔是受了社会上的不良影响；甚至女生拜金，商家以次充好，只要是"坏"的事情都可以归结为"受到社会上的不良影响"。那么，这所谓的"社会不良影响"，到底是谁的影响？

某些官员，对着麦克风夸夸其谈地教育群众遵守公德，自己却胡吃海喝、腐化堕落；某些媒体，为追求"卖点"，大肆挖掘抢劫、强奸等新闻，以求最大限度地刺激读者感官；一些人在网上大骂围观者见死不救的同时，一旦遇到类似事情，自己照样袖手旁观。试问，这到底是社会上的不良因素影响到了你们，还是你们的行为已经影响了一大批人？

社会属于大家，在一味抱怨受到了社会不良影响的同时，最该反省的是我们每一个个体。

有人说，从某种意义上讲，过去是饥饿的时代，现在是过剩的时代；过去是迷信的时代，现在是怀疑的时代。经过 30 多年的改革开放，物质的东西相当丰富了，生活水平极大地提高了。但是有些人却什么都不信了，他们怀疑主义，怀疑真理，怀疑历史，怀疑未来，甚至怀疑友谊，怀疑爱情……没有什么比这种怀疑更可怕的了。

我们每个人都要懂得这样一个道理，国家的未来，不属于看客和骂客。

俄罗斯大选落幕后，赢得了大选的普京说："我们需要共同找到某个能团结整个多民族的俄罗斯的因素。我认为，除了爱国主义之外，没有任何东西能够做到。"事实上，普京的再次当选也证明了这一点——尽管有看似强大的反对力量，但俄罗斯民族基于强烈爱国主义的社会共识，还是选择了具有国家强势象征意义的普京。

对于今天日益多元化发展的中国而言，爱国主义何尝不是我们必须找到的团结各民族群众及社会各阶层的关键因素呢？

诚然，无论取得了多大进步，我们依然会遇到种种的不完善。但这不仅不是我们埋怨或怨恨国家的理由，相反正是每一个人应该承担起的建设责任。国家的未来，不属于设身局外的看客，更不属于失去爱国立场的骂客。

即使在崇尚个人主义的美国，肯尼迪也曾向国民大声地喊出这样的名句：不要问这个国家能为你做些什么，而应该问一问你能为这个国家做些什么。

前苏联解体多年后，包括著名"持不同政见者"索尔仁尼琴在内的许多学者在痛苦反思后醒悟：无论这个国家有多少缺陷，永远都不能成为你羞辱她、背叛她的理由。

中国在发展进步中存在的一些问题，非常需要深入研究，甚至需要理性反思，但前提是以爱国的立场和感情。著名军事战略专家李际均将军说过：爱国主义，是最重要的战略思维。

人生何处不阳光？我们活着的一生，除了头顶上的阳光，给我们带来生命、光明、绿色、希望之外，其实，人与人之间，也是充满着灿烂阳光的。因为每个人的心中，都有一轮能够发出热量和光明的太阳。正是这光和热，我们才活得有声有色，有滋有味。所以，在这个世界上，你和你周围的人，你周围的人和更多的人所构成的社会，彼此之间，都存在着这种阳光的亲密联系。别人的阳光，温暖了你，同样，你自己的阳光，也照亮了别人。只有这样，世界才有生气，人类才有精彩。

让我们还是以雷锋的那句提问，作为这一部分的结语吧！

如果你是一线阳光，你是否照亮了一分黑暗？

（七）学习雷锋同志"一团火"的助人精神

我几次到雷锋生前所在的连队去，每次总要在雷锋住过的床上坐一坐，轻轻地摸一摸他用过的被褥。

雷锋走了，但在雷锋班里，雷锋的床铺还一直保留着。铺面整齐干净，每天晚上就寝时，战士们都要把被子打开，第二天早上再叠上。连队每天点名时，点的第一个名字仍然是雷锋。

据雷锋生前的战友介绍，雷锋个子不高，是个很精神的小伙子，军装、鞋子洗得发白，整洁得很，娃娃脸，圆圆的，很健谈，嗓音洪亮，笑时有一对酒窝，讲话带着浓浓的湖南口音。

雷锋就像一团火燃烧着，周围的人都能感受到他的温暖。雷锋牺牲后，有一次连队开支委会，听到外面的脚步声，有人惊异而兴奋地喊："哎，雷锋回来了！"他在战友们的心中，是那样鲜活、那样亲切、那样难忘！

一位长期研究雷锋的学者，对于雷锋精神有着深刻而独特的见解，他用自己的认识来概括雷锋精神，就是3个大字：热心肠。雷锋是一个热心肠的大好人，雷锋的热心肠，植根于他赤贫的出身。童年所经受的人生灾难和共产党来了之后的冰雪消融，培养了他对共产党、对新中国的无限热爱。这种热爱转化为一种力量，就是他无论走在哪里，都要做一些好事，来回报这个给予他新生的党和社会。

雷锋的热心肠更来源于他的世界观、人生观和价值观，其中最重要的是他真正懂得了"怎样做人，为谁活着"这个人生的大道理。

今年"十一"期间，中央电视台推出了一个节目，就是随机采访一些人，问这些人感觉"幸福"吗？据说70％以上的人回答自己是幸福的，当然也有些其他各种各样的回答，有的答非所问，有的回答令人忍俊不禁。

受中央电视台的启发，我又一次翻阅了《雷锋全集》，发现雷锋谈到"幸福"的地方竟然有10多处。让我们看一看雷锋是怎样理解和看待"幸福"的吧！

能使人民群众更加热爱党，热爱毛主席，热爱解放军，这就是我感到最幸福的。

我觉得一个革命者就应该把革命利益放在第一位，为党的事业贡献出自己的一切，这样才是最幸福的。

一个共产党员是人民的勤务员，应当把别人的困难当成自己的困难，把同志的愉快当成是自己的幸福。

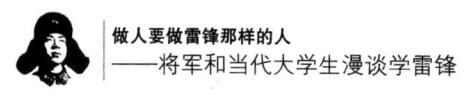

我是人民的勤务员，自己辛苦点，多帮人民办点好事，这就是我最大的快乐和幸福。

有人说，人生在世，吃好、穿好、玩好是最幸福的。我觉得人生在世，只有勤劳，发奋图强，用自己的双手创造财富，为人类的解放事业——共产主义贡献自己的一切，这才是最幸福的。

我认为个人和集体的关系，正像细胞和人的整个身体的关系一样。当人的身体受到损害的时候，身上的细胞就不可避免也要受到损害。同样的，我们每个人的幸福也依赖于祖国的繁荣，如果损害了祖国的利益，我们每个人就得不到幸福！

随着太阳不会挨冻，跟着党走不会迷路。随着太阳就有温暖，跟着党走就有幸福。

每当我为人民做了一点好事的时候，也就是我最幸福最快乐的时候，反之，做不到这一点，我就觉得心中有愧……我时时刻刻都这样想：党给我的恩情太深了，我为党做的工作太少了……我决心向大家学习，永远忠于党，忠于人民，做一个有益于人民的人。

我是一个孤儿，在旧社会受尽了折磨和痛苦。解放后，在党和毛主席的哺育下，一天天地成长起来。我深深懂得了社会主义的今天，是由无数的革命先烈和战友的艰苦奋斗、英勇牺牲得来的。今天我连脚上穿着一双普通的鞋子也感到是一种莫大的幸福。现在我们还有皮鞋哩。比起我在旧社会光着脚到地里放猪、上山砍柴，真是好上天了。这样，不能不使我更加热爱党，热爱社会主义，热爱新社会。每当我看到我们祖国的新变化，看到祖国的新成就，都使我从心眼里感到高兴，从而更加认识到党的英明、伟大和正确。

生活在毛泽东时代，生活是多么幸福，前途是何等广阔，望你努力去追求她。

我觉得一个革命者就应该把革命利益放在第一位，为党的事业贡献出自己的一切，这才是最幸福的。

从以上引语可以看出，雷锋把翻身得解放看做幸福，把祖国的繁荣昌盛看做幸福，把为党多做工作看做幸福，把帮助同志克服困难看做幸福，把为人民群众做好事看做幸福。总之，他的幸福观是高尚的，是值得我们深思和效仿的。

马克思说："人只有为同时代人的完美、为他们的幸福而工作，自己才能达到完善。"接着，马克思又从另一个侧面进一步强调："如果一个人只为自己劳动，他也许能够成为著名的学者、伟大的哲人、卓越的诗人，然而他永远不能成为完善的、真正伟大的人物。"

马克思还说："那些为大多数带来幸福的人，是最幸福的人。"

的确，助人使人快乐，奉献使人幸福。把自己的生命同党的事业和人民的利益紧密地联系在一起，就找到了通向快乐和幸福的道路。快乐和幸福属于为党忘我工作的人，属于为人民忘我奉献的人。一个人被党信任、被群众信赖、被社会需要，他就会感到很快乐、很充实、很幸福。

雷锋在1961年4月16日的日记中，有一段很重要的话：

热情，像熊熊的火焰，是一切的原动力！

有了伟大的热情，才有伟大的行动！

雷锋还说："对同志要像春天般的温暖，对工作要像夏天般的火热……"

柏拉图曾经说过："我要在世上点一把火，而我更希望它早燃着了。"

托尔斯泰也曾说过："一个人若是没有热情，他将一事无成。"

读着雷锋和其他名人的这些话，我们感受到热情，感受到温暖，感

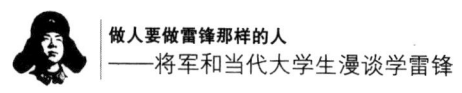

做人要做雷锋那样的人
——将军和当代大学生漫谈学雷锋

受到力量。

正因为雷锋是热心肠,正因为雷锋有"伟大的热情",所以他才有"伟大的行动"。

过去人们常说:"雷锋出差一千里,好事做了一火车。"而雷锋少年时的挚友、湖南望城雷锋纪念馆荣誉馆长雷孟宣同志说得更深刻、更全面,他说雷锋是"走出去,爱一线;住下来,爱一片"。雷锋是一片热心在玉壶、洒向人间都是爱啊!

的确如此,雷锋不但外出时做好事,而且更多的是在军营里做好事;不只是一阵子做好事,而且是一贯地做好事;不只是和别人在一起的时候做好事,而且更多的是在别人不知道的情况下做好事。

雷锋看到战友们军事训练很紧张,工作、学习忙得不可开交,连上街理发的时间也抽不出来。他就拿着连里配发的理发推子,利用业余时间,到理发店向理发师傅学习理发技术,回来给战友们理发。开始他的技术不过硬,有的还没有理到一半就不让他理了。一次、两次、三次,他跑到理发店继续学习,终于熟练掌握了理发技术,战友们都愿意让他理发了。

1961年10月15日,是个星期天,雷锋没有外出,给班里的同志洗了五床褥单,补了一床被子,协助炊事班洗了600多斤白菜,打扫了室内外卫生,还做了一些零碎事。雷锋觉得"虽然累了点,但感到很快活。""做一名无名英雄是最光荣的。今后还应该多做一些日常的、细小的、平凡的工作,少说漂亮话。"

有一天,一位战友搬电瓶发动车时,洒了一些电瓶水,衣服上沾了不少。因电瓶水是硫酸和蒸馏水混合而成的,腐蚀性大,结果他那条新棉裤烧了几个大口子。那位战友很不高兴,着急找不到黄布补裤子。雷锋立即拆掉自己的棉帽衬洗干净(棉帽衬是黄布做的)。当天夜里,那位战友睡着了,雷锋就用自己棉帽衬的那块黄布,偷偷地给他把新棉裤补好了。那位战友知道这件事后,激动地对雷锋说:"班长!你对我太关心了!"

写到这里,我想起了那首唐诗:

慈母手中线，游子身上衣。

临行密密缝，意恐迟迟归。

谁言寸草心，报得三春晖。

    这首唐诗，在香港被评为港人最喜欢的 10 首唐诗中的第一首。这首唐诗，显然是写一位慈祥的母亲为远行的儿子缝制衣服的情景和心情的，而雷锋为战友洗被褥、缝衣服的时候，才是一个 20 岁出头的小伙子呀！你说雷锋容易吗？

    一位战友的母亲病了，他请假回家探望，想买点东西给母亲吃，但是钱又不够。雷锋看到这种情况，立即拿出 10 元津贴费，还买了 1 斤饼干，一起交给他带回家里孝敬母亲。

    有一次，连队组织战士到十多里外的山上去打猪草，每人带上一盒饭，准备中午吃。到中午 12 点吃饭的时候，雷锋看大家都在吃饭，唯有全连有名的大个子、大肚皮王延堂，一个人坐在那里看大家吃饭。雷锋关心地问他："小王同志，你的饭呢？"王延堂说："我的饭早上就吃到肚子里了，早晨我就吃了两顿饭。"雷锋想，王延堂如果中午不吃饭，会影响情绪，干活也不会起劲，于是就把自己的饭送给王延堂吃。小王再三推辞说："我吃了，你怎么办啊？"雷锋说："我不会饿呀！"小王不相信，这时雷锋就善意地撒了一个谎，说自己肚子痛，要去解手，放下碗就跑了。雷锋看王延堂吃了饭，干活很起劲，心里感到非常愉快。

    早在 1958 年，与雷锋一起从湖南来到鞍钢的易秀珍姑娘，一时适应不了东北的气候，也吃不惯高粱米饭、玉米面窝窝头，不知流了多少次泪。那时每月只有 4 斤细粮，每当食堂吃大米饭的时候，雷锋总舍不得吃，给易秀珍送去。易秀珍不让他这么做，雷锋说："我吃什么都行，等你慢慢习惯了，我就不送你了。"

    雷锋从思想上、工作上、生活上都给了易秀珍不少帮助。1959 年 8 月 26 日，雷锋在去鞍钢弓长岭矿前，送给易秀珍一个笔记本，并在上面写了这样的赠言："船，能够乘风破浪才能前进；人，能够克服困难才能生存。"这是雷锋的人生体验，得此鼓励，易秀珍克服了一个又一个困难。如今,易秀珍已是 71 岁的老太太了,但每当谈起雷锋,她总是泣不成声、感动不已。

雷锋不仅让饭、让细粮,还让苹果、让月饼。过春节的时候,连里发了一斤苹果,雷锋舍不得吃,到医院里送给伤病员吃了。雷锋作为全团官兵唯一的代表,出席抚顺市第四届人民代表大会,会议结束时,发给每人一斤苹果,雷锋还是舍不得吃,又送到医院给伤病员吃了。过中秋节的时候(这个日子是雷锋母亲含冤忍辱自杀身亡的忌日),连里给每人发了一斤月饼,雷锋还是舍不得吃,又送到医院给伤病员吃了。

看到这里,有的年轻人可能说,那点苹果、月饼又算得了什么呢?我们还吃不了呢!有时还扔了呢!话可不能这样说,雷锋做的这些好事,可是在 50 年前啊!

我还清楚地记得,60 多年前,我们村里一位老先生,到东北去看儿子,回来给我们家一个苹果。这是我第一次看到苹果,觉得这种水果既大又好,馋得很呢!父母舍不得吃,把它切成五瓣,给我们五个兄弟姐妹吃了。至于月饼,每年中秋节的时候,父母才给我们每人买一块,月饼的质量,当然与现在根本无法相比了。

1959 年至 1961 年,是我国三年经济困难时期,由于国内外主客观原因,造成了全国性饥荒。不用讳言,由于营养不良,城市里有不少人得了浮肿病,一些农村也确实饿死了一些人。部队的情况虽然好些,可粮食也是实行定量,油腥更是少得可怜。在这种情况下,雷锋让饭、让苹果、让月饼,的确不容易啊!

为了说明当时的经济困难情况,我在这里想插一段话。

1960 年冬季,北京出现了历年来少有的严寒。连年的人祸天灾、内忧外患,使全国陷入了空前的粮荒。这是三年困难时期的第二个年头。当时,毛主席、周总理等党和国家领导人和全国人民一样,节衣缩食,共渡难关,经常听到他们已经几个月不吃肉的消息,令人十分感动。

也是在此期间,时任国防部副部长、装甲兵司令员的许光达大将,听说机关门诊部一位医生的小孩没有奶吃,又订不上牛奶。他马上派警卫员到牛奶站说明情况，把自己吃的那磅牛奶，转让给了那位医生的孩子。

但是，实在挨不过饥饿的装甲兵机关的好多干部亲属，还是从四面八方涌进北京，在装甲兵大院里长吃长住起来。于是，平时严肃静谧的机关大院变得热闹起来，到处是不穿军装的男男女女、老老少少的陌生面孔。

为了不使这种现象持续下去，以至造成不好的政治影响，在许光达的主持下，装甲兵党委作出决定：困难时期，机关干部应尽力做好工作，不要让亲属来京长吃长住。已经来了的，要动员其尽快回去。以后，凡来队探亲的干部亲属，只允许在大院住三天。

不久，许光达的四哥许德富和六弟许德强也来到了北京。面对皮包骨头的同胞兄弟，特别是当年不远千里、冒着生命危险通风报信、使自己得以脱离国民党追捕的四哥，许光达感到既难过又为难。夫人邹靖华对他说："四哥和六弟这次来，不但不能留他们长住，还得撵他们走，这心里真有说不出的滋味儿。"许光达当然也有同感，可眼下就是这样一个特殊的困难时期，而且来队亲属只允许住三天的决定，又是自己主持做出的，因此也只能这样做。

当天，这件事由邹靖华向兄弟俩委婉地提了出来。许德富一听就火了，冲着许光达说："这个地方，顶数你官大，你不发话，谁敢撵我们走？"说完，他赌气地走了出去。

随后，兄弟俩悄悄地进入厨房，把橱柜一一打开，仔细查看了一番，看到大将家里确实也没有什么可吃的东西。

许光达夫妇倾其所有，让炊事员把作为特殊营养品配给他的4斤黄豆也全部拿出来，总算让兄弟俩吃了几顿饱饭。留住了3天，便让他俩带上家里仅存的50斤全国通用粮票，买了两张到长沙的硬座火车票，登上了南下的火车。

两天后，保卫部向许光达报告：接河南省安阳市公安局报告，许德强在安阳火车站病倒了，而且病情危重。许德强被接回北京，一下火车就直接被送到解放军总医院抢救。许光达夫妇迅即赶到医院探望，在亲情呼唤下，许德强艰难地睁开了双眼，但已不能说话，在当晚就去世了！

医院征得许光达同意，对许德强的尸体进行了解剖，结果发现他并没有什么严重的疾病，只是胃已完全萎缩，医生说这是因为长期挨饿造成的。

结论是：许德强是饿死的！

一个开国大将的同胞弟弟，在经济困难时期，竟然生生饿死，离开人世！一些未曾经历过那场灾难的年轻人，可能觉得难以置信。而经历过那场灾难的人们，至今说起这件事来，还是唏嘘不已！

孔融让梨的故事，从三国到现在，已经流传了近两千年，而且几乎达到了家喻户晓、人人皆知的程度。和孔融相比，我觉得雷锋伟大多了！不容易多了！孔融让梨，只是把大梨让给哥哥，自己拣小的吃。而雷锋让饭、让苹果、让月饼，是宁可自己挨饿或不吃，也要让给别人。我认为，应该把雷锋的这些故事，写入中小学课本，让人人都知道，而且应该世世代代流传下去。

雷锋不仅在生活上无微不至地关心战友，更在思想上耐心细致地帮助战友。

雷锋当班长的时候，调到他们班里一位新战友。这位战友过去受过苦，现在革命热情高，工作能吃苦。他来自农村，学习少、政治觉悟比较低，对各种问题的看法比较片面。班里有的同志对他看法不好，说他是个落后分子。就因为他调到班里，有的同志还不大满意。

针对这种情况，雷锋组织班里的同志，学习毛主席的教导："共产党员对于落后的人们的态度，不是轻视他们，看不起他们，而是亲近他们，团结他们，说服他们，鼓励他们前进。"大家统一了认识，改变了态度。

这位战友调到班里第三天就病了。这天一清早，雷锋就让卫生员给他看病，给他打开水吃药，打洗脸水给他洗脸，做病号饭给他吃，并把自己的棉大衣盖在他的身上，安慰他好好休息。后来到澡堂洗澡的时候，雷锋又给他搓澡。总之，在生活上给予他多方面的照顾。那位战友

第一部分
将军和大学生漫谈学雷锋

激动地对雷锋说:"班长,你对我太关心了。人心都是肉长的,我再不好好干,也说不过去了。"第四天一早,他就主动去打豆子了。战友们吃早饭的时候,他已打了一麻袋豆子背了回来。

雷锋的一位战友叫范世坤,1960 年 11 月 20 日在沈阳军区《前进报》上发表了一篇文章。这篇文章的主要内容,是讲述雷锋为了帮助他认识改正错误,和他谈心时所说的一些话。这篇文章收录在《雷锋全集》第 148 页上。

52 年过去了,现在看了雷锋当时所说的这些话,仍觉语重心长、感人至深。让我们一起看看雷锋是怎么说的吧!

领导和同志们帮助你,是对你的关心和爱护,你应该很好地承认错误。你想,我们来到部队是干什么的呢?咱们过去都是穷人家出身,吃不饱、穿不暖,解放以后,在党和毛主席的领导下,才过上了幸福生活,再不为吃穿犯愁了。我们今天来当兵,就是要保卫幸福的生活,保卫祖国的社会主义建设,我们应该好好地为人民服务,要是不听党的话,犯了错误,这能对得起谁呢?再说,我们入伍的时候,父母亲又是怎样嘱咐的呢?他们是叫我们在部队里,加强锻炼,使自己成为一个有政治觉悟的人,叫我们学习一些本领,难道我们能忘记这些话吗?

人不怕犯错误,就怕犯了错误不改。能够坚决改正错误,那就是好同志,同志们是不会看不起你的。

听了雷锋的这些话,纵然是铁石心肠,也不会无动于衷的。

(八) 学习雷锋同志"加一把油"的奋进精神

雷锋的一生,是好学上进的一生,是与时俱进的一生,是不断奋进的一生。

在雷锋的日记和报告中,他经常讲到要自己给自己鼓劲,自己给自己"加一把油",要"继续努力",不断前进,争取更大的成绩,争取更大的光荣。

做人要做雷锋那样的人
—— 将军和当代大学生漫谈学雷锋

雷锋还有一个生动的比喻：工作和学习的关系，就像点灯加油一样，点灯如果不加油，就会变得黯淡无光，只有不断地加油，灯才会明亮。人只有不断地努力学习，才不会迷失方向，才会做好工作，否则就会落后，甚至犯错误。

谈到雷锋"加一把油"的奋进精神，我们不妨从他更名立志谈起。

雷锋原名叫雷正兴。1957年2月，他光荣地加入了中国新民主主义青年团。入团不久，他找到县委书记张兴玉，提出想把自己的名字"正兴"改为单字。张兴玉沉思了一下说，叫"雷峰"行吗？"峰"是山峰，是高峰，这一定会永远激励你奋发努力，攀登高峰的。从这以后，雷锋就开始使用"雷峰"这个名字。后来，报名去鞍钢时，雷锋又把"峰"字改为"锋"字，以表明自己为国家建设冲锋在前的志向和决心。雷锋参军以后，部队有的首长问他叫什么名字，他响亮地回答："我叫雷锋，打雷的'雷'，冲锋的'锋'！"更名立志，表明年轻的雷锋和新中国许多年轻人一样，对人生和祖国的未来，充满了向往。

雷锋在县委当公务员的时候，张兴玉书记还曾对他说过："人生有三件光荣的事：入队、入团、入党。"并一再鼓励他以后一定要争取加入中国共产党。

雷锋小学毕业以后，曾经当过一段时间农民，主要是在生产队担任秋征助理员，负责征收公粮工作。他还在乡里当过一段时间的通信员。

他在县委当过两年公务员（勤务员），由于工作勤奋努力，三次被评为"机关模范工作者"。

雷锋在鞍钢工作了一年零两个月时间，共计413天，三次被评为先进工作者，五次被评为红旗手，十八次被评为标兵，荣获"青年社会主义建设积极分子"称号。

雷锋1960年1月8日参军，到1962年8月15日牺牲，合计两年八个月零七天。雷锋入伍仅十个月，就入了党，这在新兵当中是极为罕见的。他当兵一年多，就先后被提升为运输连副班长、班长。他先后荣立二等功一次、三等功两次，受团、营嘉奖多次。被评为"节约标兵"、"模范共青团员"、"抚顺市优秀校外辅导员"。他被选为全团官兵的唯一代表，出席了抚顺市第四届人民代表大会，《解放军报》还致函雷锋，聘请他为"本报通讯员"。

雷锋在短暂的时间里，取得如此大的成绩，获得如此多的荣誉，是和他永不满足、力争上游、不断给自己"加一把油"的精神分不开的。

雷锋在日记中写道：

青春啊！永远是美好的。可是真正的青春，只属于那些永远力争上游的人，永远忘我劳动的人，永远谦虚的人。

如果不积累许多个半步，就不能走完千里。

雷锋参军以后，听到的也不都是赞扬声，有人还这样讽刺过他："你积极有什么用？那么点小个子，给你150斤的担子，你能担起来？"听了这话，开始雷锋还埋怨自己为啥长这么点小个子呢！

难能可贵的是，雷锋从不认输、从不灰心、从不泄气，而是扬长避短、不懈努力，从而在人生的道路上，攀登上了一个又一个高峰。

新兵训练中，有一个科目是手榴弹投掷。按照规定，投35米及格，40米良好，50米优秀。身高只有1.54米、体重只有48公斤的雷锋，体质弱、力气小，使足了劲投出手榴弹，竟连及格线都够不着。

在困难面前退缩，不是雷锋的性格。有一天，他在报纸上看到一篇文章，里面的一段话激励了自己。于是，他便把那段话记在日记中："斗争最艰苦的时候，也就是胜利即将到来的时候，但也是最容易动摇的时候。因此，对每个人来说，这是个考验的关口。经得起考验，那就成了光荣的革命战士；经不起考验，那就要成为可耻的逃兵。是光荣的战士，还是可耻的逃兵，那就要看你在苦难面前有没有坚定不移的信念了。"

要想练好投弹，光抓住要领还不够，关键是臂力，要有劲儿。于是，雷锋有针对性地苦练了起来。练投弹、练单杠、双杠，训练时练，大家都休息了，他还跑到操场上练。

时值隆冬，天气特别冷，别说训练，就是在外面待一会儿，也被冻得直打哆嗦。在操场上，雷锋手握铁杠，冰凉刺骨。直到练到双手再也抓不住杠子了，才抄起手来暖一暖。那阵子，他的胳膊都练肿了，吃饭

做人要做雷锋那样的人
——将军和当代大学生漫谈学雷锋

连筷子都拿不住,但他从来不说一声累,不叫一声苦。

真是功夫不负有心人!经过一个多月的刻苦锻炼,雷锋这个不服输的小个子,实弹投掷成绩达到了优秀。雷锋在日记中兴奋地写道:我终于把手榴弹投到"敌人的碉堡"里去了。

雷锋在故乡时当过拖拉机手,在鞍钢时当过推土机手,到部队分到运输连当汽车驾驶员。虽然在技术上有相通之处,但开汽车毕竟与开拖拉机、推土机还是有所不同。

雷锋在1960年9月22日的日记中写道:

拿自己的技术学习来说,还不是那么刻苦钻研的,学得也不够深透。但是我相信,只要再加一把油,勤学苦练,虚心学习,是一定能把汽车开好的。

雷锋驾驶的13号车,是苏联制造的"嘎斯—51"型汽车。这辆车当年曾参加过抗美援朝,到连里时,已有十多年的历史,各个部件磨损得很严重,是全连耗油最多的一辆车,大伙管那辆车叫"耗油大王"。

分配汽车时,别的班都不愿意要这辆车,偏偏雷锋专拣差的要,主动申请开这辆车。雷锋决心找出毛病,亲手制服这个"耗油大王"。

为了根治这辆车的毛病,雷锋费了不少休息时间,一个细节一个细节地排查。他不仅翻阅专业书籍,还向行家里手请教。后来,他终于发现,原来是化油器的油针太粗所致。于是,他想方设法加以调整,终于使这辆车的油耗降低到正常状态了。

然而雷锋还不满足,他还摸索出一套节油的窍门。例如在汽车行驶中充分利用滑行的惯性,汽车起步前不轰大油门,保养汽车时不用汽油清洗零件等。经过雷锋这样精益求精地收拾和保养,这辆"耗油大王"后来竟成了全连的节油标兵车。

学习雷锋"加一把油"的奋进精神,使我联想到一些人和事。给大家讲讲,或许对你们有些启示。

中央电视台著名主持人白岩松,根据自己的人生体验,总结出了人生的"跳高论"。

人生就像一场跳高，当你成功地跳跃了一个高度，肯定还会继续增加自己的目标，而最终结果可能会以失败而告终。但你会发现，在失败的那一刻，你却赢得全场的庆祝和欢呼，因为你已经成功，而只有不怕输的人才能成功。

下面讲讲实现一百二十七个愿望的人的故事。

六七十年前，美国洛杉矶的一位十五岁的年轻人约翰·科达尔，制定了一个实现总数达一百二十七个愿望的计划，他称为"我一生的计划"。其中有勘察尼罗河、刚果河、登上珠峰、重游马可·波罗和亚历山大大帝到过的地方，创作两部音乐作品，写一本书，结婚、生孩子……甚至还有登上月球。

科达尔把这些愿望都编上号，写在一张纸上，以便逐一实现。二十一岁那年，他已到过十多个国家旅行。刚满二十二岁，他在危地马拉的原始森林中发现了一座玛雅神庙。二十六岁，他历经艰险，完成了对尼罗河溯源的探险。以后，他曾在南美洲落后部落生活过，登上过土耳其的阿拉拉特山和非洲的第一高峰乞力马扎罗峰。他曾开过两倍于音速的飞机，写了一本关于尼罗河探险的书。

科达尔年近六十岁时，已实现了一百零六个愿望。当有人向他谈起那个著名计划时，他微笑说："我制定这个计划，是为总有奋斗目标。我见过周围有些人从不敢试试自己的能力，结果一事无成。我下定决心，绝不走这条路。"

有一个资产过亿的成功企业家，在一次演讲中，接受了一位记者的访问，当这名记者问及他成功的秘诀时，这位企业家笑了笑，并没有给出正面的回答，而是讲述了自己一次登山的经历。

原来这位企业家是一个攀登爱好者，在一次团队活动中，他勇敢站出来并且表示自己愿意挑战海拔 8848 米的世界最高峰——珠穆朗玛峰。因为此前他并没有多少登山经历，经验少得可怜，加上他高原反应强烈，呼吸控制不好，在登山的过程中，很快他身上背的氧气便消耗得差不多了。当他爬到8300米左右的高度时，发现氧气已经完全不足以支撑了。面对如此困境，他原本可以选择撤离或者向半山腰的营地求救，这样他就不会有生命危险。可是，他不肯轻易认输，他决定先登顶再说。

终于，在他坚持不懈克服重重困境的情况下，终于爬到了8400米的高度。在空旷的山地上，他发现了很多废弃的氧气瓶，他逐个捡起来掂量，结果他幸运地找到了一个有半瓶以上氧气的瓶子。靠着这半瓶氧气，他登上了顶峰，并且最终安全撤回了营地。

据一项研究调查发现，面对同样程度的打击，逆商高的人产生的挫折感低，逆商低的人则会产生强烈的挫折感。而在一个人对待事业成功的态度上看，逆商高的人抗击打能力强，在逆境中更容易摆平心态，轻松上阵，从而走向成功。逆商低的人则容易陷入困难的泥潭，在困境面前一筹莫展，甚至一蹶不振。

放眼人类所有失败的案例可以得出同样一个结论：90％的失败者通常都不是被别人打败的，而是被自己所打败。也就是说，低逆商者通常都是因为自己首先选择了退缩和放弃，才导致最后通向失败。

人与人之间之所以会产生失败和成功，通常都是由一个人的耐力和勇气所决定的。这一点在逆商上的反映，也正是为什么高逆商者容易通向成功的原因。

"杂交水稻之父"袁隆平人老不服老，不断给自己"加一把油"，使水稻产量逐步提高的事迹，令人感动，深受鼓舞。今年9月19日，我国超级杂交稻第三期亩产900公斤目标攻关取得重大突破，湖南省隆回县羊古坳乡108亩超级稻实验田平均亩产926.6公斤。

"这标志着我国杂交水稻研究遥遥领先世界水平。"在9月19日举行的媒体见面会上，袁隆平院士难掩心中喜悦。这不仅为我国粮食增产提供了技术支撑，更增强了中国人能养活自己的信心。同时，他指出，高产超级稻培育需要较高的技术规范，因此要推广到普通农户尚待时日。"如果推广的话，产量要打个八折。"

农业部委派的验收专家程式华也表示，该品种水稻目前只能在得到验收的湖南境内推广，由于全国水土、气候差异较大，大面积推广尚有相当难度。

水稻超高产也是全世界共同关注的一个重大科学问题。全世界一半以上人口以稻米为主食，现在每公顷生产的稻米可养活 27 人。据估算，到 2050 年，每公顷必须养活 43 人。据介绍，澳大利亚是世界上水稻单产最高的地区，其亩产平均约 660 公斤，日本水稻的亩产为 445 公斤。目前，我国已经大面积推广的第一、二期超级稻的亩产已经分别达到 550 公斤和 600 公斤。

袁隆平告诉记者，中国杂交水稻在世界许多国家都适合种植，如果世界上杂交稻种植面积增加 7500 万公顷，每公顷按增产 2 吨计算，可增产粮食 1.5 亿吨，能多养活四五亿人口，将有效保障世界粮食安全。

2012 年 8 月 31 日，面对蜂拥向他的多家媒体，袁隆平第"N+1"次说起他的禾下乘凉梦："我梦见我种的水稻长得像高粱那么高，穗子像扫把那么长，颗粒像花生米那么大，我和我的朋友，就坐在稻穗下乘凉。"

这个梦境，2011 年被福建省作为高考作文题了。

有些动物给自己"加一把油"，经过刻苦磨炼，从而获得新生的奇迹，能给人们带来深刻的启示。

老鹰是世界上最长寿的鸟类，它的一生年龄可达 70 岁。

当老鹰活到 40 岁时，它尖利的双爪开始老化，无法伸展自如地抓捕到猎物；喙变得又长又弯，几乎可以碰到胸腔，严重影响进食；双翅上羽毛长得又浓又厚，堆积在一起，使它不能轻盈地飞翔。

此时，老鹰面临两种选择：或等死，或经过一个非常痛苦的过程，让生命获得新生。

要想让生命获得新生，老鹰必须努力飞到任何鸟兽都无法上去的陡峭悬崖，筑巢停留。它开始用喙击打岩石，把老化的喙连皮带肉完全磕掉，然后忍着剧痛等待新的喙长出来。新喙长出来后，用新喙把双爪的老趾甲一个一个拔掉。等新的趾甲长出来，再用趾甲把旧羽毛一根一根扯掉。五个月后，新的羽毛长出来，老鹰又开始飞翔，重新得以再过30年的岁月。

尽管抉择的过程非常残酷，老鹰还是经过痛苦的蜕变获得了新生。

如果我们能像老鹰一样，有自我革命的勇气与再生的决心，就能发挥出更大的潜能，创造出更宽广的天地。

有人说："生活就像骑自行车，只有不断前进，才能保持平衡。"

有人说："所谓大人物，就是一直不断努力的小人物。"

著名作家贾平凹说："人活着要有一个梦想，有了梦想就去践行，这就是一个人变成人物的真正原因。"

下面，我根据一些材料，讲讲人生"五个一"，供大家参考。

1. 人生只有一辈子

我们每个人只能活一次，仅仅一次，你不觉得太少了吗？

只能活一次，绝没有第二次，这本身就是遗憾和残酷，但其实又是公正和无私。生命对谁都没有回程车，谁也无法让历史重演，就这一次，要你去编排，要你去主演，迟到了可以报告，说错了可以改口，搭错车了可以转车，唯独生命你没有第二次选择。

读过《钢铁是怎样炼成》小说的人，一定会记得主人公保尔·柯察金的那段内心独白："人最宝贵的东西就是生命，生命属于我们只有一次。人的一生应该这样度过：当他回首往事时，不因虚度年华而悔恨，也不因碌碌无为而羞耻，这样，他在临死的时候就能够说：'我的整个生命和全部精力，都献给了世界上最壮丽的事业——为人类解放而斗争。'"这是我们耳熟能详的"保尔名言"。其实，保尔的内心独白到此还没有结束，接下去保尔还有两句重要的补充："因此，要赶紧生活，因为意外的疾病或悲惨的事故，随时都可以突然结束他的生命。"

"赶紧生活"，我们要懂得这四个字的分量。这是年轻的奥斯特洛夫斯基给一切正在年轻、曾经年轻和永葆青春心灵的人的四字箴言。

近年，我的同龄人中，也开始有人匆匆而逝。人只有到了老年，才会强烈地感到人生的短暂与无常。于是自然地也会自己对自己叩问人生的意义。事实上，有许多的人都这样叩问过自己。

仔细想想，伴你一生，甚至影响你一生的书，只能是那么一本或几本。

在我们每个人的成长道路上，在某个关键时期，总会出现一个关键性的人物。这个人或是你的父母，或是你的老师或朋友。他所说的看似普通的一句话，却会让你牢记心中，永世不忘。普通人是这样，那些成功人士也不例外。

2. 找准适合自己的一条路

几个大学生结伴登山都迷了路，幸好营救的当地驻军及时赶到。"其实，我们都是知道方向的啊！"一个大学生对营救员说。"只知道方向有什么用？"营救员不客气地讲，"方向固然可以帮助你找到道路，但是，方向等于路吗？"

简简单单的一句对白，却蕴含着深刻的人生哲理，这不正是许多"不得志"的人常常发出的感叹么：我是知道方向的啊！

现在许多在校大学生，积极参加各种活动，到头来，尽管花花绿绿的获奖证书没有少拿，但什么都知道点皮毛，什么都不精，什么都不会！所谓的爱好广泛，不过是浪费了大好时光，认识了一些和自己一样没有找到路的人而已。

有一个大学生，一开始，她也是很积极地参加活动。但大二的时候，她却发现自己过得很空虚，经过比较，她舍弃了其他爱好，选择了写作。后来，她大学毕业顺利进了一家国家级报刊当记者。应该说，这位同学是在方向的指引下，找到了一条适合自己走的路。

这里，再讲个"一年和一天"的故事。

有一天，一位青年画家碰到了法国著名画家门采尔，当即向他请教："尊敬的先生，有一个问题一直困扰着我，你能给我解决的答案吗？"

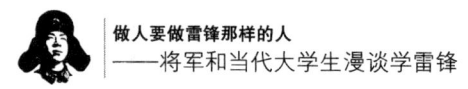

做人要做雷锋那样的人
——将军和当代大学生漫谈学雷锋

门采尔说:"什么问题?"

青年人说:"我常常能一天作一幅画,可卖出它却总要一年的时间。"

门采尔微微一笑说:"年轻人,你可以换着试一下。你把一天画出的画用一年时间去画,看能不能把一年的卖画时间缩短为一天。"说完,门采尔就走了。

年轻人回去之后,开始的一段时间,还总是不能把画画的速度放慢下来。后来,他迫使自己耐心构思、揣摩,而且闲暇之余苦练基本功,力求每一笔下去都能传神,如果有一笔是败笔,就毁掉重画。

之后,他发现他的画风和画技有了明显提高,他试着把几年以来画出的几幅满意的作品拿出去卖,意想不到的结果出现了,人们纷纷称赞他的画,并且有人愿意花很高的价钱把它买下来。

这之后不久,这个青年人成了当地很有名的画家。

在这个世界上,没有一蹴而就的成功,只有火候不到的夹生饭。有的人抱怨成功离他们很远,那是他们太急于求成。而有的人自我感觉良好,一帆风顺地走过一程后,觉得距成功已经很近了,结果却离得更远。

实际上,我们完全没有必要非得花一年的时间去干一天的事情,只是我们要在内心深处,能有用一年的工夫去做一天的事情的踏实和耐心,那一定是离成功最近的人。

还有一则井蛙归井的寓言故事是这样讲的。

井里的青蛙向往大海,请求大鳖带它去看海。大鳖平生第一回当向导,非常高兴,便欣然同意。一鳖一蛙离开了井,慢慢前行,来到海边。青蛙见到一望无际的大海,惊叹不已。它"呱呱"大叫,急不可待地扎进大海的怀抱,却被一个浪头打回沙滩,措手不及喝了几口咸水,还被摔得晕头转向。

大鳖见状,就叫青蛙趴在自己的背上,带着它游海。一蛙一鳖漂浮在海面上,乐趣无穷,青蛙也逐渐适应了海水,能自己游一会儿了。就这样,它俩玩得很开心。过了一阵子,青蛙有些渴了,但喝不了又苦又咸的海水。它也有些饿了,却怎么也找不到一只它可以吃的虫子。青蛙想了想,对大鳖说:"大海的确很好,但以我的身体条件,不能适应海里的生活。最要命的是,这里没有我能吃的食物。看来,我还是要回到我的井里去,那里才是我的乐土。"

于是,青蛙向大鳖告别,回到了自己的井中,过着平安快乐的生活。

这则寓言告诉我们,在现实生活中,千万不要盲从。别人的生活再好,也许并不适合你。同时,无论干什么事,认识自己的优劣是非常重要的,也就是说,适合自己的才是最好的。人生如此,事业、爱情亦然。

3. 人生总要有一样拿得出手

电影《小英雄雨来》名震天下,剧中雨来的扮演者孟旭也因该片获得广泛赞誉,被称为"天才小影星",成了许多人眼中未来的"电影大明星"。

遗憾的是,孟旭后来不但没有继续发扬表演天赋,反而书也没读好,落得非常尴尬的境地。进入社会,他父亲送他到日本学厨艺,并告诉他:"人活在世上,总要有一样东西拿得出手。"

在日本留学的几年里,尽管孟旭非常努力,厨艺硬是拿不出手。

20岁那年,孟旭回国学杂技,用舌头穿针。他终于找到了人生突破口,总算有一样东西拿得出手。他在短短两分钟内,不用手摸,也无须用眼看,只用舌头就在一根线上穿成了17根缝衣针,创造了奇迹。

这样的"偏门"杂技和热门的影视表演相比,当然是不可同日而语的,但是只要有一样东西拿得出手,人生就充盈如歌。孟旭不演电影,照样活出了真我风采。

人活于世,可以有无数个追求,但你总要有一样东西能拿得出手,哪怕这东西是不起眼的,否则,人生路上难免不留下一片空白。

法国作家莫泊桑,很小便表现出了出众的聪明才智。只要是他读过的书,总能很快地记住。而且他爱好广泛,不但热爱读书、写作,还喜欢踢足球、弹钢琴、修理汽车、去烧烤店学习制作烧鹅，甚至是去乡下种菜。

一天，莫泊桑跟舅父去拜访他的好友——著名作家福楼拜。舅父想推荐福楼拜做莫泊桑的文学导师。可是，莫泊桑却骄傲地问福楼拜究竟会些什么？福楼拜反问莫泊桑会些什么？莫泊桑得意地说："我什么都会，只要你知道的，我就会。"

福楼拜不慌不忙地说："那好，你就先跟我说说你每天的学习情况吧。"莫泊桑自信地说："我上午用两个小时来读书写作，用另两个小时来弹钢琴，下午则用一个小时向邻居学习修理汽车，用三个小时来练习踢足球，晚上我会去烧烤店学习怎样制作烧鹅，星期天则去乡下种菜。"说完后，莫泊桑得意地反问道："福楼拜先生，您每天的工作情况又是怎样的呢？"

福楼拜笑了笑说："我每天上午用四个小时来读书写作，下午用四个小时来读书写作，晚上，我还会用四个小时来读书写作。"莫泊桑不解地问："难道您就不会别的了吗？"福楼拜没有回答，而是接着问："你究竟有什么特长，比如有哪样事情你做得特别好的？"这下，莫泊桑答不上来了。于是他便问福楼拜："那么，您的特长又是什么呢？"福楼拜说："写作。"

原来特长便是专心地做一件事情。莫泊桑下决心拜福楼拜为文学导师，一心一意地读书写作。莫泊桑一生共创作出了中短篇小说约300篇，长篇小说6部，游记3部，以及许多关于文学和时政的评论文章。他的《羊脂球》更是得到了世人的好评，最终取得了跟他的文学导师福楼拜同样的成就。

4. 人生总要干好一件事

看到一则新闻，心里很是感动。

法国马赛有一名叫多梅尔的警官，为了缉捕一名强奸杀害女童埃梅的罪犯，查了十几米高的文件和档案，足迹踏遍四大洲，打了30多万次电话，行程多达80多万公里。多年来，由于他把全部心思都放在追捕上，结果两任妻子都弃他而去。他仍然矢志不渝，经过52年漫长的追捕，终于将罪犯捉拿归案。当他拿手铐铐住凶手时，已经是73岁高龄。他兴奋地说："小埃梅可以瞑目了，我可以退休了。"有的记者问他这样值吗？他回答说："一个人一生只要干好一件事，这辈子就没有白过。"

在荷兰的一个小镇上，有一位年轻的看门人，也许是因为工作太清闲，为了打发时间，他选择了打磨镜片这个细致的活儿作为自己的业余爱好。就这样，他看门60年，也把那神秘的镜片打磨了60多年。

功夫不负苦心人，凭着自己研磨的镜片，这位看门人看到了当时人们尚未知晓的另一个广阔的世界——微生物世界。此后，他声名远扬，只有初中文化的他，被巴黎科学院授予院士头衔，连英国女王都到小镇来拜会他。这位一生磨一镜的看门人就是荷兰科学家万·列文虎克。

一生干好一件事。目标确定之后，就必须凝聚起自己的全部心血、体力，焚膏继晷，心无旁骛，坚守初衷，直到成功。哥伦布出生入死年复一年地在汪洋上漂泊探险，发现了摆在那儿无人问津的美洲大陆；袁隆平沿着田埂从满头青丝一直走到白发苍苍，他孜孜以求的除了杂交水稻还是杂交水稻。其实，这世上能够一生干好一件事的普通人万万千千，他们凭着自己的执著为这个世界添砖加瓦，这个世界才会变得越来越美好。

科学实验证明，人脑不少于140亿个细胞，即使是如牛顿、爱因斯坦这样伟大的科学家，他们大脑潜力的开发都还不足10%。可见，一个人一生干好一件事并不难，关键是能否有坚持到底的毅力。有的人只图眼前，不计长远，风来随风，雨来随雨，今天干这，明天做那，见到什么都被吸引过去凑一番热闹。结果，常常到头来只落得两手空空，一事无成。

"一生磨一镜"，是做人的一种方式，一种风格，或者说，是一种活法。贝多芬之于音乐，毕加索之于绘画，柏拉图之于哲学，司马迁之于史学，曹雪芹之于文学等等，都与列文虎克的"一生磨一镜"的精神是一致的。让我们找准自己的人生坐标，坚持不懈地干好自己该干也能干的一件事，这辈子也就没有白活了。

5. 用好人生每一天

要使自己的一生过得既有意义又有意思，要使自己的一生有一样拿得出手，要使自己的一生干成一件事，关键是要用好人生每一天。

对于任何人来说，岁月和时间不是越来越多，而是在"增中减"。应该如何对待？有的说，要过好每一天；有的说，要享受每一天；有的说，要用好每一天……可以说各有各的道理，但我更倾向于"用好每一天"。因为，白白浪费每一天，无所事事，就会无事生非、无事生病，就更谈不上"过好"、"享受"、"幸福"每一天了。

国画大师齐白石老人说："不叫一日闲过。"意思就是要"用好每一天"。而要用好每一天，就要认识"时间宝贵，浪费不对"；"时间就是生命，时间就是金钱"。

人人都有个八小时以外，八小时以外各有各的安排。爱因斯坦说过："人的差异产生于业余时间。"我国著名学者林语堂也说，要真正了解一个人，只要看他怎样利用余暇时光就可以了。正是这点滴的八小时以外，对每个人生命价值的实现起着至关重要的作用。纵观中外历史，凡是有作为的政治家、科学家、艺术家，都十分珍视八小时以外。毛泽东、周恩来等老一辈无产阶级革命家，为了中国的革命和建设事业，日理万机，惜时如金，工作起来几乎没有上班下班的区分；鲁迅先生一生就像挤海绵中的水一样挤时间，把别人喝咖啡的时间都用在写作上；英国著名数学家科尔用3年的全部星期天，攻克了世界数学史上的一道难题……可见，八小时以外如何利用，怎样安排，大有讲究。

前几年，有个时髦的口号，叫"八小时以内拼命干，八小时以外拼命玩"，拼命干，应该。拼命玩，就值得商榷。试想，一个人如果把八小时以外的宝贵时间，全部用于吃喝玩乐，甚至"玩起来就不要命"，通宵达旦，精疲力竭，以至影响正常的学习和工作，就更不可取了。

古人说：圣人不贵尺之璧，而重寸之阴，时难得而易失也。时间就是生命。从这个意义上说,业余时间并非是多余时间。邓拓同志生前曾把八小时以外称作"生命的三分之一"。由此可见,八小时以外运用得当,就等于延长了个人的生命,增大了事业成功的保障。我们要想成就一点事业,使生命更有意义,就应该十分珍视这"生命的三分之一",自觉养成一种合理利用闲暇时光的习惯,一遇空闲,无论长短,都用来做一点有益于身心的事,积少成多,终必有成。

要用好生命每一天,成就一番事业,就要对时间有个明确的了解和认识。什么是时间?法国著名的思想家和作家伏尔泰,在其中篇小说《查第格》中讲了这样一则既有趣又颇发人深省的故事:凡参加竞选当国王的人必须回答一个问题,即:"世界上哪样东西是最长的又是最短的;最快的又是最慢的;最能分割的又是最广大的;最不受重视的又是最令人惋惜的;没有它,什么事都做不成;它使一切渺小的东西归于消灭,使一切伟大的东西生命不绝?"

聪明的查第格做了圆满的回答:"最长的莫过于时间,因为它永远无穷无尽;最短的也莫过于时间,因为我们所有的计划都来不及完成;对于在寻欢作乐的人,时间是最快的;而对于在等待的人,时间则是最慢的;时间可以分割成无穷小,又可以扩展到无穷大;时间在当时谁也不知道重视它,过后却谁都表示惋惜;没有时间,世界上什么事都不可能做成;对于一切不值得后世纪念的,时间的推移都会令人忘怀;而对于一切堪称伟大的,时间都能使其永垂不朽。"

我国明朝有位文人叫文嘉,曾写过一首脍炙人口的《明日歌》:"明日复明日,明日何其多!我生待明日,万事成蹉跎。世人若被明日累,春去秋来老将至。朝看水东流,暮看日西坠。百年明日能几何,请君听我明日歌。"这首歌同样使人对有限的生命有一种紧迫感。

其实,时间对任何人来说都是绝对公平的,每年给每人都是365天,但谁对它分秒必争,它对谁就慷慨赠予;谁对它挥霍浪费,它对谁就吝啬小气。时间,像波浪的曲线,终会不知不觉地爬上每个人的额头,但珍惜时间的人得到的将是珍珠,挥霍光阴的人得到的只是沙砾。时间,日复一日,年复一年,在它的史册上,珍惜时间的人用鲜红的颜色书写绚丽的人生篇章;挥霍光阴的人却只能留下几丝无益的白发,几声后悔莫及的叹息。

亲爱的朋友,时间就是生命,珍惜时间就是珍惜生命。人生短暂,让我们把握现在,活出生命的光彩!

(九)学习雷锋同志"一分钱"的节约精神

雷锋牢记毛主席的教导:"要使我国富强起来,需要几十年艰苦奋斗的时间,其中包括执行厉行节约、反对浪费这样一个勤俭建国的方针。"他处处注意勤俭节约,从不浪费一分钱、一滴水、一粒粮、一度电、一寸布。

纵观雷锋的日记,我们可以发现他在思想上、工作上、生活上,有这样三项守则:

第一项守则:"在工作上,要向积极性最高的同志看齐;在生活上,要向水平最低的同志看齐。"(1960年6月5日日记)

第二项守则是:"关心党和群众比关心个人为重,关心他人比关心自己为重。"(1961年2月16日日记)

第三项守则是:"永远愉快地多给别人,少从别人那里拿取。"(1961年10月12日日记)

在上述三项守则的指导下,厉行节约与非常慷慨、"小气"与大方这两种看似矛盾的品质,竟然奇妙而完美地体现在雷锋一个人的身上。

我们先看看雷锋是怎样节约的。雷锋的节约,用现在的眼光看来,真是到了颇为苛刻、难以想象、令人动容的程度。

前面我们已经谈到,有的人说雷锋是"傻子",还有人说他是"小气鬼"的呢!他的这个绰号又是怎么来的呢?

雷锋入伍的时候,工厂送给他一套牙具、一块肥皂。到部队以后,那把牙刷他用了七八个月,毛都掉了一半了,还舍不得丢掉。有一天,他看到一位战友买回一把新牙刷,把旧牙刷扔到地上。雷锋看到那把旧牙刷比自己的还好,就从地上捡起来,经过消毒,自己使用。当时那位战友就对雷锋说:"你连买牙刷的钱都没有了?真是小气鬼!"雷锋回答说："这个牙刷还很好呢，还可以继续使用，为了节约嘛！"

雷锋还到处捡牙膏皮子，因为里面还有剩下的牙膏，挤出来装在一个牙膏皮子里继续使用。就这样，雷锋从来没有买过牙膏。他一共捡了80多个牙膏皮子，卖了两块多钱，交给了指导员。雷锋还把别人扔掉的破皮鞋洗干净卖掉，把钱也交给指导员。

部队每个月发给雷锋的6块钱津贴费，他除了理发以外，剩下的钱主要用于买毛主席著作、买有关党史方面和提高青年修养一类的书籍。除了上述开支以外，其他钱他都存起来。

雷锋小时候受的苦，他永远不会忘记。他牢记革命导师列宁的教导："忘记过去，就意味着背叛。"他每花一分钱，都会自然地联想起过去的苦难生活，告诫自己不能忘本。

1961年春节，连队卖苹果，很便宜，同志们都买了，雷锋没有买。这个春节，他只花了两毛五分钱理发，别的钱分文未花。同志们说他穿的袜子不像袜子，应该换双新的了，但他补了又补，还照样穿着。

1961年7月，雷锋参加沈阳军区工程兵体育运动大会，天气热得很，不少同志都跑到场外去买汽水喝。雷锋也想买一瓶，掏出钱往外走，发现那里有自来水管，就又把钱收起来，上前拧开自来水龙头喝了个够。雷锋这样做，有人说他是小气鬼，太熬苦自己了。雷锋却认为，"我们不能好了伤疤忘了疼，国家有困难，大家来分忧，就要一点一滴地做，这不是小气不小气的问题。"

1961年、1962年，部队发放夏服，本来应该给雷锋发两套单军衣、两套衬衣、两双胶鞋，但他却各只领了一套，剩下的都交了回去，以减少国家的开支，支援国家的建设。

在谈雷锋慷慨大方一面时，我们不妨先帮他算一笔收入账。

雷锋参加工作开始拿薪金或津贴之后，主要经历了三段时间。

第一段是在县委当公务员（包括在团山湖农场当拖拉机手），大致两年时间，他每月工资是29元，减去每月生活费9元，两年大概剩下480元。

第二段是他在鞍钢（包括在弓长岭）当工人，大致一年两个月时

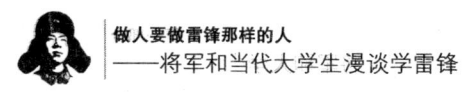

做人要做雷锋那样的人
——将军和当代大学生漫谈学雷锋

间,这时他每月工资是 34.5 元,就算每月减去 14.5 元生活费吧,这段时间他大概剩下 280 元。

第三段是雷锋从 1960 年 1 月参军,到 1962 年 8 月牺牲,共计两年八个月,这时每月津贴 6 元(我与雷锋同年入伍,是军校学员,每月津贴 7 元,比战士多 1 元,当时我们很满足,还有一种自豪感呢!)在此期间,雷锋的津贴总数大概是 192 元。

把这三段时间的总收入(主要算剩下的钱),总计 952 元,还不到 1000 元。

这就是雷锋一辈子的收入呀!

下面,我们该帮助雷锋算一算支出账了!

雷锋用于个人消费的最大一笔支出是在鞍钢当工人时,在别人的再三劝说下,买了"三大件":皮夹克,大概 40 多元;料子裤,20 多元;小英格手表,100 多元。总计不到 200 元。

雷锋的第二笔支出是经常不断地帮助有困难的同志。比如他分两次给乔安山家里寄过 20 元,给另一位同志家里也寄过钱。还有一位同志回家时钱不够,雷锋马上掏给他 10 块钱,并买了一盒饼干,让他带回家孝敬老人。还有一次,雷锋因公出差,在沈阳东站看见了一位老太太。只见老人家在汽车旁焦急地徘徊着,像是有什么困难。雷锋上前询问,一看证明,原来这位老太太是从山东来部队找儿子,路费用光了。雷锋了解清楚后,立即请老人家吃了饭,并给她买了到她儿子驻地的车票。

雷锋最大的支出,是先后给地方捐献了整整 300 元。

一次是驻地附近成立人民公社时,他为了支援农业生产,主动捐献了 100 元。

一次是 1961 年辽阳市遭受了特大洪涝灾害,雷锋寄去 100 元,帮助灾区人民克服生活困难。

这两笔捐献很多人可能听说过,他捐献的另 100 元,则鲜为人知。也是在 1961 年,雷锋接到河南省一所民办小学的来信。信中说,因连续几年遭受自然灾害,造成了一些暂时困难,希望雷锋给予他们经济上的帮助。雷锋看到这封信后,就向首长请示,准备卖掉自己的皮夹克、料子裤和皮鞋,以支援他们办学。但首长没有同意他这样做。雷锋感到很不安,连觉也睡不着。经过左思右想,他拿出自己在部队一年零九个月积存下来的全部津贴,共计 100 元,支援了位于河南省巩义县的干沟民办小学。雷锋把钱寄出后,心里才感到快活了。

　　捐献了 300 元呀,这在当时可不是一笔小钱啊!

　　1959 年,雷锋在鞍钢当工人的时候,全国各地很多青年到鞍钢学习,工厂让他带几个学徒,厂里给他 36 元师傅费(这可比他当时一个月的工资还高哇!),被他谢绝了。有个师傅说给钱你不要,是"傻子"。雷锋却认为,"我这个人要是没有党和毛主席,连命都没有,能开推土机、学技术,是党和毛主席给的,还收什么师傅费呢!"

　　谈到雷锋捐献,还可以追溯到更早。抗美援朝时,雷锋上小学,他捐献出亲戚给他的两元压岁钱,支援志愿军买飞机。1958 年,雷锋的故乡湖南省望城县购买第一台拖拉机,县团委号召青年捐款支援,当时雷锋在县委当公务员,他捐献了 20 元,是全县青年捐献最多的。为此,县委张书记还给他戴了一朵大红花。

　　综上所述,我们可以从某种意义上说,雷锋是我们新中国最早的捐献者、最早的慈善家之一!我这样说,大概不为过吧!

　　1961 年 9 月 9 日,雷锋还将自己从工厂到部队积蓄的 100 元钱,以整存整取定期半年的方式,存入工商银行抚顺市望花区和平储蓄所,存折号码是"6751"。雷锋牺牲后,和平储蓄所更名为"雷锋储蓄所"。1990 年 2 月 13 日,这笔存款成为抚顺市"学雷锋基金"的第一笔基金。

　　与其说这是雷锋留下的一笔储蓄,不如说这是他留给后人的一笔难以估量的宝贵精神财富!

　　也许有人会说,现在是搞市场经济了,很多人都"一切向钱看",雷锋的做法过时了。

　　还许有人会说,现在物质的东西丰富了,生活水平明显提高了,已经不是"新三年、旧三年,缝缝补补又三年"的时代了,况且国家还扩大内需，鼓励消费，再像雷锋那样勤俭节约，熬苦自己，不仅没有必要，而且还不利于社会发展。

时代的确不同了，雷锋的一些具体做法我们也不必机械地模仿，但雷锋对己严对人宽、对自己厉行节约对别人慷慨相助的精神，却永远不会过时。

从雷锋的捐献，我想到大文豪鲁迅的捐献。内山完造是日本人，在上海开内山书店时，与鲁迅先生结为挚友，晚年从事中日友好工作。他在其著作《我的朋友鲁迅——鲁迅挚友内山完造回忆录》一书中，回忆了和鲁迅在一起的点点滴滴。这里仅摘录他记述的鲁迅捐献100元大洋的故事。

有人给鲁迅先生寄来了一百块稿费。正好赶上先生来我店里，我就把稿费的事情对他说了。先生听后对我说道："那今天就把那一百块给我吧，正好我有点儿用。"我听后马上把钱给他了。

我俩刚闲聊了一会儿，有个女人过来找先生。先生转过去听了会儿那个女人说话，就把我刚给他的一百块钱给了那个女人。那女人只说了一声谢谢，拿着一百块钱就匆匆回家去了。

要知道，在鲁迅先生的生活里，一百块钱绝不是一笔小数目。我忍不住问先生："怎么了？发生什么事情了？"先生说道："那个女人的丈夫，因为一个朋友的谗言，前段时间被关进苏州监狱了。这个女人正好从事解放运动。几天前从监狱方面传来消息，说是只要带三百块钱过去就把人给放了。她自己和朋友只拿得出两百块，另外一百块怎么也拿不出来，所以让我借一百块钱给她，于是我就把钱给她了。"

那个女人可能被骗了，我想要不要提醒先生一下呢？最后我还是忍不住问了先生那人到底和他是什么关系。先生对我说道："那个女人和她丈夫都是我在北平时候的学生。我也知道她是被人骗了，中国监狱的那些狱警很多都不是好东西，编编谎话欺骗这些可怜人的不在少数。这个女人应该也是被这些流氓给骗了，但是这会儿我不能告诉她这些。她拿钱走的时候应该心里充满了希望吧，算啦。"

我一时还真的体会不到先生说的这些，不过要是换了我站在先生的立场上的话，我是绝对不会拿钱出来的。而且我会明明白白告诉那个女人她被骗了，劝她别去。

听了我的想法，先生说道："老板，你可以把立场再换一换呢。如果你是那个女人，而我像你刚才说的那样劝你不要去，你肯定会迫于无奈答应下来，但是心里边一定很绝望吧？"

先生的话让我脸红起来。紧接着他又说："按照中国人的习惯，是不应该拒绝的。这种时候，如果你手上有，不论出于什么原因都要借给她。这是一种习惯。"

我问先生这种只要有就不会拒绝，是不是为了"面子"？先生笑道："不不，不是为了面子什么的。这样做并没有什么条件，对于有的人来说，只要一无所有、生活困难的人有需求，能帮忙的话帮一把不是理所当然的事吗？哈哈哈。"我听后，再一次感觉惭愧起来。

人生面临很多诱惑，经受很多考验，其中很重要的是要经受金钱的诱惑和考验，要正确看钱、正道挣钱、正常花钱。这不仅是一个经济问题，而且是一个政治问题。人不能把金钱带进坟墓，金钱却可能把人送进坟墓。

有的人为了钱而当官，当了官就捞钱，捞了钱就变成贪官，这就是贪官的"三部曲"。当官为了钱，升官为发财，其实就是"一切向钱看"的翻版。一个拜倒在金钱脚下的官，被金钱迷了心窍的官，哪里还会有心思为人民服务？

在物欲横流的时代，现在有人提出要过一种简单的生活。欲望简单，食求饱，衣求暖；广厦千间，夜眠五尺；存粮万担，日食三升；不向往不劳而获，不觊觎不义之财；君子爱财，取之有道；命里有时终须有，命里无时不强求；物质之外、心灵之中，还有花卉草木、清风明月。

莫言得了诺贝尔文学奖，刘光标提出要在北京赠给他一套别墅，被莫言本人和他的父亲、哥哥坚决谢绝了。他们表示，不劳而获的意外之

做人要做雷锋那样的人
——将军和当代大学生漫谈学雷锋

财决不接受,这充分体现了作家和家人的高风亮节。

有一本书把世上的人分为这样几类:我的是我的,你的是你的——这是普通的人;我的是你的,你的是我的——这是相爱的人;我的是我的,你的也是我的——这是坏人;你的是你的,我的也是你的——这是圣贤。

凡是你自己做出来的,哪怕再少也是你的;凡是你贪占的,哪怕再多也不一定就是你的。得到的太多却享用不完,早晚也不是你的,还不如拿出一些与别人分享,反而就成了你的。

下面讲几个故事,内容都是关于正确对待金钱方面的。

第一个故事,讲讲亚历山大的三个遗愿。

亚历山大是一位伟大的国王,被誉为西方第一大帝。在征服了许多王国胜利返回的途中,他病倒了。此刻,占领的土地,强大的军队,锋利的宝剑和所有的财富对他来说都毫无意义了,他明白死神很快就会降临,他已无法回到家园。他对将士们说道,"我不久将离开这个世界,我有三个遗愿,你们要完全按我说的去执行。"将士们含着泪答应了。

"第一个遗愿是,我的棺材必须由我的医师独自运回去。"亚历山大喘了口气,继续说道:"第二,当我的棺材运向坟墓时,通往墓园的道路要撒满我宝库里的金子、银子和宝石。"亚历山大裹了裹毛毡,休息了片刻,"最后一个遗愿,是把我的双手放在棺材外面。"聚集在他身边的人都很好奇,但没人敢问为什么。亚历山大最喜爱的将军吻了吻他的手说,"陛下,我们一定会按您的吩咐去做,但您能告诉我们为什么要这么做吗?"

亚历山大深深吸了一口气,说道:"我想要世人明白我刚刚学到的三个教训。我让医师运载我的棺材,是要人们意识到医生不可能真正地治疗人们的任何疾病。面对死亡,他们也无能为力,希望人们能够懂得珍爱自己的生命。第二个遗愿是告诉人们,不要像我一样追求金钱。我花费了一生去追求财富,但很多时候是在浪费时间。第三个遗愿,是希望人们明白,我是空着手来到这个世界的,而且我空着手离开了这个世界。"说完他闭上了眼睛,停止了呼吸。

第二个讲讲半床棉被的故事。

那是三年经济困难时期,有一个年刚18岁的小伙子,家里穷得揭不开锅。母亲用最后一点玉米面给他做好干粮后,就死去了。他除了一床被子和几个窝头之外,没有其他任何物品。

拿着村里开的介绍信,他踏上了讨饭的道路。可惜那时全国几乎没有能吃饱饭的地方,他身上最值钱的东西就是那床被子,那是父母结婚时的被子,八成新,就是再饿,他也没有舍得卖。

路过一个小村子时,他去了一户人家。让他吃惊的是,那家比他还穷,一个跟他年龄相仿的年轻人,还有倒在床上饿得不能动的老奶奶。年轻人的父母都饿死了,家里一点食物也没有,他把手里仅有的一个窝头给了老奶奶。晚上睡觉时,他发现这个家里居然没有一床被子,有的只是一堆破棉絮!

第二天早上,他走的时候问那个年轻人,有剪子吗?年轻人点点头,把剪子递了过来,他拿起剪子毫不犹豫地把自己那床被子剪成两半。他对年轻人说,咱们都凑合着把这个冬天熬过去就好了。

年轻人和老奶奶都哭了。年轻人说,如果今生有缘,我们还会相见。

那是1961年的冬天,是中国最冷也最无奈的一个冬天。

30年后,一切都发生了翻天覆地的变化。当年那位送给别人半床被子的人,已年近半百,儿女成群,住着几间平房,过着很平常的日子。

偶然的一天,从远方来了一个陌生人找他,这人打扮得像个港商。他和香港人没联系啊,要联系也是领导的事啊,和他这个老百姓有什么关系?

车上下来的人问他,记不记得30年前给过一家人半床棉被,他点了点头。那人握住他的手说,我就是当年那个年轻人。是那半床棉被让我有勇气度过了那个冬天,并慢慢成功。我一直在找您,因为只有一床被子还剪给别人一半的人，一定是有情有义的人。中国人一向讲究滴水之恩，当涌泉相报，自己有钱了，应该还了今生的夙愿！

隔了30年，两个年近半百的人把手紧紧握在一起，那人留下50万元钱，说是对那半床棉被的回报。他拒绝了。他说，雪中送炭，自古有之；锦上添花，就不必了。几句朴素的话更说明了他的为人。后来，他们用那50万元建了一所希望小学。

半床棉被，30年情缘，点滴之恩，涌泉相报。那半床棉被，价值连城啊！

第三个讲讲"人生至宝"的故事。

古时候有一位农夫耕田时，发现一块无价的玉石，便把他拿去献给宰相。宰相看到玉石后，对农夫说："这块玉石的确很有价值，但是我不能收。"农夫说："我平时一无所有，无意中得到这块宝，可以说是我一生中仅有的宝，想要呈献给您，请务必收下，这是我的诚意。"说完他还不断拱手请求。

宰相说："这块玉石是你仅有的宝，你应该留着，我也有我的宝，'不取非分之物'就是我仅有的宝，也请您让我好好保有。"

这个故事的确有很深的含义，人生在世，有人以有形之物为宝，有人则以无形的本分和品德为宝。

人假如不能守本分，便失去人生的原则，遇事就会慌乱无措。急功近利者难守本分，把世间的事情想得太复杂，又追求得太多，总是挣扎在得与失之间。得，就容易得意忘形；失，就会失魂落魄，变成真正迷惘的人。

待人处事，最重要的就是要有平常心。不论得失，秉持做人本分，心存感恩，能保持清静无欲的心念以及无所求的付出，这才是人生至宝。

讲了以上三个故事之后，我想进一步谈谈正确对待金钱的问题，因为这个问题太重要了！我还觉得，远古时代的仓颉实在伟大，他所创造的汉字，不仅能够记载思想和语言，还能告诉人们如何对待金钱。有些汉字，实在很有讲究，很有意思。

古时候，做生意用的钱是贝壳，其价值按贝壳大小优劣而定。《说文》中讲："至秦废贝行钱。"贝壳虽已废止，但汉字中的"贝"字，做偏旁时仍然与钱有关。

商品就是"货"，最怕"销售不畅"。"货"由"化"与"贝"组成。化者，变也；货就是变钱的。商谚云："货不停留钱自来"，薄利多销照样发财。

再拿"财"字来说，此字最妙，金钱加上人才就能创造出财富。"资"由"次"加"贝"组成，是指仅次于钱的东西，如资产（生产资料）、资历（人才水平）、资望（牌子、信用）、资格（产品质量等）之类，但又是必不可少的制胜法宝。

"赚"是"贝""兼"，辞典讲"兼"可作"加位"、"合并"解，"赚"就是使钱加倍、翻番。不过，赚字亦有贬义，可作"诓骗"解，同样是做生意，途径和手段大不相同，制劣造假诓骗消费者，虽然也是赚钱，却是道德败坏，图不义之财，罪大恶极。

"贪"由"今"和"贝"组成，"今"指现在、眼前，急功近利者只求眼前，不顾将来；只管捞钱，不问后果，这是由于自私所致，今日有钱今日花，"贪"是万恶之源，"人为财死"就是由贪而来。我给领导干部作报告，提出干部要清廉，不要贪污。这个"贪"字，就是今天一下子想得到好多宝贝。这个"污"字，是三点水加个"亏"字，你老想捞油水，总有一天要吃大亏。那时，也就悔之晚矣了。

"贫"字由"分"、"贝"组成，有钱乱花，把钱分散，就会造成"贫"。

再说这个"钱"字。钱之为物，人所共爱。玩味一下钱的结构，给人的启发实在不小。钱，用明人郑暄的话说："金旁着戈，真杀人之物，而人不自悟也。"君子爱财，要取之有道。取之无道而贪，迟早会有被"杀"的一天。"从来有名士，不用无名钱"，古人说得很有道理。

有人信奉金钱至上、金钱万能。说什么"金钱主宰一切","有钱能使鬼推磨","有钱办事事事通","除了天堂的门,金子可以叩开任何门","语言无法做到的事情,金子可以做到",等等。

有人则认为金钱是毒蛇,金钱是陷阱,金钱是一切罪恶的渊薮。说什么"贪财是万恶之源","我们靠金子活命,有的人却为金子送命","花过多的精力去赚钱,会使许多人窒息",等等。

还有人说,金钱不是万能的,但没有金钱是万万不能的,说什么"金钱是个好仆人,但是个坏主人","有钱是可怕的,没钱是可悲的","没有钱苦恼,有了钱烦恼",等等。

我们不禁要问:对于钱,为什么会有这么多不同甚至完全相反的看法?面对各种看法,正确的答案又是什么呢?

社会学家答曰:钱,决不是越多越好,当然也不是越少越好。这里,钱的多和少不是问题的实质,关键是要"取之有道,用之有度"。还有一个问题:在纷繁复杂的人类社会生活中,有没有比金钱更重要的东西?结论显而易见,那当然有!比如,用什么手段赚钱比赚多少钱更重要;比如,凡是用钱买不到的东西都比钱更重要,如健康、友谊、爱情、青春等等。"能用钱买来的都不贵。"

哲学家答曰:对于钱到底怎么看,有的是站在人生的源头,有的是站在人生的中流,有的则是站在人生的入海口,其阅历不同,经验不同,当然会各有所持,各有所识。但从哲学的角度审视,人们的认识完全可以更深入一步。比如,"富人很少是伟人,而伟人一般都曾经是穷人","贫穷而知足,不失为一种富有;富有而不知足,最后则可能一无所有","有数的钱,多数人都会花用;太多的钱,只有少数人会享用","钱多而有头脑,带来的可能是幸福,钱多而糊涂,带来的可能是不幸","钱袋轻的人有时心事可能很重,但钱袋重的人只会有短暂的轻松",等等。其实,一个最后"穷"得只剩下了钱的人,一定活得很累,很乏味,并无真正的幸福可言。

教育家答曰:中国的传统观念是重义轻利,对"见利忘义"是嗤之以鼻的。然而,在一段时间里,却有人为"唯利是图"正名,甚至把全心全意为人民服务扭曲为全心全意为人民币服务,岂非咄咄怪事!殊不知,钱多了有人便奢侈,有人便腐化,甚至有人便堕落,即使是一般的吃喝玩乐,吃得过分会脑满肠肥,喝得过分会病入肝肾,玩得过分会玩物丧志,乐得失度也会乐极生悲。

相反,不贪图享乐,不贪得无厌,而是淡泊明志、宁静致远,这难道不也是一种充实和富有吗?

钱本身是单纯的,复杂的是社会和人本身。因此,对钱,我们要有清醒的认识和恰当的把握;当我们有钱之后,应该想想我们还缺少什么。这样的人生,便可能是智慧的人生。

(十)学习雷锋同志"一家人"的鱼水精神

记得是在58年前,我刚上初中的时候,读过一本小册子,书名是《毛主席青少年时代的故事》。书中的很多内容已经淡忘了,但书中讲述的毛主席少年时的两件小事,却一直铭刻在我的心中。

一件事是,那是收打稻谷的时候,眼看天要下大雨了。毛主席没有抢收自己家堆放着的稻谷,而是首先帮邻居家抢收了,自己家的稻谷当然就"泡汤"了。为了这件事,毛主席还挨了父亲的一顿骂。

另一件事是,大概在一个冬季,毛主席路遇一个和他岁数差不多的少年,穿得很单薄,冻得浑身瑟瑟发抖。毛主席毅然脱下自己的上衣,给那位少年披上了。

雷锋离开湖南到鞍钢之前,特意去了一趟韶山冲,瞻仰了毛主席故居和毛主席纪念馆。我想,雷锋大概也听说了毛主席少年时的这两个故事。

雷锋参军以后,认真学习毛主席著作,学习革命先烈和战斗英雄的光辉事迹,懂得了"怎样做人,为谁活着"的道理,树立了全心全意为人民服务的思想。雷锋最难能可贵的,就是言行一致,理论联系实际。他不是把"为人民服务"当做口号去空喊,而是落实到日常的实际行动中,为人民群众做了一件又一件好事、实事。

过去人们常说:"雷锋出差一千里,好事做了一火车。"而雷锋少年

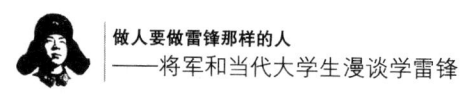

做人要做雷锋那样的人
——将军和当代大学生漫谈学雷锋

时的挚友、湖南望城雷锋纪念馆荣誉馆长雷孟宣说得更全面：雷锋是"走出去，爱一线；住下来，爱一片"。这两句话是雷锋时时处处不忘为人民群众做好事的生动写照。

雷锋在鞍钢当工人时，有一次，他碰到一个老人，在冬天早晨没穿棉衣，雷锋就脱下了自己的棉衣，送给了他。老人激动得说不出话来，请雷锋到他家去。这位老人在旧社会给地主放过20多年羊，在新中国当了工人。他有个70岁的老母亲，爱人也50岁了，还有3个孩子。雷锋后来又送了几件衣服给他家，并常到他家探望。那位老人很感动，还要认雷锋当干儿子。

雷锋到了部队以后，在这所大学校里，他的思想得到了升华，工作上做出了突出成绩，加之他苦大仇深，对新旧社会对比有深刻的感受，所以在他成为先进典型之后，经常应邀到各地去作报告。他走到哪里，就把好事做到哪里，这就是"雷锋出差一千里，好事做了一火车"这两句话的来历。

1961年8月，雷锋作为全团官兵的唯一代表，参加了抚顺市第四届人民代表大会。雷锋看到有六位六七十岁的老太太也是人大代表，从内心里对她们十分羡慕和崇敬。见到她们，雷锋就好像见到了自己的祖母一样。雷锋拉着她们的手，微笑着向她们问好，并把她们一个个送到宿舍，和她们拉家常，给她们倒茶、打水。

1962年4月的一天，雷锋去原长春机要学校作报告。火车上人很多，雷锋给一位老太太让座，并给她倒水。老太太没吃午饭，雷锋又拿出自己没舍得吃的面包给她吃。这位老太太很受感动，紧紧地握着雷锋的手说："好心呀！好心人！"

除了照顾这位老太太，雷锋还扫车厢、擦玻璃，给旅客们倒开水，帮炊事员卖饭。很多人劝他休息一会儿，雷锋想：为人民服务嘛，少休息点又算得了什么呢！很多旅客议论说："这位解放军同志真勤快，什么都干，累得满头大汗也不休息。"而雷锋却觉得，"自己累一点不算什么，只要大家多得些方便，这就是我最大的快乐。"

1962年5月2日，雷锋正在保养汽车，突然下起大雨。雷锋盖车的时候，看到路上有一位妇女，抱着一个小孩，右手还拉着一个五六岁的孩子，左肩上还背着两个行李包，走起路来很吃力。雷锋急忙跑上前，问她从哪里来，到哪里去。她说从哈尔滨来，到樟子沟去。她还对雷锋说："兄弟呀，我今天遭老罪了，带两个孩子，还背一些东西，天又下雨，现在天快黑了，还要走十多里路才能到家。现在我都累迷糊了，就是哭也哭不到家呀！"雷锋听她这么一说，心里很过意不去。便立即跑回驻地，拿着自己的雨衣给那位妇女，又抱着她的孩子，冒着风雨送她们回家。在路上，雷锋看到小孩冷得发抖，又立即脱下自己的衣服给孩子穿上。走了1小时40分钟，终于把她们送到了家。那位妇女激动地对雷锋说："兄弟呀，你帮了我，我一辈子也忘不了啊！"

雷锋对她说："军民一家嘛，何必说这个呢！"雷锋离开她家的时候，风雨还没有停，她劝雷锋住下。雷锋没有留下，心里想着，"刮风、下雨、天黑算得了什么！一定要赶回部队，明天照样出车。我是人民的勤务员，自己辛苦点，多帮人们做点好事，这就是我最大的快乐和幸福。"

雷锋当时给这位中年妇女披过的雨衣，作为雷锋的10件遗物之一，收藏在雷锋纪念馆里，成了见证雷锋关心帮助人民群众克服困难的一件宝贵文物。

1962年6月上旬，雷锋因公外出，在沈阳火车站乘车回抚顺。早晨5点钟，到了上车的时间，雷锋背着背包刚走近天桥，看见一位白发苍苍的老太太背着一个大包袱，走几步歇一歇，很吃力。雷锋急忙赶上前去，帮助老人背起包袱，搀扶她上火车。老太太累得满头大汗，喘了半天气，才对雷锋说了一句话："好孩子，大娘忘不了你呀！"

上了车，人很挤，雷锋给老人找了个座位，自己就站在老人的身旁。火车开动了，雷锋还没吃饭，肚子饿了，就拿出在车站买的两个面包，送给老太太一个。她接过面包，忙说："你这个当兵的，真好！"老人说她从山东来，到抚顺去找儿子，但又不知道儿子的住处。她掏出一封信让雷锋看，上面写的是"抚顺市××信箱第四宿舍"。这个地方雷锋也不知道，但为了使老人安心，就说："大娘，您莫急，有地址就好

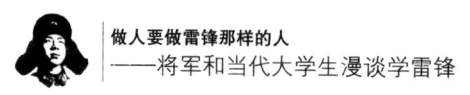

做人要做雷锋那样的人
——将军和当代大学生漫谈学雷锋

办,下了车我帮您去找。"6点多钟到了抚顺,雷锋把自己的背包存放在车站,背上老人的背包四处打听,走走停停地快到9点钟了,终于找到了,这个"××信箱"原来是个保密工厂。老人见到儿子,高兴得满眼是泪,说:"儿呀,要不是这位军人同志帮我找,今天很难见到你!"临走时,他们母子千感谢万感谢的,送出雷锋很远。

1962年8月8日,雷锋他们给一营二连拉粮食。这趟车是副司机开的,因他缺乏驾驶经验,遇到紧急情况,就手忙脚乱起来。因此,轧死了老乡一只鸭子。雷锋立即叫他停车,向老乡道歉,并给老乡赔偿了两元钱。老乡不仅没有意见,反而很受感动。

雷锋有时还帮助农民耕地、翻地。特别令人感动的是,1961年大年初一这一天,全连同志都高高兴兴地到俱乐部去看戏了。而雷锋却背着粪筐,拿着铁锹到野外去捡粪。这一天,他大约捡了300多斤粪,送给了抚顺望花区工农人民公社,用以表达自己的心意,以实际行动支援农业生产。

雷锋还担任抚顺市建设街小学和本溪路小学的校外辅导员,他帮助少先队开展了一些有益的活动,给小学生们讲毛主席小时候的故事、战斗英雄的故事,讲新旧社会的对比,还教他们唱歌、跳舞、赛跑、做操。雷锋还给少先队送了"三件宝":储蓄箱、节约箱、针线包。雷锋和孩子们交上了知心朋友,建立了深厚的感情。有时雷锋要去别的地方开会或学习,少先队员们知道后,总是把他围成一团,手拉手地把他送到车站,分别时总是恋恋不舍,有的孩子还掉眼泪呢!

雷锋时时想着人民群众,处处为人民群众做好事,有着牢固的思想基础,他真正树立了全心全意为人民服务的思想,继承了我军拥政爱民的优良传统。雷锋是唱着"我是一个兵,来自老百姓"的歌曲参军的。他还专门写过一首诗,题目就是《一家人》:

松柏树,根连根,
石榴结籽心连心。
解放军和老百姓,

本来就是一家人。

毛主席曾经有过一个生动的比喻："我们共产党人好比种子，人民好比土地，我们到了一个地方，就要同那里的人民结合起来，在人民中间生根、开花。"

毛主席还有两句很有名的诗："军民团结如一人，试看天下谁能敌！"

胡锦涛同志也曾经说过："只有我们把群众放在心上，群众才会把我们放到心上；只有我们把群众当亲人，群众才把我们当亲人。"这话讲得很朴实，也很深刻。

雷锋牺牲后，抚顺市成千上万的人民群众参加他的公祭大会。雷锋移葬到新墓地时，竟有 20 万人民群众为他送行，可以说是万人空巷、倾城出动，古今中外没有一个普通战士享受过如此哀荣。

这是为什么？就是因为雷锋时时不忘人民群众、处处为人民群众做好事。

在革命战争年代，我军根本没有固定的营房，行军到哪里，打仗到哪里，都是住到老百姓家里。老百姓也总是把最好的房子让给我们住。一住到老百姓家里，就帮助做好事，扫院子、担水，什么活都干。离开老百姓家里时，总是把睡过的门板安好，把铺过的稻草捆好。有时为了掩护老百姓不受敌人伤害，宁可牺牲自己。

那个时候，真是军民鱼水情深呀！

我看过一篇文章，讲述战争年代，贺老总怎么给部队官兵讲党课。贺龙拿着一双布鞋、一袋小米，还端着一碗水，里面放着一条小鱼，摆放到桌子上，接着就讲开了。

贺老总首先指着布鞋和小米说，我们穿的是老百姓为我们做的衣服、鞋子，吃的是老百姓供给我们的小米，我们千万不能忘记老百姓。

接着贺老总用手把小鱼从碗里捞出来，放到桌子上，小鱼蹦跶了几下子，就死了。贺老总说，我们军队就像鱼，老百姓就像水，我们一时一刻也离不开老百姓；离开了老百姓，我们就不能生存，就会灭亡。

听过贺老总讲过这堂党课的老红军、老八路，过了几十年之后，还

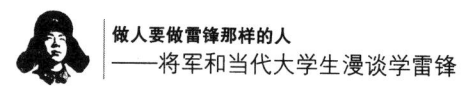

念念不忘，记忆犹新。

在《聂荣臻回忆录》中，也这样记载着在抗日战争最艰苦时期军民鱼水情深的感人情形：

一九四二年春天，青黄不接，群众和部队都发生了粮荒。入春后，杨树、榆树长出了嫩叶，老百姓就把树叶当成了主要的食粮。我们部队有的伙食单位请示能不能采集树叶，我曾要求军区政治部为此发了训令，部队所有伙食单位都不能在村庄附近采摘杨树叶、榆树叶，要把它留给群众吃。全边区部队严格执行这个训令，宁可饿着肚子，也不与民争食。

广大群众得知这个训令后，很激动。他们找到军区，找到边区政府，找到我，要求收回训令，说得十分恳切。群众说，抗战以前，我们穷人没有吃树叶的权利，因为，山上的树，都是属于地主的，地主不准穷人捋树叶。八路军来了，实行了减租减息，穷人才能上山捋树叶了。可是，眼下闹饥荒，为我们争得民主权利的八路军，自己却不能上山捋树叶，这怎么行呢！我向群众解释我军的纪律，同时告诉他们，我们正在想办法解决部队的粮食问题。

在解放战争中，全面内战爆发时，我军和国民党军总人数分别约为127万和430万，在广大人民群众的支援下，我军最终战胜敌人，赢得民族解放。

陈列在中国民兵武器装备陈列馆中的一根小竹竿上，密密麻麻地刻着山东、江苏、安徽等地的88个地名。这是淮海战役期间，山东特等支前模范唐和恩在支前途中每走一地就在竹竿上刻一个地名而形成的，见证了人民群众支前的壮举。

"军队打胜仗，人民是靠山"，这是一条颠扑不破的真理。我军的历史使命与人民群众的根本利益高度一致，因而得到了最广大人民的全力支援。

解放战争是中国历史上规模空前的一次战争。大军所至，维持作战的物资消耗极其巨大。一场大战下来，担架的需求量往往在几万副，粮食、马料动辄需要以几百万公斤计算，弹药更是不计其数。人民群众为解放战争提供了取之不尽的人力、物力支援。淮海战役中，各解放区人民为此掀起一场轰轰烈烈的支前运动。在冰天雪地里，几百万推着小车运送粮食的民工大军奔流在千里运输线上，构成一幅恢宏、动人的人民战争画卷。

无怪乎，时任华东野战军司令员的陈毅深情地说："淮海战役的胜利，是人民群众用小车推出来的。"广大人民群众的支援，有力地保证了解放战争的节节胜利，充分显示了人民战争的巨大威力。

我军同广大人民群众的血肉联系是我军战无不胜、攻无不克的一大法宝，也是我们这支人民军队不竭的力量源泉。无论战争形态怎样变化，这个道理永远不会过时。

新中国成立以后，特别是到了现在，我们住进了条件较好的营房，离老百姓远了。首先应该承认，我军绝大多数官兵，牢记拥政爱民的优良传统，每当人民群众遇到困难时，比如遇到地震、洪涝等自然灾害时，我军官兵总是在第一时间冲到第一线，宁可牺牲自己，也要抢救人民群众的生命财产，得到了人民群众的爱戴和拥护，称我军官兵是新时期"最可爱的人"。

我军也不断涌现出舍己救人、壮烈牺牲的英雄人物。比如青年军官沈星不顾个人安危勇救落水儿童，最终壮烈牺牲，就是突出的一例。

他被打捞上来时，穿的是半截袖体能训练服上衣，手往上托，还保持向上推人的姿势。看到这种情景，参与搜救的许多人当场就哭了。

沈星走了。在他宿舍的台灯上，挂着一张小小的蓝色卡片，这是他生前写给自己的座右铭：什么是共产党？共产党是一种精神，一种感召，是把优秀的人、高尚的人凝聚在一起的力量！

但也不必讳言，现在的党群关系、干群关系、军民关系不如战争年代那么密切了，少数党员、干部甚至违法乱纪、腐化堕落、贪污受贿，在人民群众中造成了极为恶劣的影响。

我在这里，给大家讲个"耿飚之问"，值得引起我们的深思和警惕。

做人要做雷锋那样的人
——将军和当代大学生漫谈学雷锋

1991年，耿飚从领导岗位上退下来，同夫人去了甘肃陇东某县，看望父老乡亲。

晚饭后，耿飚住的县招待所外人声鼎沸，黑压压来了一群告状的老百姓，诉说他们对县乡干部的不满，怎么劝说也不肯离开。

这件事对耿飚震动很大，干群关系恶化到如此程度，令他痛心。

耿飚离开的那天，会见了包括省委负责人在内的各级干部，他的心情十分沉重，讲述了一件往事。

50年前，他所在的旅在这里驻防，一个战士犯了严重损害当地群众利益的错误，旅部决定按纪律将他枪毙，当地老百姓知道这件事后，一下子来了一大群人，替那个违反纪律的战士求情。

耿飚说服群众，要坚持执行纪律。这时，群众都齐刷刷地跪下了，哭着说：共产党人都是好人，请饶了这个战士，让他戴罪立功吧！

耿飚反复向群众说明八路军的纪律，可是，群众就是不起来。最后，他们流着眼泪接受了群众的要求。

说到这里，耿飚激动地大声说："现在，我要问问今天在座的你们这些人，不管哪一个如果犯了事，老百姓还会替你们求情吗？"

他语出惊人，全场鸦雀无声。

下面，我再讲讲党群关系、干群关系、军民关系问题。

中国封建士大夫阶级处在上升阶段时，同样明白人民群众不可战胜这一道理。他们把自己与群众看做是舟与水的关系，常常以"水可载舟，亦可覆舟"的道理自励，从而把人民当做实现他们私利的工具。

我们共产党人有着比封建士大夫更深刻的认识和更广博的胸怀。明白人民群众与我们是血肉相连、生死相依的亲人。我们共产党人来自人民，为着人民，相信人民，依靠人民。除了人民的利益之外，我们党没有自己的特殊利益。我们之所以这么宣誓，这是由我们党的性质和宗旨所决定的。能否把群众当亲人，不仅关系到党的一般的工作作风与领导干部的生活作风，更关系到唯物史观这一马克思主义的理论基石，关系到中国工人阶级的先锋队同时也是中国人民和中华民族先锋队的阶级性质及群众基础，关系到全心全意为人民服务这一党的根本宗旨。我们的党与人民群众应该是须臾不可分离的鱼水关系；不是被人利用的舟水关系；不是互不相干甚至互不相溶的油水关系；也不应是实用主义的蛙水关系，需要时跳到水里游会儿，不需要时就跳到岸上享受着自己的"安乐窝"；更不应是水火不容的对立关系，如果是水火关系，那么我们这个党就离寿终正寝不远了。

最后，让我们以雷锋写的最后一篇日记（写于1962年8月10日，离他牺牲只有5天时间了），作为这一部分的结语：

今天，我认真学习了一段毛主席著作，其中有两句话对我教育最深。毛主席教导我们说："虚心使人进步，骄傲使人落后。"这是千真万确的真理。过去，我在一切言论或行动中，按主席的教导做了，因此我进步了；现在，我仍要牢记主席的这一教导，坚决努力，要求自己更好地做到这一点。

今后，我要更加热爱人民和尊敬人民，永远做群众的小学生，做人民的勤务员。

做人要做雷锋那样的人
——将军和当代大学生漫谈学雷锋

四

我们今天怎样学雷锋

在谈这个问题之前,我想讲讲今年4月份我去长春两所大学演讲时遇到的事情。那次和我一起去演讲的,有全国著名劳模李素丽和"北京活雷锋"孙茂芳。

作第一场报告时,孙茂芳突然问了一个问题:知道刘英俊同志的请举手!下面坐着黑压压的一片人,竟无一人举手。孙茂芳接着问:知道香港歌手刘德华的请举手!下面坐着的人齐刷刷地都举起了手。

你们还知道刘英俊吗?你们可能不知道了,但是现在在长春读大学的学生们应该知道。人民的好儿子刘英俊,1962年7月入伍,1966年3月15日在佳木斯为了保护六名儿童的生命英勇献身,当时即被誉为"人民的好儿子",全国、全军开展了向刘英俊学习的活动。2009年国庆60周年时,被全国人民投票评为100名"感动中国人物"之一。刘英俊生前在日记中曾写到:"雷锋啊,我的战友,你的生命在我身上延续,你的热血在我身上沸腾!"刘英俊的故乡是长春,长春建有"刘英俊纪念馆",他的故乡更名为"英俊乡"。现在,如果外地的大学生不知道刘英俊这个名字,还情有可原,但是,在长春的大学生无论如何对刘英俊不应该陌生。面对此情此景,我向现场采访的报社、电视台、广播电台的记者们建议:你们可就今天这样的对比,在媒体上展开一场讨论,看看得出怎样的结论,我想这样对长春人乃至整个吉林人,可能有所启迪。但是,记者们对我的这个建议却未置可否。

第二天,我们到另一所大学演讲,我提出了同样的问题,结果遇到的情况和第一天完全一样。这件事情,对我刺激太大了,真是匪夷所思。

回到北京之后,我把这两次"遭遇"对一些朋友讲了,他们称之为"退休将军的两声叹息",都感叹不已。

这两次"遭遇",使我想起了一位名人所说的话:"一个民族是否伟大,不仅看它能产生什么样的人物,更看它拥戴什么样的人物。"我还想起了著名作家郁达夫悼念鲁迅先生逝世时说的一段话:"一个没有英雄的民族,是一个毫无希望的生物之群;有了英雄而不去珍惜、爱护的民族,则是可怜的奴隶之邦。"

但愿平凡而伟大的共产主义战士雷锋,不会受到刘英俊这样的冷遇!

下面,我就讲讲我们今天应该怎样学雷锋的问题。

(一)学雷锋,要提高认识

学雷锋,首先要解决学不学的问题。

对于这个问题的回答是肯定的:我们过去学雷锋,现在学雷锋,将来还要学雷锋。从小就要学雷锋,到老还要学雷锋。雷锋和我军其他的英雄人物一样,有着共同的英勇奋斗的高尚精神,但这种精神不是像董存瑞舍身炸碉堡、黄继光舍身堵枪眼那样集中地体现在一刹那壮丽的行动上,雷锋是把崇高的理想和坚定的信念,熔铸于一点一滴的日常生活和平凡事情之中,并长期坚持不懈,这在和平年代尤为难能可贵。正如《雷锋,我们的战友》这首歌,把雷锋定位在"雷锋,我们的战友,我们亲爱的弟兄;雷锋,我们的榜样,我们青年的标兵"。意思是说,既然是战友,那就是普通一兵,是我们同一行列的人,但他又是我们的榜样,我们的标兵,是走在我们队伍前面的人,我们应该向他学习。我们可以这样说,在人民的心目中,雷锋已经成为"为人民服务"的代名词了。雷锋精神是中华民族传统美德和新中国社会主义时代精神的完美结合。雷锋精神是一种民族精神,是一个时代的象征,是一种美德的坐标,是一面光辉的旗帜,是一种精神的支柱。雷锋精神中包含的无私奉

做人要做雷锋那样的人
——将军和当代大学生漫谈学雷锋

献、助人为乐、忠于职守、勤勉工作等品格因素，也是人类的一笔宝贵的精神财富。正因为这样，不但我们中国人学雷锋，有些"老外"也学雷锋。有的国家甚至把雷锋评为"20世纪的伟人"之一。这说明人类的有些精神财富，是可以跨越民族、国家、阶级和时空界限的，是永远不会过时的。

有一位长期从事青年思想教育工作研究的同志，在给"雷锋班"全体同志的信中这样写道：

实践证明最适合广大青少年学习的英雄是雷锋，最能启发人培养人教育人的是雷锋精神。用雷锋精神育人，是我国共产主义教育的一条重要规律。

然而，现在有人竟说"今天思想解放了，还学雷锋精神干啥？学雷锋是思想僵化，搞'左'的一套"。我认为这是一种误解。雷锋不是"左"的典型，它是中华民族传统美德的的代表……没有精神文明相伴的物质文明，是黑暗的文明……因此，一定要大力弘扬雷锋精神，希望寄托在你们身上了！

同志们听听，这位地方上的同志说得多么好啊！我是完全同意他的看法的。社会主义市场经济，决不是不讲道德、不讲精神的经济，相反，它是法治经济、诚信经济。当年，市场经济理论的重要奠基人亚当·斯密在撰写《富国论》的时候，还同时倾心写过一部《道德情操论》。他认为："没有诚信、同情心这些最基本的道德观念，市场经济就会引发灾难。"因此，发展社会主义市场经济，更需要弘扬雷锋精神。当前，我们在党内和社会上，的确存在一些不正之风，甚至严重的腐败现象。这也说明，我们要从事关党的兴衰成败的高度，来认识弘扬雷锋精神的重要性、艰巨性和长期性。要使人民的生活过得更加美好，除了物质生活水平不断提高之外，更应在精神上崇尚富有。在社会主义市场经济飞速发展的今天，精神文明建设显得更加重要，雷锋精神仍然深得人心，仍然能够发挥作用。弘扬雷锋精神，是大家的共同呼声。时代呼唤雷锋，人民呼唤雷锋，人们希望有更多的人学雷锋，希望涌现出更多的雷锋式的英雄模范人物。

雷锋用他年仅 22 岁的生命，演奏了一曲壮美人生的乐章。他的生命虽然短暂，但它对人类贡献的伟大精神却是永恒的。雷锋永远活在生生不息的中华儿女心目中。随着时代的发展，雷锋精神必将在一代又一代中华儿女身上发扬光大。

（二）学雷锋，要抓住实质

早在 1990 年 10 月 29 日，江泽民同志在接见"雷锋团"官兵讲话时，就明确指出："雷锋精神的实质，是全心全意为人民服务，为了人民的事业无私奉献。学习雷锋，要有一定的活动方式，但更重要的是抓住实质……社会主义物质文明和精神文明要共同发展，相互促进。因此，一定要继续在全国开展学雷锋的活动，学习雷锋全心全意为人民服务的精神。"由此可见，雷锋精神，就是全心全意为人民服务的精神，就是为了人民的事业无私奉献的精神。只有抓住这个实质，才能深入持久、卓有成效地开展向雷锋同志学习的活动。

（三）学雷锋，要持之以恒

记得在"文化大革命"时，老百姓有一种说法，叫做"雷锋同志出国了！"在青少年中，也有一种说话，叫做"雷锋叔叔不在了"！这表明人们对不良社会风气的不满，也表明人们对雷锋同志的怀念和呼唤。

后来，虽然重新开展了向雷锋同志学习的活动，但又出现了热一阵冷一阵、紧一阵松一阵的现象。这时，人们又这样说了："雷锋同志没户口，三月里来四月走。"每逢 3 月 5 日纪念毛主席关于"向雷锋同志学习"的题词时，有组织地集中地开展一些活动，无疑是必要的，也是受欢迎的。问题是不能过了纪念活动之后，就悄无声息了。我们应当给雷锋同志落上"常住户口"，把雷锋精神的实质牢牢记在心中，把学雷锋的活动落实在日常的学习、工作和生活之中，这样才能持之以恒，收到成效。我们要以实际行动，让人民群众感受到："雷锋没有走"，"雷锋还活着"，"雷锋就在我们身边！""谁说雷锋没户口？我们身边处处有！"

有人提出，学雷锋要做到持之以恒，实现常态化，需要实现三个转变：一是在学习对象上，要以青少年和部队官兵为主，向全民参与转变。这样全社会的学雷锋活动就能历久弥新，蓬勃开展。从而使学雷锋活动成为全民传承崇高精神、提升价值追求的有效载体。二是在学习时间上，由季节性学习向全天候学习转变。学雷锋活动是持久性的常态化行为，不再搞"三月里来一阵风，三月过后一场空"。三是在学习内容上，由单方面学习向全方位、多层次学习转变。所谓全方位，即不只是记住雷锋的名字，仅单纯模仿他做好事，更要学习雷锋的理想信念、进取意识、敬业精神，学习他助人品质、朴实作风和无私情怀。所说多层次，即让雷锋精神融入我们工作、学习和生活的方方面面。

（四）学雷锋，要立足本职

要给雷锋同志落上"常住户口"，关键是要立足本职学雷锋。雷锋同志本身就是干一行、爱一行、专一行、精一行的榜样。他无论在地方上当公务员、当工人，还是参军以后当司机、当班长，对本职工作都是尽心尽力，干得最好。雷锋精神不仅仅表现在做好事上，更主要的是体现在如何立身、如何做人、怎样对待本职工作上。只有立足本职岗位实践雷锋精神，才算有了坚实的立足点，才能学得持久、学出成效。打扫卫生、做好事，当然还要提倡；但作为大学生，首要的任务是搞好学习、掌握本领，然后走向社会才能报效国家、服务人民。

学雷锋，要有一定的活动形式，但也不能一直沿用传统的老模式。学雷锋重在学精神，学雷锋首先要把本职工作做好。"各人自扫门前雪，不管他人瓦上霜"，固然不对；如果"不扫自己门前雪，专管他人瓦上霜"，那也是舍本求末。这样学雷锋，也难免流于形式，也难以长期坚持下去。

（五）学雷锋，要与时俱进

每一个时代都有着自己时代的英雄，每一个时代都有着自己时代的英雄观念，不同时代的英雄体现着不同的时代特色。英雄的崇高品质、奋斗精神与感召力量，是一个时代宝贵的精神财富。在新的历史时期向雷锋同志学习，要形成新起点，树立新形象，不仅要继承老传统，更要赋予新内容。

志愿服务是学雷锋的好形式。志愿服务所奉行的奉献、友爱、互助、进步的理念，与雷锋精神是高度一致的。当前，志愿服务拥有十分广泛的群众基础，甚至成为很多青年人的一种生活方式。应运用好这一有效载体，动员更多社会成员和社会组织投身到志愿服务中来，广泛开展扶老助残、帮困解难、便民利民等志愿服务活动，为社会奉献自己的爱心和力量。

中国有句古话："勿以善小而不为，勿以恶小而为之。"现在社会上广泛开展的"微公益"活动，体现在人民群众日常生活的点滴之中，值得大力提倡和效仿。

"微公益"，使普通人成为公益主体，激发了普通公民的公益热情，展现了积少成多的巨大力量。

近期中国社会科学院发布的《民间组织蓝皮书》披露，由于接连发生的网络事件，使得官办慈善机构遭遇空前信任危机，而这却为汇聚普通民众微小善意的"微公益"提速提供了可能。

时下，一种全新的，自下而上的"微公益"慈善模式，正受到公众，尤其是网民的追捧。越来越多的人加入这支队伍，集点滴之爱，捐绵薄之力，在新媒体技术搭建的现代化平台上，汇成温情脉脉的爱心洪流。

什么是微公益？或许，此前一群自愿者在广州岗顶进行"出行有序"的号召活动，做出了很好的诠释。不需要投入很多的精力和时间，仅仅从自己身边着眼，从为对方着想做起，如在人流高峰时，选择爬楼梯来减轻电梯的人流重负，即是其中的一种。不计较地一遍遍做就可以凝聚很大的力量，这或许正是微公益的真实形态以及人与人相处的一种真诚方式。

此前，一名香港艺人庆生之日发出微博，号召大家转发一则捐赠倡议。3天内，她的捐赠倡议被"拥趸"们转发了7.5万次，最终这名艺人践行承诺,向慈善机构捐出了8万元。明星的号召力自然不同凡响,普通人的真情微博同样打动人心。身患白血病的河南女孩"闪闪",就是由一名素不相识的网友发出义卖微博,凡有网民在其店铺购买指定货物,所付全款将全额作为"闪闪"后续治疗费用,最终20万元善款得以筹集完毕。在郑州大学,有290多名"筑梦基金"的志愿者。他们利用课余时间,在校园内搜集废品,把换来的钱放入"筑梦基金"。这个"拾荒行动",他们已经坚持了两年多,已经举办多次,发动了近1500名大学生志愿者进行校园拾荒、校园义卖、爱心支教等微公益活动,募集到21625元"筑梦基金"。利用"筑梦基金",志愿者们帮助了许多人,其中包括5名家境贫困的学生和身患重病的学生,并为玉树地震灾区筹集了善款。

这一切,看似天方夜谭,却实实在在发生在我们身边,不得不让我们对"微公益"刮目相看:1角钱、1元钱的"微公益",并不是想象中那样"微不足道"。有时,"微公益"的慈善主体既不是行政机关,也不是大企业、大财团。他们甚至没有过去大慈善者那种"行侠仗义"、"扶贫济困"的远大抱负,取而代之的是举手之劳的、轻松的甚至是寓慈善于娱乐的参与方式。正如常说的那样,"世界的改变不是少数人做了很多,而是每个人都做了一点点。"

不言而喻,"微公益"之"微",主要是指参与主体之"微"和力量之"微"。在人们的印象里,慈善无疑是政府、大机构和少数"成功者"的专利,乐施好善者往往有着"达则兼济天下"的心态,慈善成了道德竞赛,谁捐的钱越多,境界也就越高。但"微公益"改变了这种局面,它的参与者多数是社会普通民众,对于善举,它强调有无,而不追求多少。可以说,在人们的日常生活中,每个人都可以从身边做起,做改变世界的"一点点"事。正如一家"微公益"网络社区创建者所言:"其实公益很简单,当你走在马路上,看到一个路面上飘动的塑料袋,捡起来,然后放到正确的分类垃圾箱中,你就做了两件公益的事。"

"微公益"是源自草根的星星之火,网络则将这爱心之火引燃燎原。正是这种点滴之善,推动着慈善事业的进步。"微公益"所倡导的重在参与、自我管理的理念,也为现实社会管理提供了有益的借鉴。面对公民慈善的参与热情,政府所能做的,就是为"微公益"建立规范机制和游戏规则,引导其走上正规发展的道路。作为一种富有生命力的公益形态,诸多"微公益"组织也应当主动从传统的公益机构中寻找规范的经验,走专业化道路,方可有所作为。

  老一代革命家谢觉哉同志当年读了介绍雷锋事迹的文章和雷锋日记后,曾经写过这样富有哲理的诗句:"雷锋同志是平凡的,任何人都可以学到;雷锋同志是伟大的,任何人都要努力才能学到。"雷锋精神人人可学、处处可为。雷锋精神并非高不可攀,关键时刻挺身而出、见义勇为是学雷锋,献一次血、扶一把老人也是学雷锋,而且更多时候是举手之劳的平凡善举。我们每个人都应将雷锋精神根植心间、落实到行动中,从自己做起、从身边做起、从点滴小事做起。只要每个人伸出一双温暖的手,就能汇聚成爱的森林。我相信,雷锋精神必将生生不息,雷锋式的人物必将层出不穷。因为这既是时代的需要,也是人们的追求和向往。

第二部分

四位英雄人物的故事

雷锋

做人要做雷锋那样的人
——将军和当代大学生漫谈学雷锋

根据解放军总政治部的通知，全军和武警基层连队的荣誉室里，都统一张贴着8位英雄人物的画像和事迹简介，供官兵学习。他们分别是张思德、董存瑞、黄继光、邱少云、雷锋、苏宁、李向群、杨业功。前4位英雄都是雷锋当年认真学习的光辉榜样，而雷锋后面的3位，则是在他的影响下涌现出来的英模人物。

任何民族、任何国家、任何时代，都需要英雄。英雄崇拜是一个民族生生不息的能源，是许多人内心不变的情结。一位哲人有言："一个民族是否伟大，不仅看它能产生什么样的人物，更看它拥戴什么样的人物。"西方一位哲人曾经说过："当我们喂饱了肚子以后，不要忘记我们的灵魂、精神更需要丰富的营养。"1936年，著名作家郁达夫因惊闻鲁迅先生逝世的噩耗而写下了一段话，尤其值得我们深思："一个没有英雄的民族，是一个毫无希望的生物之群；有了英雄而不去珍惜、爱护的民族，则是可怜的奴隶之邦。"回顾我国千百年的历史，任何一个有学识有良知的人都会懂得，如果没有英雄，我们的祖国就不会有这么辽阔的土地；如果没有英雄，我们至今还可能在侵略者的铁蹄之下呻吟；如果没有英雄，我们仍然会过着贫穷落后的生活；如果没有英雄，我们也不可能享受到改革开放之后的幸福生活。这是千真万确的事实，我们任何时候都不能忘记英雄、背叛英雄。有些东西随着时光的流逝而流逝，但有一种东西是永远不会过时的，那就是精神，特别是英雄的精神，具有永恒的魅力。确实，一个民族只要拥有伟大的灵魂和精神，这个民族就是不可摧毁的。纵观世事，大到国家危难，小到救死扶伤，无不需要英雄。从某种意义上讲，多一个英雄，我们的国家就多一分希望，我们的民族就多一分希望。一个没有英雄的民族，是没有希望的民族。我们的民族需要英雄，我们的时代呼唤英雄。

正因为英雄具有这样重要的地位和作用，所以，我们党和军队历来重视培养英雄、宣传英雄、学习英雄。崇尚英雄，是社会进步的标志。继承前人的精神财富，是中华民族的优良传统。军队是英雄成长的摇篮。年轻军人处于世界观、人生观、价值观逐步完善的关键时期。年轻人崇尚英雄，乐于效仿，不甘落后，不愿示弱，并把英雄观建立在为祖国安全服务、为人民服务的基础上，这是成为英雄的重要条件和思想基础。我们的军队是执行革命政治任务的武装集团，是人民民主专政的柱石。军队的性质和使命，决定了崇尚英雄、敬仰烈士、张扬豪气、追求阳刚，应当成为革命军人的主旋律。现在，社会上有些"追星族"特别崇尚影视明星，有的甚至达到了如醉如痴的地步。对于这些人，我们不必过多批评，因为他们的思想还不够成熟，还没有找到那种坚定不移的榜样。而我们的年轻军人，应该崇尚和仿效的明星，无疑应该是英雄。英雄中有见义勇为、壮烈牺牲的英雄，也有久经磨难、为了一个坚定信念而百折不挠、在平凡中见伟大的英雄。这两种英雄都应该成为我们学习的榜样。在中国共产党和人民军队英勇奋斗的历史长河中，或金戈铁马，或慷慨悲歌，或仰天长啸，或壮怀激烈，叱咤风云的英雄人物不可胜数，平凡中寓伟大的英雄人物层出不穷。他们是我们中华民族的骄傲，是我党我军和我国人民的骄傲，他们的英雄事迹已经写进我党我军的光荣史册。

　　除了学习革命理论之外，雷锋特别注重向革命先烈和战斗英雄学习。在雷锋日记中，提到的英模人物就有二十多位。我们可以这样说，向革命先烈和战斗英雄学习，是雷锋成长为平凡而伟大的共产主义战士的重要原因，也是雷锋精神的重要思想来源。为了说明这个问题，让我们一起重点讲一下张思德、董存瑞、黄继光、邱少云这4位英雄人物的故事。

　　这4位英雄，是千千万万英雄的杰出代表，他们每个人既有作为英雄的共性，也有不同的个性。爱国主义和英雄主义是我们军队的重要精神支柱。英雄人物所具有的高尚品质和道德力量，凝聚着我们这支伟大军队的气质和灵魂。在他们身上，集中体现了人民军队的优良传统。他们的精神和品格，具有极大的鼓舞和示范作用。

　　根据我过去了解的情况和最近收集的材料，下面我准备比较详细而又力求准确地向大家逐一介绍一下他们的主要事迹，试图使他们的光辉形象在大家的心目中生动起来、鲜活起来、高大起来、挺拔起来，使大家有一群可信、可爱、可敬、可学的榜样。

做人要做雷锋那样的人
——将军和当代大学生漫谈学雷锋

一

张思德的故事

张思德（1915—1944），践行我党我军全心全意为人民服务宗旨的光辉典范。四川省仪陇县六合场（今思德乡）人。1933年参加中国工农红军，曾担任过警卫班长和毛主席的内卫班战士。参加过长征，作战勇敢，多次负伤。1944年9月5日，在陕北安塞县山中执行烧炭任务时，因炭窑坍塌不幸牺牲。9月8日，毛主席在中央直属机关为张思德同志举行的追悼会上，作了《为人民服务》的著名讲演，号召全党全军向张思德同志学习。

张思德同志是1915年"谷雨"时出生的，所以小名叫"谷娃子"。他1933年就加入了中国工农红军，经历了两万五千里长征。他爬过雪山，走过草地。在一次战斗中，他冲锋在前，不怕牺牲，消灭了敌人，夺得了两挺机枪，自己却受了伤。红军长征到达陕北之后，张思德进了荣誉军人学校，治好伤后被分配到中央军委警卫营通信班当战士。当时的张思德，是一位十分朴实的战士。他1.7米左右的个头，瘦长面庞，大眼睛，说话带着浓重的四川口音，与人见面总是笑眯眯的。

1940年，已当了8个年头战士的张思德，被任命为通信班班长。营教导员宣布命令后，张思德站起来说了这样几句话："我们这个班哪里的人都有，来自五湖四海，我们要搞好团结。"当时延安四面被国民党军队包围着，生活很艰苦。通信班12个人住在一孔窑洞里，铺盖非常简单。到南泥湾搞大生产时，部队就砍树枝搭成三角棚，大家挤在一起睡。有战士开玩笑说，夜里翻身要喊一、二、三才行。开荒的活异常累,吃的饭菜又很简单。平常就是小米干饭,青菜极少,一个月才改善一次伙食,见到一点肉。小米饭里沙子不少,吃饭时都不敢嚼,得赶紧咽下去。尽管这样,张思德还要求大家把掉在地上的饭粒捡起来。开荒种地时,张思德光着脚板,穿着短裤,特别能吃苦。作为班长,他处处以身作则,干在前头。可待到改善伙食时,他却总是往后溜,好让战士们多吃一点,这样他才感到高兴。那时部队的鞋袜都是农民支援的,发棉衣或鞋袜时他就不要,说我的还能继续穿,少领一点,就减少人民一点负担。张思德会打草鞋,不管是稻草还是野草,在他手里都能变成既好看又耐穿的草鞋。

后来,为了解决取暖问题,张思德所在的通信班就担负起在延安周边地区烧炭的任务。烧炭要打炭窑,洞口很小,里边很大,每次要出500公斤木炭。烧炭用的木材也很讲究,杨树不行,榆树、杏树可以,最好是橡树,烧出的炭不仅硬实,敲击当当有声,还如同刷过釉子一样,在阳光下呈现出闪烁的蓝色,可谓炭中上品。木材在窑中要立起来码放,还要会看火候。开窑出炭时非常辛苦,里边活像一座焚化炉。那时没有任何防护用品,连起码的手套都没有。人要爬进去,将木炭一根一根地传出来,外边的人接应晾上。进去一次,人就闷热得好似脱了一层皮。出来时,除了眼白和牙齿,浑身都是黑的。有的战士开玩笑说,谁要是感冒了,进去出一窑炭准好。干这种最脏最累的活,张思德总是抢在最前面。木炭晾好后,山沟里牛车进不去,张思德就和全班战士一起往山外背。在陡峭的羊肠小道上行进,一般同志只能背一捆,他却背两捆。遇到老乡,他还让老乡先过。

1942年11月,中央警卫团成立了。有一天,教导员找张思德谈话说,李鼎铭先生建议"精兵简政",警卫团不需要那么多人当班长了,你就下去当战士吧!张思德表态说:"党叫我当班长,我就要当模范班长;党叫我还去当战士,我就要当好一名战士。"就这样,参军已近10年的张思德,高高兴兴地到了警卫团一连四班,重新当了一名战士。后来,张思德又从四班调到近身保卫毛主席的内卫班当战士。

1944年夏季,张思德又奉命去安塞县石峡峪烧炭。9月5日,一个噩耗传来：因炭窑坍塌，张思德不幸牺牲了！事情是这样的：那天，张思德和一个叫白苍的战友在打炭窑时，突然发现洞内情况异常。张思德大声说："白苍，你赶快出去！"话音刚落，洞内就发生坍塌了。白苍被压住了腰部，张思德则被吞没了。外面的四五个战友急了，抄起镢头就挖土抢救，没有工具的就用手刨，把指甲都刨掉了。结果救出了白苍，张思德已经闭上了那双总是笑眯眯的眼睛。

遭遇如此不测，战士们跑回枣园向上级报告。警卫参谋马上报告给毛主席的秘书叶子龙，叶子龙又马上报告了毛主席。毛主席很难过，他熟悉张思德，很喜欢这个从雪山草地走过来的警卫战士。

战友们把张思德的遗体抬到村子里，毛主席指示派一辆汽车把遗体送到枣园。战友们把张思德的遗体安放在一座庙里，停灵3天，又买了口杨木棺材，把亲爱的战友埋葬在枣园对面的山坡上。

9月8日这天，中央警卫团为张思德召开了隆重的追悼大会，除站岗的以外，全部参加了。枣园下边的沟底，有一片比较开阔的平地，战友们搭起了一座棚子，贴上会标和标语，并采来野花布置了会场。当有关同志向毛主席汇报时，毛主席难过地掉过头去，慢慢地踱着步。良久，他才低沉地说道："知道了，我也参加。"

下午3时，会场上已经站了1000多人。毛主席从窑洞里走出来，几位工作人员在后面跟着。警卫团政治处主任张廷增同志致悼词后，毛主席开始讲话，他足足讲了40多分钟，全场鸦雀无声。大家清楚地看到，毛主席的眼窝闪烁着泪水。他那浓重的湘音，字字句句都说到了人们心里："人总是要死的，但死的意义有所不同。""或重于泰山，或轻于鸿毛。""张思德同志是为人民利益而死的，他的死是比泰山还要重的。"说到这里，只见毛主席宽厚的手掌由上往下一压，仿佛有千钧之重。"替法西斯卖力，替剥削人民和压迫人民的人去死，就比鸿毛还轻。"说到这里，毛主席又把手心翻转朝上，仿佛鸿毛就在掌心，随之还轻轻吹了一下。毛主席最后说："只要我们为人民而死，就是死得其所。张思德是个共产主义战士，大家要向张思德同志学习。"这篇重要讲话，后来经过整理，概括成仅有数百字的一篇文章，这就是那篇光照千秋的红色传世经典文章——《为人民服务》。毛主席在这篇文章中论述的"为人民服务"的光辉思想,成为我党我军的唯一宗旨。这篇文章教育和影响了一代又一代的共产党人和人民群众。每当人们想起"为人民服务"这5个大字时,不仅知道这是毛主席的教导,而且总是和张思德这个光辉的名字紧密地联系在一起。

做人要做雷锋那样的人
——将军和当代大学生漫谈学雷锋

二

董存瑞的故事

董存瑞（1929—1948），中国人民解放军著名战斗英雄。河北省怀来县人。1945年参加八路军，共产党员。曾多次立功受奖。1948年5月25日，在解放河北隆化的战斗中，当主力部队受到桥头敌暗堡火力威胁的紧要关头，担任爆破组长的董存瑞冲到桥下，毅然用手托起炸药包，拉燃导火索，炸毁暗堡，壮烈牺牲。所在纵队追认他为"战斗英雄"、"模范共产党员"，命名他所在班为"董存瑞班"。

《解放军报》1997年7月24日《人物与回忆》专栏，刊登了宋四根同志写的文章《董存瑞舍身炸碉堡的前前后后》。文中写道，"舍身炸碉堡的英雄董存瑞"当时所在部队的师长兼政委李光辉，已89岁高龄。老将军谈起董存瑞牺牲前夕的故事，仿佛就在昨天。

5月初

为配合即将开始的辽沈战役和华北战场杨罗耿兵团东进，十一纵队从朝阳出发，去攻打热河省（今河北省一部分）省会承德的大门——隆化。

沿途，各村庄被国民党十三军和土匪还乡团烧杀抢掠，糟蹋得不像样子。途经二沟村时，发生了一次战斗，董存瑞所在的六连连长身负重伤。董存瑞胸中怒火燃烧，时任班长的他带领尖刀班，快步如飞，在山谷中急行。突然发现前方村中起火，董存瑞把战士分成两个小组，向村里飞奔而去。那是房身沟村，国民党军发现我军开来，慌忙放火点着村里的房屋就逃跑了。这时熊熊烈火已笼罩了整个村庄，一间又一间的房屋在烈火中倒塌。战士们立即帮助群众救火，一座茅屋烧成一团火，可一位老大娘还哭喊着往火里跑。董存瑞马上想到屋里一定有她的亲人，便一步蹿上去，拽住老大娘，自己猛地冲进烈火中，顿时浓烟吞没了他。他在浓烟烈火中摸索，喘不过气来，头有些晕，但还没发现人，只好退出来换口气，又第二次冲进火海。无情的火舌猛舔着他，脸被火烧得火辣辣地疼，身上的衣服也烧着了，这些他全然不顾，只是急切地摸索，终于在水缸边摸到一个孩子。他赶紧把小孩抱在怀里，这时门框已被烈火烧毁，挡住了出路，他急中生智，一脚踹开窗框，纵身跳了出来。"轰"的一声，就在董存瑞出来之后，房顶坍塌下来。董存瑞笑着把孩子递给大娘，自己就地一滚，跑了。老大娘看着远去的救命恩人身上还冒着烟，两行热泪扑簌簌地滚了下来。

5月18日

部队开到了距隆化县城五里地的小山村——土窑子洞村。紧张的战前准备工作在进行着。从驻地往敌人前沿挖交通壕，每一锹都好像铲在敌人身上。他们不分昼夜地轮班挖，董存瑞鼓励大家："咱们加油干呀！早挖成一天，隆化就早解放一天！"在他的带动下，全班战士争先恐后地挖，提前一天完成了任务，然后又去支援兄弟班。第五天，部队全部完成了任务。接着，他们又捆炸药包，钉梯子，做火药支架。

5月24日

几位首长来到董存瑞他们驻地检查战前准备工作。董存瑞边吃饭边兴奋地和战友们议论着："嘿，这回又要干了！"上午，他几次去连部请战，要求当"爆破元帅"。11时，全营召开了"挂帅点将"战前动员大会。会上，董存瑞第一个站起来，要求首长批准由他挂帅。同志们都深知他机智勇敢，多次立功受奖，又是爆破能手，谁也不和他争，一致表示同意。董存瑞当上了"爆破元帅"，他点了战友郅顺义为"突击大将"，机枪班长为掩护组长，一班长为支援组长。然后，董存瑞代表大家表决心,他激动地说:"我们练兵辛苦为什么?去年打隆化我们一些同志牺牲了又是为什么?这回把最光荣的任务交给咱们了,没二话,天塌了也得完成任务!坚决响应党的号召,打倒蒋介石,解放全中国!在这次战斗中,我负伤不下火线,牺牲了当个掩体,死也要把隆化拿下来!"

隆化是承德的屏障,敌人在这里驻有一个团的兵力。在两年多的时间里,他们在县城周围修筑了40多个半永久性的碉堡,形成了相当坚固的防御体系。因此,敌人认为隆化固若金汤、万无一失。尤其是去年5月,我军曾连攻半月未克,敌人就更加嚣张。当我军包围隆化之后,敌十三军军长石觉在承德趾高气扬地吹嘘:"共军如能打下隆化,我就把承德白送给他们!"

激战前夜,董存瑞和战友们激动得睡不着觉,他们一会儿回忆过去的战斗,一会儿又谈起全国胜利后的理想。他们望着夜空,数星星,催月亮,早早就起了床。

5月25日

凌晨4时20分,根据上级的指示,下达了战斗命令。三颗绿色信号弹升入寂静的天空,接着便是震耳欲聋的炮声。战斗打响了!这时六连正在吃早饭,董存瑞和战友们蹲在地上,边吃边看着我军炮火轰击的苔山。苔山主峰上有座砖塔,在头一炮的硝烟中,就搬家了,敌人傻了眼。接着,敌人修筑的碉堡接二连三地不见了。不一会儿,胜利的红旗就插上了苔山上的顶峰。董存瑞高兴得直拍大腿,嘴里不住地喝彩:"嘿!打得真带劲、真痛快!"他们饭也吃不下去了,个个摩拳擦掌,等待着战斗命令。

5时25分,命令终于下来了!董存瑞所在的六连担任主攻,从城东北向隆化中学外围运动。敌人的机枪疯狂扫射,严密封锁着他们前进的道路。六连火力组、突击组、爆破组、支援组互相配合,敌人的碉堡一个个被占领,很快攻破了旧衙门碉堡群。董存瑞带领爆破组连续爆破敌人4个炮楼、5个碉堡,顺利完成了扫清隆化中学外围工事的任务。

下午3时30分,我军发起第二次总攻,六连向隆化中学发起冲锋。

第二部分 四位英雄人物的故事

突然,敌人一阵机枪像暴雨般横扫过来。这突如其来的猛烈火力,把战士们压在一条土坎下面抬不起头来。原来,狡猾的敌人在桥上修了一个伪装得十分巧妙的暗堡,挡住了我军冲锋的道路。这时,董存瑞和战友们纷纷向连里请战,要求把这座桥形暗堡炸掉。连里派出李振德等3名战士去爆破,都没有完成任务。董存瑞看到战友伤亡,怒火满腔,他再次请战:"我是共产党员,我的任务不只是炸几个碉堡,现在隆化还没拿下来,怎么算完成了任务呢?别看我们人少,就是剩下我一个人,我也要完成任务!"这时,团部下达了紧急命令,要求六连火速从隆化中学东北角插进去,配合兄弟单位,迅速解决战斗。连队干部商量了一下,亲切地对董存瑞说:"好!你去吧,千万要注意隐蔽!"董存瑞握紧拳头说:"放心吧!不完成任务,我就不回来!"说着他从衣兜里掏出一个小纸包,递给指导员说:"如果我牺牲了,这就是我交的最后一次党费。"指导员接过小纸包,紧紧地握着董存瑞的手,深情地说:"你一定要回来,我们都等着你胜利归来!"

董存瑞夹起炸药包,弯着腰冲了上去。途中他的腿受了伤,鲜血洒在他前进的路上。他全然顾不上这些,抱着炸药包迅速冲到桥下。这座桥离地面有一人多高,两旁是砖石的,没沟、没棱,哪儿也没有安放炸药的地方。这时,嘹亮的冲锋号声响起,部队像潮水般地向隆化中学涌来。敌人还在进行垂死挣扎,暗堡上的砖头一块块被捅开了,十几个枪眼一齐喷出火花,罪恶的子弹像暴雨般地射向我军冲上来的队伍。董存瑞看了看桥顶,又看了看冲上来又倒下去的战友,他焦急万分,"为了消灭敌人,就是粉身碎骨,也要把敌人的碉堡炸掉!"只见他用左手托起炸药包,紧紧地贴住桥底,从容镇定地用右手拉开导火索。导火索嗞嗞地冒着白烟,急速地燃烧着,敌人从侧方炮楼射出的子弹穿过桥底,擦着董存瑞的衣服,他全然不顾,强忍着左腿的剧痛,像一个钢铁巨人,昂然挺立着。他用尽气力,铿锵有力地喊道:"为了新中国、冲啊!"随着一声天崩地裂的巨响,团团浓烟冲上了天空,一股热浪翻卷而起,敌人的暗堡被炸毁了!隆化解放了!董存瑞用他的鲜血和生命,为部队开辟了前进的道路!

在河北省隆化县北郊,有一片松柏常青的园林,杰出的战斗英雄董存瑞就长眠在这里。走进烈士陵园,可以看到,在董存瑞左手擎起炸药包、右手拉燃导火索的高大塑像后面,在葱郁的松柏中,矗立着一座雄伟的英雄纪念碑。碑上铭刻着朱德总司令的亲笔题词:

舍身为国,永垂不朽!

第二部分
四位英雄人物的故事

二

黄继光的故事

黄继光（1931—1952），中国人民志愿军特级战斗英雄。四川省中江县人。中国人民志愿军第十五军四十五师一三五团二营通信员，1951年参军。在上甘岭战役中，当部队被敌人火力压制前进受阻时，他挺身而出，连续摧毁敌人多个火力点，身负重伤，继续爬向最后一个火力点。用胸膛堵住向我军疯狂扫射的敌人机枪眼，用生命为战友开辟了前进道路。所在部队追认他为中国共产党党员，志愿军领导机关给他追记特等功，追授"特级战斗英雄"称号，并获朝鲜民主主义人民共和国英雄称号和金星奖章、一级国旗勋章。

黄继光是四川省一个普通农民的儿子，在上甘岭英勇献身时才21岁，入伍刚刚一年。他是在减租反霸的高潮中入伍的。入朝作战时，黄继光在中国人民志愿军第十五军第四十五师第一三五团二营六连担任通信员。因这位四川籍战士军事技术好，脑子反应快，尤其在执行任务时善于"以智取胜"，所以深受连长万福来的喜爱。1951年10月6日，二营营长秦长贵特意找到万福来笑着说："跟您商量个事，把黄继光给我行不行？"见上级要"挖"最得力的通信员，万连长摆手说："不行！不行！"秦营长说："那就一个换一个吧！"万连长只好准备忍痛割爱。

8天之后，上甘岭战役打响了。6号阵地、5号阵地和4号阵地都相继拿了下来，然而六连的伤亡也很大。战斗打到10月19日凌晨，六连开始攻打0号阵地。0号阵地是通向597.9高地主峰的最后一个台阶。此时，六连只剩下5个人。万连长和指导员商量，决定他俩各带一个通信员，分两路上去爆破敌人的地堡。万连长当场向营参谋长张广生汇报，要他向上级报告他们上去了。可是，万连长的话还没说完，站在一旁的黄继光却猛地扑到他身上，抱住他说："只要我黄继光在，你们就不能上，一个连不能没有连长、指导员！你们相信我吧，我一定能完成任务！"接着，他又跑到营参谋长面前说："我肯定能完成任务，您相信我吧！"在这种情况下，万连长说："那好，现在我任命你为六班班长，通信员吴三羊、肖登良为六班战士。"万连长为什么要任命黄继光为六班班长呢？因为六班是个先进班、功臣班、英雄班。在前面的战斗中，六班的班长和战士已经全都牺牲了。

　　就要出发了，黄继光把藏在身上的心爱的物品都掏出来了。第一件东西是妈妈9月份的来信。这封信是万连长和他一起去营部开会时收到的。从营部回来后，他就请文化教员牛金新给他念信去了。到了吃饭时，万连长问小牛："小黄哪去了？"小牛说："他妈来信了，他还在那儿哭鼻子呢！""你把他妈妈的信念给我听听！"万连长说。"继光，你在朝鲜前线立功了没有？立的是大功还是小功？"小牛说出了信中这两句最重要的话。于是，万连长把黄继光叫到跟前说："小黄，就为这事不吃饭？还哭鼻子？告诉你，你现在是军人不是小孩，快吃饭去！想立功容易，我马上叫你上去参加战斗！"其实，在这之前，黄继光已经立了一次三等功。等他吃完饭，万连长嘱咐小牛："小黄已经立过一次三等功，你快替他写封信，告诉他妈妈。"黄继光听了却摇头说："不写，不写，三等功算什么！"

　　黄继光掏出来的第二件东西是入党申请书。这份入党申请书是文化教员小牛帮他写的，很短，只有几句话："连长、指导员：请相信我，为保卫祖国，消灭更多敌人，我申请在战斗中加入中国共产党。申请人：黄继光。"

　　黄继光掏出来的第三件东西是祖国赴朝慰问团给每个志愿军战士赠送的小红布袋和一条小手绢。

　　接着，他把妈妈的信、入党申请书和小手绢都装进小红布袋里，然后双手捧着，郑重地交给了指导员冯玉庆，说："营、连首长都在这里，如果我在这次战斗中牺牲了，就请首先写封信告诉我妈，告诉她老人家，她的儿子是在什么地方牺牲的，让她知道她的儿子没有辜负祖国的希望和她的希望。"

话音一落，他们三人就冲上了阵地。黄继光在左，肖登良在右，吴三羊在正面掩护，立刻把敌人的注意力吸引了过去。当时，万连长离敌人的地堡只有四五十米远，借着敌人的照明弹，黄继光三人的一举一动他在坑道里看得清清楚楚。只见他们一会儿冲上去，一会儿扑下来。在敌人的疯狂扫射下，时间不长吴三羊就不动了。又过了一会儿，肖登良也不动了。在离地堡只有 10 米左右的时候，黄继光也不动了。万连长见他们三个都不动了，急得不得了，连喊几声："小黄！小黄！"可没有任何反应。不一会儿，万连长惊喜地发现，黄继光又艰难地爬动起来了。可能是伤得很重，他爬得很慢很慢。当他爬到离敌人地堡只有四五米远的时候，猛地投出一个手雷，由于地堡坚固，从地堡里伸出来的机枪仍然恶狠狠地吐着火舌。黄继光又艰难地爬着、爬着，爬到敌人的地堡前，他用手抓住麻袋（敌人的地堡是用麻袋装着阵地上炸出的石屑垒起来的），艰难地撑起身子，然后松开右手，侧过头来，朝万连长这边望了一下，随即便义无反顾地用胸膛堵住了敌人的枪眼。黄继光最后一刻英勇而高大的形象，清晰而永久地留在了万连长的脑海里。

战斗结束后，指导员亲手把黄继光抱了回来。万连长用手电筒照着，仔细地检查了他的身体：身上的棉衣被火烧焦了，头部中了弹，胸部正中间堵枪眼的地方被打成了一个黑洞，脊椎骨被打断了，腿也被打断了。黄继光为夺取主峰打开前进道路，流尽了最后一滴血！

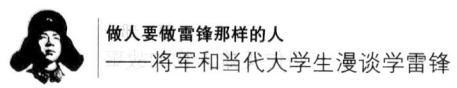

做人要做雷锋那样的人
——将军和当代大学生漫谈学雷锋

邱少云的故事

　　邱少云（1931—1952），中国人民志愿军的著名战斗英雄。四川省铜梁县人。1949年参加中国人民解放军。1951年参加中国人民志愿军。次年10月11日，部队奉命攻占敌军某高地，邱少云所在排潜伏在距敌前沿60米的蒿草丛中。12日12时敌军发射侦察燃烧弹，落在邱少云潜伏点附近草丛，烈火蔓延，燃着了他的棉衣、头发和皮肉。为不暴露潜伏部队，他双手插进泥中强忍剧痛，始终未动，直至壮烈牺牲。所在部队追认他为中国共产党党员，追授"模范青年团员"称号。志愿军总部给他追记特等功，并授予"一级英雄"称号。朝鲜民主主义人民共和国授予他英雄称号和金星奖章、一级国旗勋章。

　　邱少云是大家十分熟悉和崇敬的战斗英雄。60余年来，他在烈火中永生的高大形象，始终屹立在人们心中。从许多史料和他当年的战友们回忆，邱少云成名前后有许多鲜为人知的故事。

　　邱少云年幼时就父母双亡，孤苦无依，为了生活13岁就开始给人当雇工。先后干过泥工、饭馆跑堂等十几个职业。1949年12月，我人民解放军挥戈西南。邱少云参加了中国人民解放军，分配到当时的第十军二十九师一六八团九连当战士。

　　1952年10月，上甘岭战役打响。已经参加中国人民志愿军的邱少云随战友奉命于10月11日晚潜伏进上甘岭右翼阵地"三九一"高地前开阔地里的草丛中。12日12时，邱少云潜伏点附近草丛被美军发射的燃烧侦察弹击中，烈火迅速烧没了他，时年21岁。打完仗后，连里给邱少云报了三等功。

半个月后作战场总结，邱少云的指导员王明时被师里评为模范指导员。在报告材料中，王指导员就如何做好战士思想工作，促进后进战士转变为先进战士的经验作了汇报。王指导员讲：在到"三九一"高地潜伏前夜，我们连进行了动员。开誓师大会时，大家情绪都很激昂，纷纷表了决心，惟独邱少云不吭声。那天晚上，我和邱少云一直拉呱到一点半钟，我给他讲了许多道理，他终于打消了恐惧的念头，当场向我表示："严守战场纪律。"第二天中午时，一发燃烧弹落到邱少云身边，他忍着剧痛一动不动，牺牲了自己，换来了整个战斗的胜利。

有一位干事听后十分激动，他连忙说："这样的英雄怎么是后进战士呢？三等功不行，应报特等功！"之后，他又追问邱少云牺牲时的一些细节，王指导员只知道是烧死的，其他详情也说不清楚。二十九师政治部上报了一个简单经过，报请志愿军领导机关审批。

11月6日，中国人民志愿军领导机关追授邱少云特等功。但这件事也同时给人们留下一个悬念，即邱少云当时究竟是如何牺牲的？

给邱少云两次报功和他奇异的牺牲经过，引起了《人民日报》一位记者的注意。他叫郑大藩，是当时的随军记者。他看了邱少云的简要事迹后，产生了两个疑问：其一是燃烧弹落在了什么地方？是打中头部死亡之后燃烧起来的，还是从远处一点点烧死的？其二是他的身边有无水沟，谁看见了邱少云被烧死的经过？

1952年底，王明时指导员到志愿军总部作报告。郑大藩即把这两个问题提出，请王指导员解答。

王指导员答应对这件事继续进行调查。当时连队经过半年征战，减员很多，调入的新兵又没有参加潜伏战斗，知情的只有三班副班长李元新和战士李世夫。

王指导员即把他俩叫去询问。李元新回忆说："燃烧弹打在邱少云前面6米左右，是一米一米烧过来的，从头烧到脚，燃烧液溅到他的身上。当时我潜伏在他身后5米左右，亲眼看到他被烧死的经过。"

李元新和李世夫一起证明，邱少云右边3米处就有一条小水沟，如

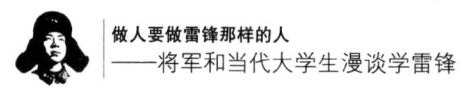

做人要做雷锋那样的人
——将军和当代大学生漫谈学雷锋

果邱少云愿意，只要一滚就可以活命。

　　李元新描述了当时的情景：燃烧弹开始烧了起来，我的心中为他捏了把汗。这时，他要站起来完全可以扑灭身上的火苗。但邱少云却一动不动。我猜测邱少云可能是这样想，他如果一动，潜伏在这里的几百名战友就有被全部消灭的危险。火焰已经从棉军装烧到他的头部，我甚至听到了邱少云的头发被烈火烧得"吱吱"发响，他的脸因剧烈疼痛而扭曲，嘴唇已经咬破了，两只手深深地插入泥土，似乎要打碎什么。烈火在他身上烧了大约30分钟。与我在一起的李士虎、柯大才都亲眼看到了事情的经过。我们几次本能地想站起来去扑灭他身上的火焰，但都克制住了。

　　到那天下午5点30分，太阳落下了西山，复仇的时刻终于来到了！猛然间，愤怒的炮弹，呼啸着飞向敌人阵地，"三九一"高地刹那间山崩地裂，腾起了冲天的硝烟。双眼滴血、满腔怒火的战士们高呼着"为邱少云同志报仇"的口号，勇猛地冲上高地，打得敌人乱作一团，只20分钟左右，就全歼守敌。胜利的旗帜，带着自豪的欢呼，带着为胜利献身的英雄的颂歌，迎风飘扬！

　　这些证明材料和见证人的描述，被迅速反馈到郑大藩手里。读着这一份份言辞确切、撼人心魄的材料，他非常激动。他连夜奋笔疾书，10天后，1953年5月18日，《人民日报》发表了那篇举世震惊的新闻名篇《伟大的战士邱少云》。这篇文章首次向全国乃至全世界披露了这位为了集体、为了胜利，而严守战场纪律、最后光荣牺牲的伟大英雄的壮举。祖国，永远不会忘记自己的忠诚战士；人民，永远不会忘记自己的优秀儿女。邱少云的名字，已成为严守纪律、自我牺牲精神的象征，永远铭刻在人民的心中。

第三部分

与大学生漫谈成人、成才、成家、成功

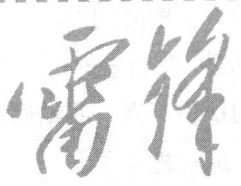

做人要做雷锋那样的人
——将军和当代大学生漫谈学雷锋

同志们、同学们！

大家好！同志们冒着酷暑炎热，来到这里听我作报告，令我十分感动。我是年近70岁的老人了，退休也已9年多时间了，退休以后我就不再穿军衣、敬军礼了，我改为我们中华民族传统的礼节，也是已经卸任的朱镕基总理喜欢的礼节，就是用拱手作揖的形式，向大家表示衷心的感谢！

今天来听报告的，有军校大学生，有地方大学生，还有依托地方大学培养的国防生。我下面讲的内容，尽量照顾到这三个方面的同学。

作为开场白，我先说明三个问题：

第一个问题是：我今天讲些什么？我主要讲大学生如何成人、成才、成家、成功。这里简单说明一下，"成家"不是成名成家的那个"成家"，是讲讲大学生的恋爱、婚姻、家庭问题。就是说，我今天主要讲八个大字：成人、成才、成家、成功。扩展开来说，是十六个大字：保证成人，力争成才，适时成家，追求成功。

第二个问题是：我今天怎么讲？我到哪里都讲这四句话：以老兵的身份，以朋友的心情，以谈心的形式，以说故事的方法来讲。我讲的没有多少深刻的大道理，主要是讲我自己的所经所历、所见所闻、所思所想、所感所悟。如果我讲的对大家的学习、工作、生活稍微有一点帮助的话，我就算没有白白浪费大家的时间。

第三个问题是：我与大家"约法三章"。我到哪里都讲这几句话。我首先说一说，我在家里的地位不高，我结婚以前是一把手，结婚以后变成二把手，有了女儿就变成三把手了。

2003年4月5日，我应邀到北大去作报告，接待规格挺高。北大的党委书记、博士生导师、中央候补委员闵维方同志也出来了。去之前我爱人和我女儿对我说，你在部队大小算个领导干部，部队组织纪律性严格，你讲得好也好，讲得差也好，反正人家得勉强听下来。你到北大作报告就非同小可了，北大的学生都是来自全国的尖子和"状元"，听

---

* 本部分为作者2009年6月22日在徐州工程兵指挥学院的演讲。

第三部分
与大学生漫谈成人、成才、成家、成功

说他们自恃甚高,"刀枪不入,油盐不进,软硬不吃",很可能你讲着讲着人家中途就退场了,剩下你一个"光杆司令",你就等着尴尬、难堪吧!所以,那天我做了比较充足的思想准备,我西装革履、昂首阔步地走上北京大学阳光大礼堂英杰交流中心,看到下面坐着黑压压的一片人。我上来就讲了三句话,并且对每句话进行了一点简单的解释。

我说的第一句话是"可以交头接耳说悄悄话",第二句话是"可以闭目养神打瞌睡",第三句话是"不愿听随时可以退场"。

第一句话"可以交头接耳说悄悄话",我在上边哇啦哇啦地大声讲,不影响你们在下边交头接耳说悄悄话,不限制你们的自由。

第二句话"可以闭目养神打瞌睡",我认为闭目养神打瞌睡对人的身心健康有极大的好处,比听大话、空话、废话、假话、官话、套话绝对有好处。而且我还一贯认为,听报告能打瞌睡的人,一般说来是心胸比较开阔的人,心胸比较开阔的人就能办成大事情。所以我在上边讲,看到谁打瞌睡,我不但不心生反感,反而顿生敬意。我就想,此人不简单,将来可能能办成大事情。

第三句话"不愿意听随时可以退场"。我引用鲁迅先生的名言:"无端地耗费别人的时间,就无异于谋财害命。"你哇啦哇啦讲,占了人家好多时间,没有任何用处,就无异于谋财害命。你们中途退场不是对报告人的不尊重,而是一种科学的、实事求是的态度。

好在我讲了这三句话以后,拉近了和北大学生的距离,报告中间掌声、笑声不断,上卫生间的还一溜小跑赶回来继续听。据跟随我的同志统计,那天整场报告中间的掌声多达83次,还有很多次笑声,这给了我很大的鼓舞。以后,我无论到哪里作报告,上台前都先讲这三句话,算是与大家"约法三章"。今天我与主持人商量了一下,如果出现这三种情况,有关的同志不会受到批评,因为这是我有言在先嘛!

下面,我在讲成人、成才、成家、成功之前,先讲讲当代大学生面临的机遇和挑战。

一代人有一代人的情况,一代人有一代人的特点,一代人有一代人的问题。我生于1940年,日本鬼子投降的时候我已经记事了。我读高

中二年级时，18岁就加入了中国共产党，高中毕业以后被保送到解放军原张家口外国语学院。

我们那一批人是在国家经济最困难的1960年参军的。那个时候有那个时候的情况，现在有现在的情况。我觉得现在的大学生遇到好时候了！新中国成立61年了，改革开放也搞了30多年，我们国家发生了翻天覆地的变化。国家有前途，青年就有前途！国家有希望，青年就有希望！我们国家现在正处于战略机遇期、经济高速发展期、人民生活水平明显提高期，我国的国际地位也日益提高。我很羡慕现在的年青人，你们比我们上军校的时候条件要好得多了。但我还是要说，一代人有一代人的情况，一代人有一代人的特点，一代人有一代人的问题。今天我先讲讲地方大学生面临的"五个不容易"。

第一个，考上大学不容易。根据世界上的通用标准，高中生升入大学，15％以下算精英教育，15％至50％算大众化教育，50％以上算普及教育。我国现在已经跨越了精英教育，进入了大众化教育。但是，越是边远、艰苦、贫困的地方，高中生考上大学越不容易。实事求是地讲，现在我们党和国家虽然努力争取做到教育平等，但要真正做到教育平等需要有个过程，现在实际上存在着教育不平等的问题。越是大城市、越是条件好的地方，高中生考上大学越容易；越是艰苦、困难、贫困的地方，高中生考上大学越不容易。

第二个，交足学费不容易。我们军校大学生有得天独厚的条件，大家的衣、食、住、行、用都是由军队包下来的，而地方大学生就不一样了。我到过全国20多个省市的地方大学作过报告，我了解到，供养一个大学生，家庭条件好的比较容易，家庭条件不好的是很困难的。所以家庭贫寒的地方大学生有一句话，"不上大学永远受穷，一上大学立刻变穷"。一上大学要筹措几万块钱的上学费用是很不容易的。有的父母亲脸朝黄土背朝天，辛苦地劳作，供孩子上大学。有的家长甚至捡破烂、卖血供孩子上大学。

有一个例子使我掉了眼泪。前年重庆郊区一个农民的儿子考上了大学，这家祖祖辈辈才出了这么一个大学生。为了给他筹措学费，父亲就扛麻袋挣钱，一麻袋有200多斤，一天扛了13个小时，倒在地上口吐鲜血，再也没有起来。贫困不是耻辱，不承认贫困还装阔才是耻辱。所以，我到一些大学作报告，经常送给贫困生四句话：从来纨绔少伟男，自古雄才多磨难。别人与我比父母，我与别人比明天！

第三个，拿到文凭不容易。有些地方大学生觉得，艰苦奋斗了十几年，总算考上大学了，该松松劲了。于是，就信奉"60分万岁"，一上大学就放松了。有的整天上网，成了网虫；有的整天学习"54号文件"，就是打扑克；有的整天研究"国粹"，就是打麻将。我到一所地方大学，校长、书记给我介绍情况，说我们这里有四种人：第一种人是"烟酒生"。不是"研究生"，而是一上大学就开始抽烟喝酒，是这种"烟酒生"；第二种人是"高财生"，不是那种学习好的高材生，而是家里有钱，花钱大手大脚的那种"高财生"；第三种人是一些"特困生"。不是家庭特别困难的"特困生"，而是一上课就老打瞌睡的"特困生"；第四种人是"留学生"，不是外国的留学生，而是我们中国的"留学生"，就是多门功课不及格，老毕不了业，老得留在我们这里继续学习的"留学生"。所以，学到毕业拿到文凭不容易。

讲到这里，我想起前几年看到的一篇题为《大学生"为什么不"》的小文章，感到很受启发，在这里给大家说说：

一位大学生为自己令人吃惊的行为提出了四个"为什么不"："学生时代玩起来最有味，为什么不玩？韶华易逝，为什么不好好打扮青春？到了长身体的最后巩固阶段，为什么不多多补充点营养？没钱，为什么不借？"

针对这种值得警惕的现象，有人针锋相对地提出了另外四个"为什么不"："趁着年轻时，为什么不多学点？青春年华好，为什么不多贡献点？长身体的阶段，为什么不早睡早起点？没劲，为什么不给自己鼓鼓劲？"

浙江广厦建设职业技术学院在大学生中开展"四想四对照"活动，

做人要做雷锋那样的人
——将军和当代大学生漫谈学雷锋

触动了大学生的心灵，取得了很好的效果。他们提出的"四想四对照"是：

想一想父母含辛茹苦送自己来学校读书盼什么？对照自己在学校的表现是否对得起父母的养育之恩；想一想自己在学院做什么？对照自己所取得的成绩是否达到了父母与学院的期望；想一想自己将来走上社会干什么？对照自己所学的知识是否达到了培养目标；想一想自己要成为有用之才凭什么？对照社会对人才需求，自己应该如何努力。

第四个，找到工作不容易。这一点我们军校大学生有得天独厚的条件，大家毕业以后，由组织上分配到部队上工作，而且本科生一定级就是中尉副连级。这一点，地方大学生就不一样了。今年地方大学毕业生有600多万人，国务院把今年毕业的大学生找工作作为就业工作的头等任务，争取达到70%，但有相当大的困难。不能光把这个归咎于扩招，有多种原因，和一些大学的课程设置与社会的需要脱节有关，和大学生的就业观念有关，和现在世界性的金融危机也有关。

大家知道，"物以稀为贵"，过去大学生很少，毕业生都由国家安排工作。现在都是双向选择，博士、硕士、学士也多了。现在北京就讲：学士到处走，硕士到处有，博士暂时还能抖一抖，但也抖不了几年了！前些年"海归"很受欢迎，有不少"海归"确有真才实学，在教学上、科研上发挥了重要作用。但是这些年来，"海归"也是泥沙俱下、鱼龙混杂，程度很不整齐。现在有的"海归"回来，找不到工作，在家里待业，就变成"海带（待）"了，"海带（待）"过几年还找不到工作，就变成"海带（待）干"了。

第五个，事业有成不容易。即使你找到了工作，事业有成也不容易。21世纪年青人的一个通病就是浮躁，频繁地"跳槽"，这山看着那山高，见异思迁，而不是干一行、爱一行、专一行、精一行。所以，事业有成也不容易。

针对这"五个不容易"，应该怎么办呢？这就要求同学们在大学期间，要珍惜大好时光，发愤图强，刻苦努力，顽强地锻炼自己、充实自己、完善自己、提高自己。就像过去一首古诗讲的：百川东到海，何时复西归？少壮不努力，老大徒伤悲！同学们，一定要珍惜大好时光，一定要发愤图强啊！

我这里给大家讲一个故事。一个大学生毕业了，觉得自己学了十几年，但是找工作到处碰壁，社会上哪里都不接收，就产生了轻生的念头，他到海边准备投海自尽。这时，他遇到了一位老者。老者看他行为有点不正常，就主动问他遇到了什么问题。这个大学生就跟这个老者倾诉了一番。说我上了十几年学，现在大学毕业了，但是社会上不接收我，找不到工作，所以产生了轻生的念头。这个时候，老者就给他做思想工作。怎么做呢？老者随便在海边上捡了一粒沙子一扔，对这个大学生说，请你把这粒沙子帮我找回来。好多同志到过海边，你们看到过海滩，如果随便扔一粒沙子让你拣回来，你肯定发现不了，捡不回来。这个时候，老者又从口袋里拿出一颗闪闪发光的珍珠又一扔，对那个大学生说，请你把这颗珍珠帮我找回来。这颗珍珠在阳光下熠熠生辉、闪闪发光，这个大学生很容易地把珍珠捡了回来，交到老者手里。老者就说，假如你大学毕业以后，把自己从一粒普通的沙子变成一颗闪闪发光、熠熠生辉的珍珠，那么，社会上就会欢迎你、接纳你。所以，你不要埋怨社会，而要提高自己。这时，这个大学毕业生就打消了轻生的念头，重新燃起了对前途的憧憬和希望。

我在讲正题以前，这是个序，先讲讲地方大学生面临的机遇和挑战。

下面我就进入正题，分别讲一讲成人、成才、成家、成功。

做人要做雷锋那样的人
——将军和当代大学生漫谈学雷锋

一

关于"成人"

为什么先讲成人呢？因为你们毕业以后，有的可能做人、做事、做学问，有的可能做人、做事、搞科研，有的可能做人、做事、做官，也就是当领导干部。无论做什么，做人都是第一位的。而要做人，首先就要成人。成人是一个人成长到成熟阶段的标志，是成才、成家、成功的基础。没有做到成人，就说明你在一些基本方面还没有成长到位，在做人上还有明显欠缺。所以，成人、成才、成家、成功这四个方面，成人是最主要的，首先必须完善人格、学会做人。

成年还不等于成人。成人，有狭义的，也有广义的。从狭义上讲，也就是从法学和生物学的角度讲，18岁就算成人了。因为18岁你就有了选举权、被选举权了，你就可以加入中国共产党了，如果你犯了罪，就要负全部法律责任了。现在有些学校和共青团组织，还为年满18岁的男女青年举行成人仪式。

从广义上讲，成人首先要做到两个成熟：生理成熟、心理成熟。成熟了还不行，还要健康，健康有"四个要素"：生理健康、心理健康、道德健康、适应能力强。

我先讲讲生理成熟和心理成熟。

人是高等哺乳动物，高等哺乳动物的寿命期一般是成长期的5—7倍，男孩一般23岁停止发育，女孩一般21岁停止发育。停止发育的标志，一个是你的个头儿不再往上长了，一个是你的最后一颗智齿长出来了。有了这两条，就标志着你生理成熟了。

第三部分
与大学生漫谈成人、成才、成家、成功

生理成熟靠什么？一靠岁月，二靠营养，三靠锻炼。

第一个靠岁月。你的母亲十月怀胎，一朝分娩，你呱呱坠地，咿呀学语，然后上幼儿园、上小学、上中学、上大学，随着岁月的推移，你生理上就慢慢成熟了。

第二个靠营养。你小时候要吃妈妈的奶，以后要吃饭，总之要靠营养。现在营养问题不大。我在一些军校和地方大学看过，现在的伙食比我们那时好多了。前面讲到，我是在国民经济最困难的1960年到的解放军原张家口外国语学院。记得我们吃第一顿饭，唐山的一个学员吃了32个馒头，喝了6碗稀饭，还没有吃饱。我们那时一天的伙食费就是4毛4分5，一个月不到15块钱，哪里能经常吃肉、吃鱼呐！至于牛奶和水果想都没想过，就是想着能吃饱就很好了。现在大家的营养不成问题了，但要注意合理营养、均衡营养。

第三个靠锻炼。特别是年青的时候要加强锻炼、顽强锻炼，为一生的事业打好健康基础。现在条件好了，但是有些年青人不注意加强营养、合理营养，不注意加强锻炼、顽强锻炼。所以，现在有些年青人的身体往两个方向发展：一个是纵向发展，像个电线杆子、豆芽菜。二是横向发展，十七八岁就像个汽油桶，一个小伙子像个汽油桶问题还不大，如果一个小姑娘像个汽油桶，将来可能遇到些麻烦和问题。

总之，生理成熟靠岁月、靠营养、靠锻炼。

年轻人生理成熟得快，心理成熟得慢，生理成熟得早，心理成熟得晚。一快一慢，一早一晚，就带来一些年青人在心理上存在着两个问题：一个是好奇心强，辨别力弱；一个是冲动性强，抑制力弱。这两强两弱，又可能使年轻人在行为上往两个方面发展：一个是"一挺身成为英雄汉"。打仗冲锋陷阵、抗震救灾、抗洪抢险，冲在第一线的，多数都是年青人，有的还成了英雄模范人物，成了人们学习的榜样。一个是"一失足成为千古恨"。大家都知道，清华大学出过一个著名的"伤熊事件"。一个本科毕业生，免试要上研究生了，到北京动物园看看动物也未尝不可，但是他还随身带着一瓶硫酸，要考验考验熊的反应如何，把硫酸泼在熊的身上。这个事情震惊了全国。说明这个大学生心理上还很不成熟。再一个就是云南大学有个叫马家爵的大学生,这个人极端自尊又极端自卑,心理扭曲,打扑克跟同学闹矛盾,就杀了四个学生。公安部发出通缉令,以后逮捕,判处死刑。正反事例说明,年轻人谁能管得住自己、把握住自己,谁就可能有光明前途;谁管不住自己、把握不住自己,谁就可能犯错误,甚至犯罪,那个时候后悔也就晚了。

高尔基说过:"哪怕对自己一点小小的克制,都会使人变得强而有力。"的确,自控力比智商更为重要。

前面讲了,生理成熟快,心理成熟慢,生理成熟早,心理成熟晚,心理成熟比生理成熟更困难、更重要。心理成熟除了同样需要靠岁月、靠营养、靠锻炼之外,还需要经受磨炼、经受挫折,要增强抗挫折能力。

有这么三句话讲得很好:

一句是"吃苦是最好的老师,吃苦是最好的大学";

一句是"老年人吃苦是不幸的,年青人不吃苦也是不幸的";

还有一句是"该吃苦的时候不吃苦,不该吃苦的时候必然吃苦"。

现在独生子女多,生活条件好,吃苦非常重要,吃苦是福,吃苦就是"吃补"。我们军人经常讲"掉皮掉肉不掉队,流血流汗不流泪"。如果年轻时能吃得了这样的苦,以后遇到什么苦啊、难啊,就都不在话下了。

我前面讲生理成熟需要"三靠":就是靠岁月、靠营养、靠锻炼。那么,心理成熟有什么标志呢?心理成熟有三个标志,就是"三性"。

一个是独立性。就是思想上能独立思考、有主见了,行为上能自己管理自己了,生活上能自理了,这样就算具备了独立性。军校大学生在这方面问题不大,因为军人经常摸爬滚打,管理严格,纪律性强。地方大学生,越是名牌的、大城市的,在这方面弱点越突出。我在清华大学作过几次报告,大学领导向我介绍,他们为了保证教学质量,坚持不扩招,每年只招三千个本科生。但每年开学时送行的有上万人,七大姑八大姨都来送,晚上就住在清华的大操场、大食堂。有的大学生手不提、肩不挑,这个亲人帮助办这个手续,那个亲人帮助办那个手续,还有的亲人帮助铺被褥。更有甚者，有的大学生还要父母陪读，有的还雇请保姆照顾生活。如果你连生活都不能自理，那你以后还能干什么？天津电视台放了一部电视连续剧，叫《大生活》，主题歌很好，唱道：生也容易，活也容易，生活不容易。生是靠父母，活是靠自己！

一个是坚强性。就是性格坚强、意志坚强。1959年，毛主席在中南海给战士讲话，说：《红楼梦》里有两位主角，男主角叫贾宝玉，女主角叫林黛玉。贾宝玉吃饭、穿衣都不能自理，还要丫鬟和老妈子伺候，这样的人无论如何是不会参加革命的！女主角叫林黛玉，整天见风落泪，触景生情，耍小心眼，哭鼻子，吃药，吐血，只好住在潇湘馆，这样的人无论如何也是不会参加革命的！我是中国《红楼梦》学会会员，是"混进去"的，实际上不够格。我们可以说，二百多年前贾宝玉、林黛玉还算得上"先进青年"，因为他们反对科举制度，主张男女平等、婚姻自由。但是，我们现在不需要贾宝玉、林黛玉这样的青年了，我们需要身体健康、性格开朗、充满活力的一代青年。

毛主席讲了上面一段话之后，还说，大家看，昨天晚上刮了一夜大风，下了一夜大雨，花草都凋落了，树木依然苍翠、挺拔、可爱。毛主席说，希望我们的青年人像树木一样坚强，不要像花草一样柔弱，要经得住风吹雨打。希望同志们记住毛主席这段话。

一个是成熟性。独立性、坚强性当中包含着成熟性，但是，成熟性有更高的要求。成熟性就是你已经树立了正确的世界观、人生观、价值观，有了判断是非和正确处理问题的能力，这样你就能做到遇事稳重、办事慎重、处事老练。这时，你的家人、你的领导、你的同学、你的同志，就说你成熟了。

生理成熟、心理成熟了还不行，还要健康。什么叫健康？有的年青人说，我身强力壮，没有疾病，就是健康。那还不行！前些年，联合国卫生组织对人的健康的定义是三条：人的生理、心理、适应能力都处于完美状态，才能称之为健康。联合国卫生组织也不断地与时俱进、发展创新，前几年又加上了个道德健康。所以，健康包括"四个要素"，即生理健康、心理健康、道德健康、适应能力强。

衡量生理健康是"五快",衡量心理健康、道德健康、适应能力强是"三好"。"五快"加"三好",共有八个标准。下面我分别说一说。

先说衡量生理健康的"五快"。

第一是吃得快。吃得快不是指吃饭的速度狼吞虎咽,而是说明你消化系统正常,食欲好,不挑食,注意合理营养、加强营养、均衡营养。

第二是说得快。说得快说明你思维敏捷、语言流利,这对于我们军人来说很重要。我是1954年上初中的,记得有一门功课叫《自然地理》,那时还没有退休制度,教这门功课的老师大概有70多岁了,又高度近视,他讲课照本宣科,按着书本上念,好大一会儿才说出来:中国的地形是西高……东低。这样就不行了,反应太慢了。

第三是睡得快。睡得快很重要,睡得快说明三个问题:一个说明你神经系统正常,该兴奋就兴奋,该抑制就抑制。兴奋,一睡醒浑身是劲,精力充沛。抑制,一熄灯睡得快、睡得香、睡得稳、睡得甜,自然醒。该兴奋能兴奋得起来,该抑制能抑制得住。第二个说明你没有严重的生理疾病。假如你得了急性阑尾炎、急性胃穿孔,疼得嗷嗷叫,你肯定睡不好觉。第三个说明你胸怀开阔,遇事拿得起、放得下、想得开。过去有两句话,叫做"宰相肚里能撑船,将军额头能跑马",就是说要遇事能拿得起、放得下,想得开。现在独生子女多,社会竞争激烈,学习压力大,有些人有心理问题。学习遇到困难了,受到老师批评了,同学之间闹摩擦了,或是恋爱受挫了,就辗转反侧、夜不成寐、面容憔悴,那就很难说明你身体健康。

睡眠有两种类型,一种叫"百灵鸟型",一种叫"猫头鹰型"。"百灵鸟型"就是天一黑就犯困,这种人睡得早,起得也早。"猫头鹰型"老百姓叫"夜猫子",就是特别能熬夜,睡得晚,起得也晚。

这里讲两个例子。据说蒋介石的睡眠是典型的"百灵鸟型",蒋介石没有完整地看过一部电影。他的官邸有一个放映厅,给他和家人、身边工作人员放电影。电影一开,灯光一暗,他就打瞌睡,卫士就扶着他到卧室睡觉了。他的夫人宋美龄女士的睡眠是典型的"猫头鹰型",据说她凌晨两三点才睡觉,十一二点才起床。她活了106岁,在美国于睡梦中告别人世。所以，这两种睡眠类型无所谓哪种优、哪种劣，关键是该兴奋能兴奋起来，该抑制能抑制得住。

我再给大家举个例子。发动"西安事变"的张学良将军被周恩来总理称为"千古功臣，民族英雄"。蒋介石背信弃义，原来答应的条件又推翻了，判处张学良有期徒刑，以后又长期软禁。但是，张学良活过了100岁。他百岁诞辰的时候，新华社记者到美国夏威夷采访他：请问张将军，您一生坎坷，历经磨难，您成为百岁将军，有什么秘诀？张学良说，我的秘诀就是两个字：能睡。假如第二天早晨枪毙我，今天晚上通知我，我照样睡个好觉。大家想想，一个人如果有了这样的胸怀和气魄，还有什么事拿不起、放不下、想不开的？

第四是便得快。便得快不是孙悟空一天"七十二变"的那个"变"，而是大便小便的便。一有便意，很快解决问题。"大便畅通，浑身轻松"。年轻人可能体会不深，中老年人便秘是很痛苦的事情。军人干什么事都要雷厉风行。假如紧急集合了，有情况了，你还蹲在那儿好长时间起不来，那就很难说明你身体健康。

第五是走得快。走得快是吃得快、说得快、睡得快、便得快的综合反映和体现。我们总参的百岁将军孙毅有一句名言："健康长寿，始于足下。"我多次拜访过这位老首长，他德高望重、淡泊名利，值得我们好好学习。毛主席叫他"孙行者"，朱总司令叫他"孙胡子"。孙老是1904年5月12日出生，邓小平同志是1904年8月22日出生。他们生前，有一次小平同志遇到孙老了，说："胡子，咱们俩是同庚不同月，你上半年出生，我下半年出生，你身体比我好，你要给老家伙们介绍介绍经验哪！"孙老九十几岁的时候，手里提着一个人造革的包，穿着一身旧军衣，每天还能在北京街头走十几里路。走累了就上公共汽车，还给年青人让座，被称为活雷锋、老雷锋。

衡量心理健康、道德健康、适应能力强的标准是"三好"。

一是良好的性格。开朗、乐观、豁达、大度、善与人同、乐于助人、助人为乐。良好的性格非常重要。思想指导行动，行动形成习惯，习惯铸造性格，性格决定命运。我们中国人讲究"性命"，其中就包含着性格决定命运的意思。

二是良好的人际关系。良好的人际关系很重要。在家里要跟家人搞好关系，在学校要跟老师、同学搞好关系，参加工作以后要跟上级、同级、下级搞好关系。现在大家经常讨论什么叫幸福。有人说，自己有个好身体，家中有个好伴侣，单位有个好搭档，身边有群好朋友，这就叫幸福。北京有一位作家，写了一部小说，叫《贫嘴张大民的幸福生活》，拍成了电影、电视连续剧。下岗职工、贫嘴张大民整天乐呵呵的，人际关系搞得很好，弟弟妹妹有困难他也能帮助解决。他说，我们一般老百姓的家庭，什么叫幸福？医院里面没有病人，监狱里面没有犯人，夫妻之间没有第三人，这就叫幸福。不要把幸福讲得那么复杂，那么玄而又玄、高不可攀。他的这种幸福观可能标准不高，但是，他的这种乐观态度，还是值得我们学习的。大家知道，美国有一所哈佛大学，在世界大学排名榜中，经常是名列前茅。据说，这所大学出过六位总统、三十六位诺贝尔奖获得者。这所大学的校长总结的基本经验是：智商，也就是聪明程度，对于一个人的成功，起20％的作用；而情商，就是品德、意志、人际关系，对于一个人的成功，起80％的作用。所以，搞好人际关系非常重要。搞好人际关系，既是德，又是才，还是艺术。怎样搞好人际关系？记住别人的好处，学习别人的长处，宽容别人的短处，理解别人的难处。做到这四句话，就可能搞好人际关系。

三是良好的适应能力。包括对社会环境的适应能力和对自然环境的适应能力。首先要适应社会，然后才能改造社会，不要总是牢骚满腹、怨天尤人，这也看不惯，那也不满意。希望大家记住毛主席的两句诗："牢骚太盛防肠断，风物常宜放眼量。"

再一个是对自然环境的适应能力，到哪里都能适应。要到艰苦、困难、边远的地方去，到党、国家和军队最需要的地方去。前些年大学毕业生包分配，由国家安排工作。有些大学生很牛气，他们说："天、南、海、北都可去，就是不到新、西、兰！"意思是说，到天津、南京、上海、北京这几个大城市还可以，新疆、西藏、兰州就不去了！我说，这个说法值得研究，我举两个例子。一位是刚刚卸任的中共中央总书记、中央军委主席胡锦涛同志,他毕业于清华大学,毕业后分配到了甘肃,在那里一干就是十几年,然后才调到北京,先是当团中央第一书记,后来当贵州和西藏的书记,都是最艰苦的地方。第二位是原中共中央政治局常委、国务院现任总理温家宝同志。他毕业于北京地质学院,就是现在的中国地质大学,他是研究生。他也是分配到甘肃,到边疆探矿。一干也是十几年,以后才调到北京工作,先后当地质部副部长、中央办公厅副主任、主任、国务院副总理、总理。

胡锦涛和温家宝同志都是从基层干起的,都是分配到甘肃工作的,都是一步一步上来的。他们威望很高、能力很强,得到了全党、全军和全国人民的拥护与爱戴。他们的经历说明,越是艰苦、困难、贫困、基层的地方,越需要人,越考验人,越锻炼人,越成就人。

过去有一句古话,叫做"宰相必起自州郡,猛将必发于卒伍"。当宰相的,一般当过州官、郡官,有下层工作经历。能带兵打胜仗的将军,绝大多数都在基层当过兵,有基层工作经验。所以,我说,要想事业有成,要想大有作为,"天、南、海、北可不去,一定要去新、西、兰"!

我听说这里正办一个培训班,叫心理健康辅导员培训班。我没有系统地学过心理学,只能说略知一二。现在无论是军校大学生还是地方大学生,因为多是独生子女,学习压力大,竞争又比较激烈,所以,有相当一部分年轻人,心理问题比较突出。我在这里简单地讲一讲两种思维方式,再讲两个故事,希望对解决部分年轻人的心理问题,稍微有一点启示。

一种思维方式叫"利导思维"。具有这种思维方式的人,遇到什么事儿都往好的方面想,能拿得起、放得下、想得开。有一个成语,叫"塞翁失马,焉知非福"。这个成语的意思大家都知道,用不着我解释。这种思维方式,就是典型的"利导思维",遇到事往好的方面想,能拿得起、放得下、想得开。

另一种思维方式叫"弊导思维"。有一个成语,叫"杞人忧天"。这种人总是想,天塌下来怎么办?肯定首先砸住我,整天忧心忡忡,这种

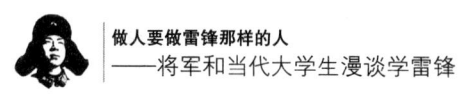

思维方式就叫"弊导思维"。

同样一个人,同样一件事,是"利导思维"还是"弊导思维",思维方式不一样,情绪就不一样,态度就不一样,结果也就不一样。这里我讲两个故事,你们可能听说过。

过去有一个老太太,她有两个女儿,大女儿家是卖雨伞的,二女儿家是卖布鞋的。晴天老太太就想,天不下雨,大女儿家的雨伞卖不出去,她家的日子怎么过呢?她就哭。阴天她就想,下雨了,人们不出门了,二女儿家的布鞋卖不出去了,她家的日子怎么过呀?她就哭。晴天也哭,阴天也哭,别人就给她起了个外号,叫"哭婆"。她有一个邻居,也是一个老太太,性格特别开朗乐观,善于做心理疏导工作,有一天就找她谈心去了。说:大妹子,你能不能换个角度想问题呢?晴天你就想,人们都要出门了,你二女儿家的布鞋卖得出去,她家的日子就好过,你就笑。阴天要下雨了,你就想,大女儿家的雨伞卖得出去,她家的日子就好过,你就笑。这位"哭婆"一听,是这个道理呀,怎么我就想不开呢?以后晴天她就想,二女儿家的布鞋卖得出去,日子好过,她就笑;阴天她就想,大女儿家的雨伞卖得出去,日子好过,她就笑。晴天也笑,阴天也笑,别人又给她起了个外号,叫"笑婆"。大家看,同样一个老太太,同样两个女儿,同样卖雨伞、卖布鞋,同样老天爷有阴天、晴天,你控制不了,但只要思维方式一变,"哭婆"就变成"笑婆"了。

再一个故事是说,古代有一个州官,五十岁了,还想升到"省部级",一看仕途无望,就精神忧郁,接近精神分裂了。他的家人很着急,就找当地一位名医来给他看病。中医看病讲究望、闻、问、切,名医给州官看病格外小心,生怕发生什么差错。望、闻、问、切一番,名医就说:"州官大人,你得的是月经不调症!"这个州官一听,先是大吃一惊,接着就大发雷霆,说:"都说你是名医,我看你是庸医,我是五十岁的老头子,怎么会得月经不调症呢?你给我滚!你给我滚!"这位名医就走了。名医走后,州官越想越觉得好笑:都说他是个名医,好多人找他看病,也都看好了,他给我看病,说我五十岁的老头子,得了月经不调症，这怎么可能呢？州官想起来就笑、想起来就笑，过了一阵儿病就好了。这时候名医来回访，说："州官大人，你关键是这儿（指脑袋）出了问题，上不去就下来嘛！州官也不算小了，'离休'、'退休'也可以嘛，生活待遇也不错呀，干嘛把官位看得那么重啊？心病还得心药医，解铃还需系铃人。什么药都治不好你的病，只有笑能治好你的病。"这时候，州官对名医就佩服得五体投地了。

过去，侯宝林说相声，有两句很有名的话："笑一笑，十年少；愁一愁，白了头。"现在外国科学研究，得出结论：大笑一分钟等于锻炼四十五分钟，而且集体大笑比个人大笑效果还要好。所以，我现在每天都争取大笑三次，我到一些大学作报告，向大学生们建议：课间操先用七八分钟跑步，或快步走，然后以班级为单位站在一起集体哈哈大笑，这样对大学生的身心健康肯定大有好处。据说外国有些医院设立了"笑疗科"，笑能治病，"笑力无穷"。所以，我也给有些医院的院长建议设立"笑疗科"。

我刚才讲了两种思维方式，讲了两个故事，目的就是为了使同志们学会"利导思维"，避免"弊导思维"。采取什么样的思维方式，是一个很重要的问题。

二

关于"成才"

成人以后，就要争取成才。下面我就讲第二个问题："成才"。

我先讲讲什么叫人才。我们国家过去教育程度低，在统计人才时，中专以上文化程度、初级以上专业技术职称的人员，都统计在人才的范围之内。前些年中央开了人才工作会议，提出了人才的"四个要素"：第一是品德，第二是知识，第三是能力，第四是成绩。你们将来是不是人才，要用这四条来衡量。

第一是品德。我们过去经常讲，智育不好可能出次品，体育不好可能出废品，德育不好可能出危险品。一定要把品德放在第一位，就是要有坚定的政治立场、高尚的思想品德。作为军人，对于胡主席提出的新世纪、新阶段我军的历史使命、我军"十二个字"的优良传统（听党指挥、服务人民、英勇善战）、"二十个字"的当代革命军人核心价值观（忠诚于党、热爱人民、报效国家、献身使命、崇尚荣誉）以及"八荣八耻"的荣辱观，不但要认真学习、深刻理解，而且要付诸行动、努力践行。

第二是知识。培根讲"知识就是力量"，知识越渊博、越丰富越好。

第三是能力。知识不转化为能力，还不成其为力量。

第四是成绩。你说你品德好、有知识、有能力，但做不出成绩来，还不能说明你是个人才。

所以，人才要有"四个要素"：品德、知识、能力、成绩。同志们能不能成为人才？不能说你拿到学位了、大学毕业了，就是人才了。现在有这么几句话,是地方上的同志对我说的,有的"学士不学,硕士不硕,博士不博,研究生值得研究"!还有"教授不教,专家不专,学者不学"。所以,你究竟有没有真才实学,是骡子是马,还得拉出来遛遛看。

同志们能不能成为人才,有三种可能。中共中央政治局原常委、全国政协原主席李瑞环同志在天津当市委书记、市长的时候,到天津大学作报告,他说,大学生有三种可能、三种前途:

第一种可能成为栋梁之材。"今天桃李芬芳,明天祖国栋梁"。你们将来如能担当大任,为人民、为国家、为军队作出成绩、作出贡献,这种人就叫栋梁之才。

第二种可能成为平庸之辈。学习平平,工作平平,成绩平平,有你不多,没你不少,这种人就叫平庸之辈。

第三种可能成为不肖之徒。这种人对党、对国家、对军队、对人民、对社会不但无功,而且有过,甚至有罪。

李瑞环同志讲了这三种可能、三种前途以后,又说,希望我们的大学生多多地成为栋梁之材,少少地成为平庸之辈,最好不要成为不肖之徒。

人类社会的发展,总的趋势是"长江后浪推前浪,一代更比一代强"。这是社会发展的总趋势,但是个体不一定。这里我也讲一个笑话。古时一家三代人,爷爷是状元,孙子是状元,父亲不学无术、胸无点墨。有一天爷爷就跟父亲说,你在家里的地位和作用很重要,继往开来,承上启下,要注意看书学习,增长知识,做好样子。父亲振振有词地说:"你虽然是个状元,但是你上年纪了,上年纪的人有个毛病,就是爱唠叨,说起一件事来没完没了,你以后少说这些话,其实我的儿子比你的儿子还强!"接着孙子就说了,爷爷说得对呀,我受爷爷的熏陶和影响,爷爷是状元,我也是状元,你要给我们后代做好样子呀!父亲又说了,你小小年纪,考上状元有什么了不起!年青人有一个缺点,就是容易骄傲自满。你以后少说这样的话,其实我的父亲比你的父亲还强!很明显,我们要向爷爷和孙子学习,不要向那个胸无点墨、不学无术的父亲学习。

下面我就讲讲怎样才能成才。

成才一般有三种途径：立志成才、学习成才、岗位成才。

先讲立志成才。

我们中国有一句话老话，叫做"有志之人立长志，无志之人常立志"。一定要有远大的志向、远大的抱负、远大的理想。你想成为什么样的人，就有可能成为什么样的人，就要努力成为什么样的人，这就叫立志成才。

我在这里考大家一下，哪位同志能大声地背诵一下李白的名诗《将进酒》。

（有一位大学生站了起来，大声地背诵了李白的《将进酒》。）

不错！你全文背过了《将进酒》，我给你八个字的评价：铿锵有力，一字不错。我给你打100分。大家给他鼓掌！

如果同志们记不住李白《将进酒》的全文，我劝你们最少要记住他的两句诗：一句是"天生我材必有用"，一句是"古来圣贤皆寂寞"。我相信，李白的这两句诗，对你们一辈子都有用。

我这里再给大家简单讲一点生理学知识。有一个材料上说，一个人是由父亲的2.6亿至3亿个精子，一般情况下，只有一个最强壮、最勇敢的精子，与母亲的一个卵子相结合，才怀孕、成胎、出生的。所以，从某种意义上说，你一生下来就是最优秀的，就是冠军！这样想，你就会对自己有信心，而信心则是成功的一半。

讲到立志成才，我给大家举两个例子。

一个是中国和世界的女子乒乓球冠军张怡宁。张怡宁是北京的姑娘，她五岁就立志要成为中国和世界的女子乒乓球冠军。她站在自己家客厅里的小凳子上，低着头，模仿国旗升起来了，国歌唱起来了，然后怎么样接金牌。七岁的时候，她就上了什刹海体校。十四岁就进了国家青年女子乒乓球队。经过多年的刻苦锻炼、顽强拼搏，终于成为中国的和世界的女子乒乓球冠军，号称"一姐"。前年奥运会我有幸看了两次，一次是看篮球，一次是看乒乓球。看乒乓球是在北京大学体育馆。那天胡主席和夫人刘永清同志与新老奥委会主席都去看了。经过激烈比赛，张怡宁第一，王楠第二，郭跃第三。这时，中国的三面五星红旗同时冉冉升起，整个体育馆全场沸腾了！这种情景，不到现场是感受不到的。

再说一个例子是美国的前任国务卿赖斯。这个人够赖的，我很不喜欢。我不喜欢她，倒不是因为她是美国人，是黑人，长得丑。我这里也说明一下，我不是丑化赖斯，有人说她长得很漂亮、很性感，反正我是看不出来。她在美国是个鹰派人物，主张对中国采取强硬政策。当然随着中国实力的增强、国际地位的提高，美国也在调整和改善对华关系。虽然我不喜欢赖斯，但我非常佩服这个人。据说她五岁的时候，她父亲、母亲领着她到白宫，因为她是黑人、是女孩，人家不让她进去。五岁她就立志，你现在不让我进去，将来我要以主人的身份进入白宫。有这样的志向还不行，她父亲给她讲了一段让她终生受用的话，她父亲说："孩子，美国是个不平等的社会，咱们黑人一生下来就和白种人不平等。你上学以后，如果和白种人同等努力，你永远赶不上白种人，两倍的努力还赶不上白种人，四倍的努力你就能跟白种人平起平坐，八倍的努力你就能远远地把白种人甩在后面！"她牢牢地记住了父亲的教导，下决心"我一定要比白种人多付出八倍的努力"。所以，她上小学、中学、大学成绩都格外优秀，后来成了美国一所大学最年轻的校长，有的说是教育长。她又非常关心国际政治、国际战略、国际形势，终于成为老布什总统的心腹谋士、小布什总统的国务卿，大体上相当于我们国家的外交部长。小布什对她言听计从，据说，有一次小布什到美国一所大学去演讲，他说我讲三个问题，结果讲完了两个问题之后，第三个问题怎么也想不起来了。美国的大学生不像中国的大学生，这么守秩序，这么有礼貌，就给小布什鼓倒掌、发嘘声，小布什就灰溜溜地出来了。这时候，跟着小布什的赖斯就说："您看，总统先生，多尴尬、多难堪啊！我给您出个主意，以后您无论到哪里去演讲，不要具体说我要讲三个、四个或五个问题，您就讲我讲如下几个问题，讲一个就算一个，讲两个就算两个，这样人们永远挑不出你的毛病来！"小布什连声说："您说得对！说得对！"据说，小布什以后到哪里演讲，都按着赖斯说的,开始总是说"我讲如下几个问题",从来不具体说讲几个问题。

第二个讲学习成才。

《三字经》里有几句话:玉不琢,不成器;人不学,不知义。孔夫子也说:"人是学而知之,不是生而知之。"一个人必须发愤图强、刻苦学习,才能成才。

为了说明学习成才,我举几个例子。

第一个例子讲英国大作家萧伯纳,他写了好多剧本,在欧洲乃至世界都有很大影响。他年轻的时候,不修边幅,一心学习,专心写作。有一天,一个大资本家指着萧伯纳脑袋上戴的破帽子说:"萧伯纳,看你脑袋上的那个破帽子,能叫个帽子吗?"萧伯纳反唇相讥,指着西装革履、大腹便便的资本家说:"看你漂亮帽子下边的那个脑袋,能叫个脑袋吗?你是四肢发达、头脑简单、饱食终日、无所用心呀!"

第二个例子讲20世纪最伟大的科学家爱因斯坦。如果没有爱因斯坦,我们现在的生活方式和工作方式很可能是另外一种情形。爱因斯坦26岁提出狭义相对论,37岁提出广义相对论。他年轻的时候,一心学习、工作、钻研,别人劝他说:"爱因斯坦,你年纪轻轻,要讲究点穿戴啊!"他说:"讲究什么,反正我无论穿戴什么,人家都不认识我。"以后他成了举世闻名的大科学家,别人又劝他说:"爱因斯坦,你大名鼎鼎,要讲究点穿戴啊!"他说:"讲究什么,反正我无论穿戴什么,人家都认识我。"

第三个例子讲高斯。你们读高中时就可能知道了,德国的也是世界的一个大数学家、号称"数学王子"的高斯,他极端聪明,又极端勤奋。三岁就能帮助父亲算账,五岁上小学,十五岁上大学,十七岁就解决了世界上的一道数学难题。这道难题两千多年都没人能做得出来,阿基米德没做出来,牛顿也没做出来,而高斯只用一夜时间就把它做了出来。他的老师惊叹不已,高斯也一举成名。这道难题是什么呢?就是只许用直尺和圆规做出一个正十七边形来。同志们可能会说,这么简单的问题呀?怎么做不出来呢?这可是一道两千多年前的难题呀!不信大家可以试一试，看你能不能做得出来？

高斯上小学的时候，老师出了一道算术题：1＋2＋3＋4＋5＋6＋7＋8＋9＋10……＋100＝？别的小孩急得满头大汗，撅着屁股也算不出来。这时，高斯马上举手："报告老师，等于5050。"老师很惊讶，就问："小高斯，你怎么算得这么快、这么准呢？"小高斯说："关键是要学会动脑子、找规律，把复杂的加法变成简单的乘法。大家看，这道题的正数第一位数字1加上倒数第一位数字100是101，正数的第二位数字2加上倒数的第二位数字99是101，依此类推，一共是50个101，50乘以101，得数就是5050。"

高斯是不是只凭聪明呢？绝对不是，他极端勤奋。勤奋到什么程度呢？他成为大数学家了，他家里雇请着一个女佣人，有一天告诉他："高斯先生，你夫人病危了，你去看看她吧！"他无动于衷，充耳不闻，根本就没有听见。第二次女佣人又去叫他："高斯先生，你夫人现在只出气，不吸气，快咽气了，你赶快去看看她吧！"高斯盯着女佣人看了一会儿，说："请你告诉夫人，不要急于咽气，我正在思考一个数学问题，得出答案我就去看她。"过了一会儿，果不其然，高斯夫人就咽气了，这时候气得女佣人打了他一拳，说："高斯先生，我真没见过你这种人，你夫人病危你不去看，她快咽气了你也不去看，现在她咽气了，你赶快去看她吧！"高斯盯着女佣人又看了一会儿，说："噢！夫人已经咽气了，那我就不去看她了，看她她也不知道了！"接着，又思考他的数学问题。同学们，我举这个例子，绝不是说在座的同学们，如果你们以后谁成了大数学家或别的什么家，如果你的夫人也有个什么三长两短，你家雇请的女佣人去叫你，你也像高斯那样。我不是这个意思。我的意思是，假如大家像高斯那样聪明，特别是像高斯那样勤奋，还有什么困难克服不了？还有什么学问学不到手？

前面三个例子都是讲的外国人，下面讲一个我们中国的例子，这就是大数学家陈景润同志。

还是陈景润上高中时，他的一位数学老师给同学们讲了哥德巴赫的故事。当初，俄罗斯的彼得大帝建设圣彼得堡，聘请了欧洲的一大批科学家，其中有意大利的数学家欧拉，有德国的数学家哥德巴赫。1742年哥德巴赫发现，每一个大偶数都可以写成两个奇数的和。他对许多偶数进行了检验，都说明这是确实的。但这需要给予证明，因为尚未经过证明，只能称之为猜想。他自己不能证明它，就写信请教赫赫有名的大数学家欧拉，请他来帮忙做出证明，但一直到死，欧拉也未能证明它，从此成了一道难题，并且引起成千上万数学家的注意。200多年来，多少数学家企图给这个猜想做出证明，都没有成功。

说到这里，老师特别强调，自然科学的皇后是数学，数学的皇冠是数论，而哥德巴赫猜想则是皇冠上的璀璨明珠。这位老师还笑着说："我有一天夜里，梦见我的一个学生，证明了哥德巴赫猜想。"同学们听后都笑了，唯独陈景润没有笑。从此以后，他永远记着这件事，并把摘取数学皇冠上的明珠，作为自己终生的抱负和理想。

陈景润在向哥德巴赫猜想进军途中，有很多感人的故事。他废寝忘食，昼夜不舍，潜心思考，反复运算，多次在公共汽车上，因为思考数学问题而坐过了站。有一次，他自己撞到树上，还问是谁撞了他。这些可能还是偶然现象，更感人的是他艰苦奋斗的日日夜夜。

1956年陈景润调到中国科学院数学所工作以后，先是与几个人共住一套单元房。为了深夜读书、研究不影响别人，他自己住进了单元房内已经报废的厕所里。一张单人床把整个空间塞得满满的。废厕所没有暖气，冬天里滴水成冰，陈景润就用报纸把窗户糊得厚厚的，以抵挡严寒。人们注意到，陈景润的这间"居室"的灯光长年彻夜不熄。

后来，这些单身汉都搬到了一幢比较正规的单身宿舍楼，陈景润由于身体不好，被分配在一个病号房间，病号房规定晚上10点熄灯。于是，每天晚上一到10点，陈景润就会准时地出现在楼道公共卫生间的门厅，背靠墙壁，席地而坐，手拿一张纸、一支笔，借着卫生间昏暗的灯光演算。10点来卫生间的人会看到他，12点来会看到他，半夜2点、3点、4点……依然会看到他，一直到天大亮，楼道里所有的人都起床吃早饭去了，陈景润才摇摇晃晃地站起来回到自己的房间，白天他还要继续工作。

他通常一干就是 7 天 7 夜,接下来大病一场。病稍好,每天晚上 10 点钟他又会准时出现在卫生间门厅里,开始了又一个 7 天 7 夜。再后来,陈景润搬到了紧靠锅炉烟囱的一间 6 平方米的小屋,他在这里住了很久,无数个日日夜夜他是怎么度过的,人们可以想象得到。但是多年以后,当人们踏进这间小屋,看到屋里的全部情景——一张木床、一把椅子、一个暖壶、一堆药瓶、几麻袋演算稿纸时,仍然被深深地震撼了!

就这样,经过长期艰苦努力,1966 年,陈景润宣布了他对哥德巴赫猜想的研究结果,1973 年又发表了他所作证明的全文。这件事立即引起国内外数学家的高度重视,人们公认陈景润的论文是破解哥德巴赫猜想的重要里程碑,是重要的数论方法——筛法理论的"光辉顶点"。这项成果被誉为"陈氏定理"。在哥德巴赫猜想的研究领域,陈景润的"1＋2"现在仍具世界领先地位,历三四十年而无人能够超越。

陈景润曾经这样向别人袒露心迹:"数学没有什么秘密,就是要拼命。这就像爬山,如果有 10 条路,一般人爬一条或两条通不到顶就算了。我是要爬遍 10 条道路的,从而找到一条最有希望到达顶峰的道路。"请同志们想一想,我们无论从事什么工作,只要有了陈景润这样艰苦奋斗的精神和坚忍不拔的毅力,就一定能够做出卓越的成绩和贡献。

第三讲岗位成才。

毛主席说:"读书是学习,使用也是学习,而且是更重要的学习。"南宋著名爱国诗人陆游有一首七绝:"古人学问无遗力,少壮工夫老始成。纸上得来终觉浅,绝知此事要躬行"。在学校里读书,能学到一些基础知识,但要真正成才,还必须在工作实践中、在本职岗位上锻炼提高。

军队最讲究实践,最反对"纸上谈兵"。大家都知道"纸上谈兵"这个成语的来历,古代赵国有一个人叫赵括,喜欢夸夸其谈,自吹自擂,说什么若让他带兵打仗,肯定能击败秦国侵略者。赵王轻信了他,让他顶替了老将廉颇,结果长平一战,被秦国打得大败,40 万赵军全

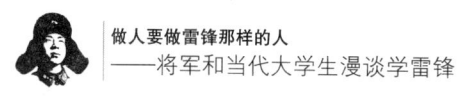

做人要做雷锋那样的人
——将军和当代大学生漫谈学雷锋

军覆灭，留下了千古笑料。

正反两方面的事例说明，注重实践、岗位成才，对于军人来说，是极为重要的。

讲到岗位成才，对于军校毕业学员来说，主要有两条要求：一是第一任职能力强，到了工作岗位，能很快进入情况，适应工作。二是有发展潜力和后劲，越往后越出类拔萃，越有发展前途，对军队的贡献越大。对于军校生和国防生来说，部队有一句话讲得很好，也比较实事求是，这句话是："不求刚来就行，但求将来真行。"

那么，怎样才能做到岗位成才呢？我讲下面一些意思。

我先讲讲人才的四种类型：第一种是横的"一字型"人才，这种人有知识广度，但没有知识深度，什么都懂一点，样样通，样样松，被人称为"万金油"。第二种是竖的"1字型"人才，这种人在某一方面很强，有知识的深度，但没有知识的广度。第三种叫"T字型"人才，这种人既有知识的广度，又有知识的深度，这就比较好了。现在人才学研究到了第四阶段，叫"十字型"人才，比"T字型"人才又前进了一步，既有知识广度，又有知识深度，还能发明、创造、冒尖。大家不要满足于做横的"一字型"人才，也不要满足于做竖的"1字型"人才，成为"T字型"人才就比较好了，最好争取成为"十字型"人才。

你们毕业以后，有的可能搞教学，有的可能搞科研，有的可能带兵，就是当指挥军官。

怎样带兵呢？刘伯承元帅说过，带兵的人要有"四种本领"：一个是会养兵，一个是会带兵，一个是会练兵，一个是会用兵。你们之中如果哪些同志当了指挥军官，就要学会刘帅讲的这"四种本领"。会养兵，就是搞好生活管理，使你所领导的官兵身强力壮，会养兵给你25分；会带兵，一个靠思想政治工作，一个靠行政管理，会带兵给你25分；会练兵，就是用科学知识和军事技术练兵，会练兵给你25分；会用兵，平时领导所属官兵完成好组织上交给的任务，战时能带领官兵消灭敌人、保存自己，会用兵再给你25分。这样，你就能够逐步成为一个合格的指挥军官，甚至成为部队的高级将领。

已故总政原副主任、军委纪委原书记郭林祥上将，是一位老红军。他曾经亲口对我说过，在战争年代，当基层干部说难也难，说不难也不难，关键是要做到四条：一条是打仗不怕死，冲锋在前，退却在后，那时谁怕死谁就会被人看不起，更不用说当领导干部了；第二条是行军时给战士背背包、背枪，尽量减轻战士的负担；第三条是吃饭的时候，宁肯自己饿肚子，也要千方百计让战士吃饱；第四条是宿营以后，给战士烧开水，给战士烫脚、挑脚泡。他说，战争年代基层干部就靠这四条，官兵之间就亲密无间，国民党军队用飞机轰炸，用机枪扫射，战士就会趴在基层干部身上，宁可牺牲自己，也要保护首长。虽然现在时代不同了，各方面的条件好多了，但我认为，郭林祥上将传授的这四条带兵经验，还是值得我们现在的基层干部继承和发扬的。

我听部队的一位将军说，现在具备这样四条的基层干部，比较能受到官兵的欢迎。第一条是思想品德做榜样，第二条是军事技术特别棒，第三条是管理教育路数对，第四条是文体活动能上场。如果你具备了前三条，再加上有点特长，比如能弹、拉、吹、唱，或琴、棋、书、画，你就更能受到基层官兵的欢迎了。

著名清史专家阎崇年曾经说过，要想成才，必须做到"四合"：天合、地合、人合、己合。我理解，他说的"天合"，就是古人说的"天时"；他说的"地合"，就是古人说的"地利"；他说的"人合"，就是古人说的"人和"；他又加了一条，叫"己合"，意思就是自己的生理和心理要和谐，做到心理平衡。一个人具备了这"四合"，就能成才。

另一位在中央电视台《百家讲坛》讲述经典的学者、河南大学教授王立群，对于成才有个"四行"之说：第一是你自己要"行"，第二是有人说你"行"，第三是说你"行"的人要"行"，第四关键是你自己身体要"行"。我觉得，这"四行"讲得很风趣，也很有道理。第一是你自己要"行"，我理解就是你要有真才实学、文武兼备。第二有人说你"行"，就是你能得到别人的承认，光自己说自己"行"那还不行。第三说你"行"的人要"行"，请不要误解，这可不是让你去跑官、要官，也不是让别人卖官、给官，而是说你"行"的人是伯乐，慧眼识珠，能辨别谁是"千里马"。第四关键是自己身体要"行"。身体是革命的本钱，身心健康是做好一切工作的基础。身心健康，什么事都能做好；身心不健康，干什么也不行。

军校学员要具备"五种素质"：一是政治思想素质，二是科学文化素质，三是军事技术素质，四是领导管理素质，五是身体心理素质。对于这些，同志们经常接触到，我在这里就不多讲了。

有不少军校生和国防生经常问我一个问题：什么样的人最受部队官兵欢迎？什么样的人最有发展前途？

我的答复是"六得"，也就是要做到六句话。

第一句话：信得过。政治立场坚定，思想品德优良，组织上信得过你，战友们信得过你。

第二句话：下得去。到艰苦、边远、贫困、基层的地方去，到军事斗争第一线去，到党、国家和军队最需要的地方去。我前面说过两句古语："宰相必起自州郡，猛将必发于卒伍。"无论是为了军队建设，还是为了自己事业发展，都要勇于"下得去"。

第三句话：用得上。要有真才实学，到了部队很快能适应工作，而且有发展潜力和后劲。

第四句话：干得好。就是在同批同学中，你德才兼备、表现突出，各方面都很好。

第五句话：留得住。要热爱部队，安心工作，勇于奉献，决不能把部队作为"跳板"。平时要经得住公与私的考验，战时要经得住生与死的考验。早在大革命时期，黄埔军校的门口就写有这样一副对联：贪生怕死，莫入此门；升官发财，请走别路。

第六句话：冒得出。就像马拉松赛跑一样，开始大家都在同一条起跑线上，随着时间的推移，互相之间就拉开了距离，有的跑到前面去了，有的落到后面去了。关键在于自己，命运掌握在自己手中。"冒得出"，就是要出类拔萃。千万不要"跑得出"，跑官、要官，搞歪门邪道、投机取巧，是最没出息的，是为人所不齿的。

做到以上"六得"，就会受到部队官兵的欢迎，就可能有发展前途。

实践证明，开始最能"下得去"、后来又能"冒得出"的人，可能就是最有发展前途的人。这种人会成为部队的栋梁之才，会对部队的革命化、现代化、正规化建设，做出重大的成绩和贡献，自己的人生价值也能充分得以体现。

在这个问题中，我想再说一说，一个人的知识越渊博越好，越丰富越好。知识贫乏，不但思路不会开阔，工作不会做好，个人还可能出洋相、闹笑话。

这几年，我比较注意观看央视举办的青年歌手大赛，我发现有的歌手知识过于贫乏。唱歌以后的那个综合知识比赛，才占1分，但很少有歌手能拿到这个1分，有的甚至得了0分。据说那些题目是北大的老师出的，一般来说，涉及文学和历史方面的知识，中学以上文化程度的都应该能答上。前几年有一位女歌手，脸蛋儿比较漂亮，声音也比较甜美，但是综合知识比赛却得了0分。她一点击那个填空题，我心里想，这个人命真好，估计她都能答上，但她一个也没答上。前两个没答上还情有可原，第三个没答上来实在太不应该了。

这里我们互动一下，我说填空题的前半部分，大家说填空题的后半部分。

第一道填空题，前面是：先天下之忧而忧。后面应该填什么？

（大家齐声回答：后天下之乐而乐。）

我再问：这是谁的话？

（大家齐声回答：是范仲淹的。）

我再问：这篇文章是范仲淹在哪篇文章中说的话？

（大家齐声回答：是范仲淹在《岳阳楼记》这篇文章中说的话。）

大家答得对，比那位女歌手强！

下面我再说第二道填空题，上面是：有容乃大。下面应该填什么？

（这时，下面的听众议论了起来，其中有一位大学生高声回答：无欲则刚。）

哎呀，你太有才了！大家给他鼓掌啊！这是民族英雄林则徐的一副对联，上半联写海：海纳百川，有容乃大；下半联写山：壁立千仞，无欲则刚。古代大概是八尺为一仞。那道填空题前四个字是"有容乃大"，后面填"无欲则刚"四个字就可以了。大家最好全文记住林则徐的这副对联，这副对联实在是好啊！希望大家像大海那样"海纳百川，有容乃大"，像大山那样"壁立千仞，无欲则刚"。

第三道填空题，前面是：一日不见。后面应该填什么？

（大家齐声回答：如隔三秋。）

都答上来了，因为这个问题太简单了。但是，那位女歌手却答了三个字：好想你！同学们，这三个字威力无穷啊！让我笑得肚子疼了一个礼拜，还缓不过劲来。我是1954年上初中的，我记得是1955年上半年第二册的语文课本中，就选有《诗经》中的诗句，其中一句就是"一日不见，如三秋兮"。现在人们一般说成了"一日不见，如隔三秋"。我百思不得其解，前面是"一日不见"四个字，后面有四个空格让你填，哪怕你答"我好想你"四个字也就接近了，你怎么只答"好想你"三个字呢？我想，她可能正在谈恋爱，最近忙于比赛，跟恋爱对象好久不见了，一看到"一日不见"，就脱口而出说了"好想你"三个字。这可能是反映了她的心声，但这个笑话也实在闹得太大了、太不像话了！

第三部分 与大学生漫谈成人、成才、成家、成功

三

关于"成家"

我开始讲今天要报告的题目时,就对"成家"进行了一点解释,我这里所说的"成家",不是讲成名成家的"成家",而是成家立业的"成家",也就是讲年轻人面临的恋爱、婚姻、家庭问题,这是人生的一件大事。

成人、成才以后接着成家,男大当婚,女大当嫁,这是理所当然、天经地义的事情。我国古代讲,男子三十而娶,女子二十而嫁。前些年我们一直进行晚恋晚婚教育,这无疑是正确的,也是必要的。但是,也不是越晚越好。我公开给大学生讲,男孩一般三十岁左右结婚比较好,女孩一般二十五岁结婚比较好。

我到一些大学去作报告,听他们介绍,现在大学里有"三种人":男生、女生、女博士,把女博士单列了出来。这是为什么呢?因为有些女博士上进心特别强,一心读书、拿学位,结果耽误了终身大事,三十几岁了,甚至四十来岁了,还没有解决恋爱、婚姻问题。有人给这些女博士起了个外号,叫"剩女"。我觉得这个外号起得不好,对这些女博士可能打击太大,可以换一个字,叫"圣女",是圣人的圣,不是剩下的剩。现在,有人又把这些女博士叫"优剩女",因为太优秀了,所以才剩下了。"优剩女"的日子不好过,说是"白天愁论文,晚上愁嫁人"。

外国有一个比喻,叫"女人如球":20岁的女孩,又年轻,又漂亮,又有才华,就是足球,22个人抢你,一边11个人;30岁了,岁数

稍大了，但还算年轻、漂亮、有才华，就是篮球，10个人抢你，一边5个人；如果40岁了还是老姑娘，那就麻烦了，就成了乒乓球了，两个人抢你，但实际上不是抢你了，而是把你推过来推过去了；如果50岁还是老姑娘，那就更麻烦了，就成了什么了？就成了高尔夫球了。你们打过高尔夫球吗？高尔夫球啊，前面是一大片绿地，最长的长达7000米，绿地上有18个"眼"，人家把高尔夫球杆用劲一抡，说不清把你打到哪里去了！所以，解决恋爱、婚姻问题，也不是越晚越好，还是老话说得好：男大当婚，女大当嫁。

现在大学生谈恋爱啊，结对率高，成功率低。有人说，大学生谈恋爱，像雾像雨又像风，7月份毕业时，收获了文凭，收获不了爱情。在大学里形影不离，一毕业就各奔东西。这是因为一些大学生生理上、心理上还没完全成熟，工作还没确定，经济还不独立，解决个人问题还不到时候。

那么，大学生谈恋爱存在一些什么问题呢？我到一些大学作报告，听他们介绍，主要存在四个方面的问题。

第一个问题是太急。有的大学生说，到了大三、大四谈恋爱，就是"黄昏恋"了。到了大二，如果家里没有个"青梅竹马"，校园里没有个"花前月下"，就精神极度空虚，没着没落，"先下手为强，后下手遭殃"，抓住一个再说。

第二个问题是标准太高。男大学生找女大学生，说是必须"三女"集于一身，就是美女、淑女、才女，而且是三条同时具备、缺一不可。女大学生找男大学生条件更苛刻，有的是要求"三高"：第一是高学历，第二是高工资，第三是高个头，还加个括号，一米八以下免谈。还有的女大学生找对象的标准是"两有两无"：有车有房，无爹无娘。这样的女大学生，我们军人可不能找啊！军人自有军人的爱情，军人的婚姻是受法律保护的。军人找对象要注意这样三条：一个是，你找的配偶要支持你的工作，不能拖你的后腿，要热爱部队，热爱军人；第二个是，对方的作风要正派，让你放心，不然的话，后院"起火"了，那麻烦可就大了；第三个是，对方还得孝敬父母、抚养子女，使你在部队能够安心工作。

去年"五一"之前,我到上海去作报告,听说上海的女大学生谈恋爱,条件更苛刻,提出了十大标准:一张文凭,两门外语,三室一厅,四季名牌,五官端正,六亲不认,七千月薪,八面玲珑,九(酒)烟不沾,十分听话。这么高的标准,你到哪儿去找啊?即使找到了,也是个小男人,没有什么意思。

第三个问题是太随便。今天谈一个,明天谈一个,有的还随便租房子同居。有的女大学生因婚前性行为而堕胎流产,不但对身体造成了极大的危害,而且在心灵上形成了难以抹去的阴影。我前几年到郑州一所大学作报告时听说,一男一女两个大学生,在外头租房子同居,赤身裸体洗澡,煤气中毒,双双死亡。双方父母来了准备大闹一场,向校方提出:还我儿子!还我女儿!校方领导说,家长同志,咱们先看看录像吧!人家大学也录像了,公安部门也录像了。双方父母一看,哎呀!真没想到孩子这么没出息啊!什么都没说就走了。这两位大学生自己葬送了自己的美好前程,也给老人带来了难言的悲痛。

我到江西一所大学去作报告听到的一个情况更惨啊!一男一女两个大学生,在高中就开始谈恋爱,上了大学以后,女孩与另外一个男孩谈起了恋爱。原来那个男孩就把女孩和后来那个男孩都用匕首刺死了,然后自己也自杀了。20多平方米的地方,躺着三个年轻人的尸体,惨不忍睹啊!这件事被那所大学称之为"10·20惨案",因为这件事是发生在前年的10月20日。恋爱、婚姻问题处理不好,是要出人命大事的啊!

第四个问题就是走极端。一个极端是太懦弱,有的是一失恋啊,就自卑、自暴、自弃、自杀、得精神病。北京前年自杀18个大学生,80%是因为感情问题。另一个极端是有的太残忍,不是"不成亲便成友",而是"不成亲便成仇",往人家脸上、身上泼硫酸,毁容,甚至杀人,极端残忍啊!

针对这四个问题,大家就要树立正确的恋爱观、婚姻观、家庭观。我这里就讲讲我们敬爱的周总理。周总理无论在做人、做事、做官方

做人要做雷锋那样的人
——将军和当代大学生漫谈学雷锋

面,还是在恋爱、婚姻、家庭方面,都是值得我们学习的光辉榜样。

抗日战争时期,在重庆八路军办事处,周总理给年轻人开恋爱座谈会。周总理说,你们年纪不轻了,可以处对象了。但是,一定要树立正确的恋爱观、婚姻观、家庭观。你们都说我和小超(总理直到晚年,还把邓颖超大姐叫小超,这是爱称、昵称)感情好,是模范夫妻。我实事求是地跟你们说,我在法国勤工俭学的时候,有一位女同学,特别漂亮。但是接触一段时间后,发现她感情脆弱,意志薄弱,这样的同志只适合做朋友,不适合做夫妻,以后我们就分手了。小超就不一样了,"五·四"运动以前她就参加了天津觉悟社,又经过了"五·四"运动的洗礼,性格开朗乐观,好学上进。虽然我在国外,她在国内,远隔千山万水,我们经过通信,增进了感情,加深了了解。我回国以后,我们于1925年8月8日在广州举行了简朴的婚礼。

大家知道,周总理是1976年1月8日去世的,从1925年到1976年,周总理和邓颖超大姐相爱相处51年,一直相濡以沫,不离不弃,总算是度过了金婚,但那时周总理已经病危了。

周总理去世时,"四人帮"还在台上,他们竭力压低悼念规格,不准佩黑纱,不准戴白花,不准设灵堂。但就是这样,北京和外地来的上百万人民群众,还是自发地涌到长安街的两侧,冒着凛冽的寒风,为周总理送行。周总理的灵车经过哪里,哪里就是一片哭声。我也参加了悼念周总理的活动,那是在劳动人民文化宫。我随着长长的队伍,向周总理的遗像深深地三鞠躬。我清楚地看到,在周总理遗像前放着邓颖超大姐敬献的花圈,花圈很小,缎带上写着:"小超哀挽。"我深深地感受到了"人民总理爱人民,人民总理人民爱"的生动场景。

更感人的是,联合国总部也为周总理降了半旗。我下面讲一分钟话,讲"三个一"。我今天讲的话你们都可以忘记,但是我希望你们记住这一分钟的讲话,记住这"三个一"。其实,这也不是我的话,而是当时的联合国秘书长瓦尔德海姆讲的话。

瓦尔德海姆确定给周总理降半旗,有的国家的外交官提出质疑,说:联合国1945年成立,我们的国家元首去世,都不给降半旗。周恩来总理无疑是伟大的政治家、外交家、国务活动家，但是他毕竟不是国家元首，而是政府首脑，是国务院总理，为什么给他降半旗？

这时候，瓦尔德海姆走到位于美国纽约的联合国总部的台阶上，讲了一分钟的话，讲了"三个一"。他说，为周恩来总理降半旗是我决定的，有三条依据：

第一条，中国是个东方大国，是个文明古国，中国的金银财宝、中国使用的人民币，多得数都数不过来，但是周恩来总理在国内外没有一分钱的存款；

第二条，大家知道，周恩来总理是个美男子，但是他终生只有一个妻子，这就是邓颖超女士，他们终生相亲相爱；

第三条，周恩来总理和邓颖超女士没有自己的一个孩子，但是，他们无限热爱全中国的人民，无限热爱全中国的青年，把全中国的青年，都当作自己的孩子一样，关心、爱护、帮助、培养。

讲完这三条以后，瓦尔德海姆提高嗓门说，你们的国家元首，不用有周恩来总理的"三个一"，只要有其中的一条，他死了我就给他降半旗！讲完以后，他扭头就往回走。这时候，众多外交官，面对半落的联合国旗帜，深深地为周总理低首默哀。周总理的人格魅力，能超越时间、超越空间、超越国界、超越意识形态。

周总理无论在做人、做事、做官方面，还是在处理恋爱、婚姻、家庭方面，都永远是我们大家学习的光辉榜样！

在座的有不少女大学生，因此，我特别讲一讲居里夫人是怎样处理恋爱、婚姻、家庭问题的。

很多大学生都熟知居里夫人的大名和贡献，但对于她在恋爱、婚姻、家庭方面的曲折经历，可能就鲜为人知了。居里夫人原名玛丽娅，她生于波兰，卒于法国。她中学毕业后，因家境贫寒，无钱上大学，只好到一个乡绅家里去当家庭教师。她与乡绅的大儿子卡西密尔相爱，当两人准备结婚时，却遭到了卡西密尔父母的反对。这两位老人深知玛丽娅生性聪明，品行端正。但是，贫穷的家庭女教师怎么能与自己家庭的钱财和身份相匹配呢？父亲大发雷霆，母亲几乎晕了过去，卡西密尔屈从了父母的意志。

　　失恋的痛苦折磨着玛丽娅，她也曾产生过"向尘世告别"的念头。但玛丽娅毕竟不是平凡的女人，她除了自己的恋爱，还热爱科学和自己的亲人。于是，她放下情缘，刻苦自学，并帮助当地贫苦农民的孩子学习。几年后，她与卡西密尔进行了最后一次的谈话，卡西密尔还是那样优柔寡断，玛丽娅最终砍断了这根爱情的绳索，毅然去法国巴黎读大学。玛丽娅在这里找到了自己理想的伴侣——青年物理学家居里。大家知道，此后居里夫人先后获得过物理学和化学两个领域的诺贝尔奖，这在全世界的女性中，都是举世无双、绝无仅有的。从事后看，玛丽娅是经历了一次"幸运的失恋"。如果没有那次失恋，她的历史很可能是另一种写法，世界上也就会少了一位杰出的居里夫人，少了一位伟大的女科学家。前几年，我曾在一份报纸上看到了北京大学第28任校长、著名加速器专家陈佳洱评论居里夫人的文章。他说，居里夫人在很多方面值得我们敬佩。她在那么困难的条件下，失败了多少次，最后提炼出0.1毫克的镭，不得了！她取得成功后，很多人找她，说你可以成为百万富翁了！她说我的发现应该属于全人类所有，她没有申请一项专利，而且把这个技术无偿地告诉了别人。她为了把镭应用于医学，还亲自跑到前线为士兵治疗。正如她女儿所形容的，她是从容牺牲，奉献所有而毫无索取。居里夫人真是太伟大了！她对于恋爱、婚姻、家庭的态度，她对于名利和金钱的看法，她对于科学研究的无比热爱，都值得我们很好地学习。

　　那么，讲过树立正确的恋爱观、婚姻观、家庭观以后，有的年轻人可能问我，那我们成人、成才以后，怎么样谈恋爱，怎么样选择配偶呢？我今天集体辅导一下，你们以后如果有人找我，我还可以个别辅导，因为我有正面的经验，也有反面的教训。

　　有人说，人生就是三个英文字母：英文"出生"的第一个字母是B，"死亡"的第一个字母是D，人生的中间面临着一系列的选择，"选择"的第一个字母是C。所以说，人生就是这三个字母：B、C、D。有一位大作家叫柳青的说："人生的道路虽然漫长，但关键处就是那么几步,特别是年轻的时候是这样。"年轻的时候面临众多选择:选择信仰、选择事业、选择配偶、选择朋友,等等。人生在于选择,选择决定人生。搞好选择太重要了!

下面我就讲一讲怎么样选择配偶,这也不是我发明的,是古希腊大哲学家苏格拉底讲的。大家知道,苏格拉底是一位大哲学家、大雄辩家。据说,他带着三个研究生,研究生快毕业了,就对苏格拉底说:你的学问的确很大,我们跟你学了很多东西,但是,怎么样选择配偶,你从来还没跟我们讲过。苏格拉底说,那好,这一堂课咱们就讲怎么样选择配偶。我们模拟一下,前面是一块麦田,我提三个条件:每人只能走一次,只能前进不能后退,只能选择一个你认为最大、最好、最美的麦穗。现在开始!

第一个研究生走入麦田,刚走三分之一,就迫不及待地选了一个自认为最大、最好、最美的麦穗,走到三分之二才发现更大、更好、更美的麦穗,走到最后三分之一才发现最大、最好、最美的麦穗,但是有"三个条件",他遗憾地把麦穗放在了苏格拉底的讲桌上。

第二个研究生走入麦田,东张西望,左顾右盼,三分之一没发现,三分之二没发现,最后三分之一也没发现,只好遗憾地空手而归。

第三个研究生接受前两个人的经验教训,既积极又慎重,走入麦田三分之一光观察不采,走到三分之二作验证还不采,走到最后三分之一,快走出麦田了,"该出手时就出手",采了一个最大、最好、最美的麦穗,兴高采烈地放在了苏格拉底的讲桌上。

苏格拉底说,现在讲评,怎么样选择配偶。

第一个人,"心急吃不了热豆腐,心急娶不上好媳妇",你这么着急干什么?实行一夫一妻制,你就凑凑合合过一辈子吧!

第二个人,"人无十全,瓜无十圆",哪有十全十美的人?你这个也看不上,那个也看不上,高不成,低不就,你就打一辈子光棍吧!

第三个人既积极又慎重,采到了最大、最好、最美的麦穗,按着这个标准选择配偶,你们就和和美美、幸幸福福地过一辈子吧!

显然,大家不要向第一个人学习,也不要向第二个人学习,要向第

做人要做雷锋那样的人
——将军和当代大学生漫谈学雷锋

三个人学习。

苏格拉底这样讲，也可能是有感而发。苏格拉底身为大哲学家、大雄辩家，但他一生有两大遗憾：一大遗憾是因为宗教信仰问题，70岁时就被处死了；第二个遗憾，据说他没选好配偶，选了个泼妇，选了个恶婆，"冷手抓了个热馒头"，想甩也甩不掉。有一次他正在讲课，他那个臭老婆就来了，手里端着一盆污水，先指着他破口大骂，然后一盆污水就泼到他的头上了。要是别的教授可能就受不了了，苏格拉底也可能修养到家了，也可能是无可奈何，于是就说了一段富有哲理的话："自然界的现象往往就是这样的，闪电雷鸣之后，接着就是一场倾盆大雨！"把他臭老婆的恶劣行径作了个生动但又无可奈何的写照。小伙子们，千万别找苏格拉底老婆那样的人哪，找了那样的人，你可就倒了大霉啦！

讲了怎么样选择配偶以后，下面话分两头。找对象、选择配偶是两个人的事情，有两种可能：一种叫"越谈越好，白头到老"，一种叫"越谈越差，吹灯拔蜡"。

如果越谈越好，就是说你们选择到了最大、最好、最美的"麦穗"。我这里说一下，最适合你的就是最好的，最好的不一定是最适合你的。如果你选到了最适合你的"麦穗"，就要像年轻人说的"将爱情进行到底"，结为夫妇，组成家庭。组成家庭以后，要注意做到"三性"：

第一是亲密性。夫妻之间互相忠诚、亲密无间。

第二是稳定性。建设和谐社会，首先建设和谐家庭，家庭是社会的细胞，如果三天一小吵，五天一大吵，动辄以离婚相威胁，这个家庭就安定不了。

第三是长期性。结婚25年过银婚，50年过金婚，60年过钻石婚。过去人的寿命和婚龄有限，结婚60年以后就没说法了。以后人们的寿命延长了，婚龄也就随之延长了，也可能是70年、80年、90年，甚至100年。这样的婚龄怎样称谓，还需要你们去创造、去命名。

去年，我和田华、陶玉玲、田连元几位同志一起参加一个金婚庆典的活动。80岁的田华大姐说，她今年结婚60周年了，刚过了钻石婚。75岁的陶玉玲大姐说，她今年结婚50周年了，刚过了金婚。而田连元同志却说，他听说前年奥运会开幕那一天，即2008年8月8日，很多人选择这个黄道吉日举行结婚典礼。但到今年3月8日，据统计，那一天结婚的人已经有三分之一离婚了。这个叫"闪婚族"啊！我们中国人把结婚看成是终身大事，采取极为严肃、慎重的态度，追求"天长地久，白头到老"。现在有些年轻人信奉"不求天长地久，但求一时拥有"，这不符合我们中华民族的优良传统。

我再给大家讲一个故事。词作家乔羽，外号叫"乔老爷"，他和老伴举行金婚庆典的时候，很多人前来祝贺。有人问他达到金婚的秘诀是什么？他说，我的秘诀就是一个字："忍。"他夫人听后说，他是一个字"忍"，我是八个字："忍无可忍，一忍再忍。"夫妻之间要妥协、要忍让啊，因为相爱容易相处难。"乔老爷"又说，达到金婚说难也难，说不难也不难，关键是要做到两条：一条是你得活到一定年龄，假如男的30岁、女的25岁结婚，达到金婚，男的得活到80岁，女的得活到75岁，就是说中间"不死"；第二条是"不换"，如果有第三者插足了，或者由于别的什么原因，你离婚了，中间换了，你就很难达到金婚，这就叫"金不换"！大家听听，这位"乔老爷"讲得多么风趣，又是多么有道理啊！

如果出现了"越谈越差，吹灯拔蜡"的情况怎么办？你就要做到"失恋不失德、失恋不失志、失恋不失态"。你就这么想，失恋并不说明你不优秀，失恋并不说明你找不到适合的配偶，失恋也不说明你组不成美好的家庭。大革命家恩格斯失过恋，大科学家诺贝尔失过恋。大家知道诺贝尔奖没有设数学奖，这是为什么呢？有各种说法，其中一个说法就是，诺贝尔很钟情的女友被他的一个朋友拐走了，他的这个朋友是个大数学家，所以在他的遗嘱里就不设数学奖。前面说到，大科学家居里夫人获得过两次诺贝尔奖，一次是物理学的，一次是化学的，她年轻的时候也失过恋。大音乐家贝多芬失过恋，大外交家、风度翩翩的乔冠华也失过恋。大科学家、号称"杂交水稻之父"的袁隆平曾经两次失恋。第一次人家介绍人把姑娘领来了，姑娘看上了介绍人，把袁隆平甩在一边了，你看多尴尬呀！

做人要做雷锋那样的人
—— 将军和当代大学生漫谈学雷锋

所谓失恋，其实就是与一个不爱你或你不爱的人脱离关系，这又有什么不好呢？如果在座的同志谁失了恋，你就这么想：不要在一棵树上吊死，捆绑不能成夫妻，强扭的瓜不甜，天涯何处无芳草，天下何人不识君，大丈夫何患无妻！

什么叫有志气？因为失恋而自卑、自暴自弃、自杀，那不叫有志气。有可能和你结合而没有和你结合的人，让他感到后悔；有可能和你结合而且确实和你结合在一起了的人，让他感到自豪。这才叫有志气。

千万不要自卑、自暴自弃、自杀，也不要得精神病，更不要杀人。我讲到这里大家都笑，说这怎么可能呢？我给大家讲两件我经历过的事情。

上个世纪60年代，我在北京的延庆县工作。我的一个战友，原来在北大学外语，是高材生，又一表人才，篮球打得也很好。他看上了北大的一个女大学生，人家就是不干。谈恋爱是个很微妙、很复杂的事情，傻瓜能变成聪明人，聪明人也能变成傻瓜。有时候大家看着那两个人挺适合的，但就是谈不到一起；有时大家看着那两个人不适合，但人家倒谈得很好，结婚以后感情也很好。如果用个文雅的话说，就叫"情人眼里出西施"，如果用我们河北的一个歇后语说，就叫"王八看绿豆——对上眼了"。我这个战友看上北大一个女大学生，人家就是不干，他就患了"单相思"。平时他打篮球也好，工作也好，人际关系也好，但一犯病就往八达岭长城跑，我们派一个班追他都追不上。以后我的这位战友就离开部队了，他的情况我就不清楚了。

到了上个世纪80年代，我在一个正师级单位当政委。我的一个部下，年轻的男军官，到了谈婚论嫁的年龄。他的直接领导跟我汇报，让局里派个车。我问他派车干什么？他说，我们处的一位年轻男军官，说中央电视台的女播音员李娟看上他了。你们年轻人可能不知道李娟了，70年代末、80年代初，每天晚上7点新闻联播，女主播就是李娟。这位李娟同志形象也好、声音也好，我这个部下说李娟看上他了。怎么看上他了呢？他说，每天晚上7点播新闻时，李娟那个眼睛都死死地盯着他。他的直接领导对我说，明天局里派个车，我们郑重其事地把他拉到中央电视台,郑重其事地把李娟同志请出来,让李娟同志郑重其事地向他声明:我每天晚上播新闻,眼睛盯着全国人民,其中包括你,但是绝不是只盯着你一个人。以便让他打消幻想,另选配偶。我一听就有问题了,我说,去什么中央电视台!明天就送他去北京军区261医院检查身体。大家知道,261医院擅长看精神病。第二天去了,两个医生只检查了10分钟,就说,别走了,精神分裂了。以后我调离了这个单位,这个老部下的情况我就不清楚了,但听说他的病一直没有完全好。

为了说明正确对待失恋的问题,我这里给大家讲一个故事。

从前,有一个年轻人失恋了,很伤心,甚至想到了自杀。人们无论怎么劝他,都不起作用。无奈之下,只好让他去找隔壁村子里的牧师。牧师看到年轻人这副样子,就关切地问:"年轻人,发生什么事情了?"年轻人说:"我失恋了!"牧师露出微笑的表情说:"年轻人,跟着我做。张开你的手,看看你手中的那三条线。这三条线分别是生命、事业和爱情,统称为命运。接着你把手紧紧握住,这时你找找看你的命运……"年轻人听了牧师的最后一句话,顿时似乎明白了什么。以后,他不仅有了一份可贵的爱情,而且有了一份令人羡慕的事业。他告诉别人这一个故事,故事的最后一句话是:"其实,命运就掌握在你的手中。"是的,命运就操在你自己的手中。如果遇到困难、挫折和不幸,只是摊开手、低下头、泄了气,注定一蹶不振、导致失败。而握紧自己的手,坚定地往前走,就是成功的方向和人生的路径。

我讲了这么多,有的同志可能会问:你年轻的时候是怎么对待学习、工作和恋爱、婚姻等问题的?我从来不讲大话、空话、假话、官话、废话、套话,我给大家讲真话、讲实话。

我参军以后10年没有回过家,就是一心搞好学习,搞好工作。有两句话支撑着我:一句话是"离不开爹娘,成不了栋梁"。人有大孝有小孝,孔夫子讲"父母在,不远游"。你在家里照顾父母,这也叫孝,但只是小孝。你携笔从戎、保家卫国,干出成绩、作出贡献,把为国家尽"忠"与为父母尽"孝"结合起来、统一起来,这叫大孝。所以说"离不开爹娘,成不了栋梁"。第二句话是:"舍不得娇妻,成不了好汉。"如果你年纪轻轻就想娶媳妇，想早早地结婚，过小日子，有了家室之累，就可能影响你事业上的发展。

在这两种思想的支配下，我27岁以前，没有正式谈过恋爱。我的同批战友，那时多数都结了婚，有的还有了孩子，而我还是一个"快乐的单身汉"。

与我住在同一个宿舍的是一位37岁的老同志，他是抗美援朝入伍的，人很好，对我也很关心。有一天，他对我说，小田啊，你27岁了，该恋爱、结婚了。最近有一个情况，军校停课"闹革命"，空军医学院来了一位女学员，很不错，她哥哥、嫂子也在咱们部队，对你印象不错，你是不是可以和那位女学员见一见、谈一谈？这时我就心有所动，我就说可以吧！第二天，这位老同志领着我到军人服务社门口，那位女学员的嫂子领着她在军人服务社里面，就用这种方式"相亲"。我远远一望，也没看清。我是一个农民的儿子，没有谈过恋爱，当时又在"文化大革命"那种背景下，所以感到特别害羞、特别腼腆。我就说回去吧！回去了以后，那位女学员的哥哥、嫂子就给我同宿舍的老同志打电话，说明天让田永清同志到我们家来吃饺子，给他们创造个时间、空间，进一步加深感情，增进了解。这时候，我就表示不去了。人家哥哥、嫂子就有看法、有意见了：我妹妹条件很好，我们对田永清同志印象也不错，他是不是没看上我妹妹呀？这时候，我就跟同宿舍的老同志说，我不方便做工作，你帮我做做工作，就说，田永清同志不是没看上，田永清同志根本就没看见！同志们，真的是没看见呀！只是模模糊糊地那么望了一眼。这件事整整过去43年了，我现在还有点内疚，倒不是我没有与那个女学员相结合，而是我对这件事太不认真了，究竟行不行，总要看一看、谈一谈、处一处再定吧！以后这位女学员找了我的一位战友，组成了幸福美满的家庭，我也向他们表示了祝贺。

到了28岁，我还是光棍汉一条，一人吃饱，一家不饿。这时与我一起工作的一位女军官，我们互相之间产生了好感，实事求是地说，这位女同志形象、作风、工作各方面都不错。但是，我们虽然在一起工作，谈了一年多恋爱，主要方式还是互相写信、递条子，没逛过一次马

第三部分
与大学生漫谈成人、成才、成家、成功

路,没看过一场电影,没去过一次公园,没下过一次饭馆,连一次手也没握过。后来,这位女同志给我写了最后一封信,提出要与我分手。究竟是什么原因,人家也没说。我自尊心很强,也没问人家为什么要分手。

同志们,失恋了有两条戒律:一是我前面说的"不失德、不失志、不失态",二是不要问人家什么原因。因为问,人家也不会如实对你说。据我自己分析,可能是人家看不上我,所以变心了。我是个农民的儿子,人家是个高级干部的女儿;我的家在农村,人家的家在北京;我当时还是个小干部,身材也不伟岸,相貌也不惊人,才华也不出众,所以人家变心也是可以理解的。门不当,户不对嘛!人各有志,人各有爱,这种事情勉强不得。

虽然谈了一年多恋爱连一次手都没握过,但我还是深深地感到,谈恋爱是很甜蜜的,失恋是很痛苦的。失恋后,我也经历了感情的煎熬和失眠的折磨。差不多过了两年,我的心态才逐渐调整过来。到了31岁,我才又开始谈恋爱,我的对象也是一位女军官,各方面条件都很好。谈了一年恋爱,我32岁时结婚了。结婚不到半年,我爱人就到广州第一军医大学学习去了,这一学就学了4年。我爱人学成归来后,又工作了两年,我们才有了一个女儿,那年我已经38岁了。当时还没有"只要一个好"的政策,但我和我爱人商量,我们还是要响应党和国家的号召,只要一个女儿足矣。北京人讲:"女儿好,女儿好,女儿是爸妈的小棉袄。"大作家冰心有一副对联:"无官一身轻,有女万事足。"我39岁的时候,就带头做了男性绝育手术。那时,我已当了多年的正团职领导干部,是一个处的副政委,分管的工作有一项就是计划生育,我们也被评为计划生育先进单位。

报告开始时,主持人把我表扬了一番,我觉得很不好意思。我到哪里都说,我是个"三无将军":

第一,我一参军就上军校,以后长期在总部机关和院校工作,没在战斗部队当过兵;

第二,因为工作性质原因,我没上前线打过仗,这是我军旅生涯的

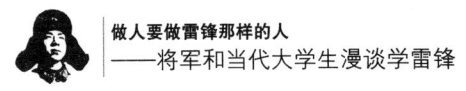

最大遗憾；

第三，我没立过功，不但没立过功，连个嘉奖都没有。

唯一使我感到骄傲和自豪的是，我31岁谈恋爱，32岁结婚，38岁有一个女儿足矣，39岁就带头做了男性绝育手术，分管计划生育又被评为先进单位。所以，我曾经被评为中国人民解放军总参谋部的计划生育先进个人！

我爱人16岁参军，60岁退休，军龄长达45年，一直从事军队医务工作，被评为高级专业技术职称，大校军衔，专业技术4级。我女儿毕业于中国传媒大学，在北京电视台工作。我的家庭很幸福、很美满、很和谐。如果我当年失恋以后，自卑自暴自弃、自杀，或者得了精神病，我今天也就没资格在这里给大家吹牛、聊天了！

四 关于"成功"

其实,我在前头讲的成人、成才、成家,其中就包含着成功。

我在这里再讲讲什么叫成功。不同的人对成功有不同的理解,对不同的人在成功方面也有不同的要求,有不同的衡量标准。

著名学者、科技专家、演说家李开复谈成功有三句话,我觉得说得很不错,可供大家参考:一句是"世界因你而不同",一句是"做最好的自己",一句是"实现人生价值最大化"。李开复认为,做到了这三句话,就意味着你的人生是成功的。

我到清华大学演讲时,一位女大学生问我:"你认为什么样的人生才算圆满的、成功的人生?"我思索了一会儿说:"人生好比一个圆,事业是半个圆,婚姻、家庭是半个圆。做你想做的事并且做成功了,爱你想爱的人并且生活在一起了,就可以说你的人生是圆满的、成功的。"

古人讲高标准的成功,必须做到"三立":第一是立德,第二是立功,第三是立言。立德,就是培养高尚的道德品质,成为人们学习的楷模;立功,就是建功立业,有所作为,有益于国家、人民和社会;立言,就是著书立说,传之后世,用你的思想和文字影响人们。做到了这"三立",就可以称之为"三不朽",人们永远不会忘记你。这当然是高标准的成功了,一般人是难以做到的。

总之,所谓成功,就是一个人的目标得到了实现,价值得到了体现。一个人的目标有大有小,所以成功也有大有小。人生价值的体现,可以分为内在与外在两个方面。外在指个人的价值得到了社会的承认,内在指个人的价值得到了自己的承认。就是说，人生价值的体现是外在与内在的统一。成功是多元的，也是多层次的，还是分类型的。不过，有一点可以肯定：实现大的成功，必须依靠一系列小成功的积累。再宏伟的目标，要想得到实现，都必须"千里之行，始于足下"。最重要的是，抓紧每一天，做好每件事。这也正如有人说的：把简单的事情做好就不简单，把平凡的事情做好就不平凡。把简单的、平凡的事情做到极致，就能取得成功。

那么，怎样才能成功呢？我这里先转赠大家两个公式，再送给大家十句话。

一个公式是：著名学者、享年98岁的季羡林先生写了一篇文章，文章中说，集八九十年之经验，得出了一个公式：成功＝天赋＋勤奋＋机遇。第一是天赋，成功是需要天赋的，不承认天赋不是唯物主义，人的天赋是各不相同的。第二是勤奋，只有通过勤奋，才能把你的天赋发挥出来、发掘出来。第三是机遇，机遇是存在的，不承认机遇也是不对的，但是，机遇有两个特点：一是稍纵即逝，机遇来了，就要紧紧抓住；二是机遇只垂青于时刻有准备的人。你平时不学习、不准备，机遇也不会找上门来。

另一个公式，是著名作家二月河的公式。二月河原名叫凌解放，他因写《康熙大帝》、《雍正皇帝》、《乾隆皇帝》"落霞三部曲"而享誉海内外。有人由此断言，他小时候肯定很聪明，是个王勃式的神童。其实，完全不是这么回事。二月河没有上过大学，只是个高中生，而且，小学留一年级，初中留一年级，高中留一年级，直到21岁才高中毕业。他23岁参军，当了十年半的工程兵，转业时是个连队的副指导员。

很多人都向二月河发问：您只是一位高中生，一位部队的连级转业干部，您的学问和名气是从哪里得来的？您的长篇历史小说是怎样写出来的？为什么根据您的长篇历史小说改编的电视连续剧那么受欢迎？前几年，在北京的一次聚会中，我当面听到在座的著名电影导演陈凯歌和夫人陈红也问了他类似的问题。

二月河大体上是这么回答的：

我现在多少有了一点名气，但我对名气看得很淡。若问我这一点点名气是从哪里来的？我想可能有这样三方面的因素：

第一是我有一些才气，但才气不大，如果才气很大，怎么还会三次留级呢！我酷爱文学和历史，在这方面的智力最多也就是中上水平。

第二是我碰上了好的运气，我当了十年半的工程兵，我在部队得到了锻炼和提高，在我人生的关键时刻，总有人出来帮助我，改革开放又为我提供了比较宽松的创作环境，再者清史小说当时比较冷门，很多人感兴趣、愿意看。

第三最主要的我是靠力气，这是最重要的。我想一个人无论怎样笨，只要认准一件事，每天干它十几个小时，这样坚持一二十年、三四十年，总会弄出一点东西来，干出一番事业来。

我与二月河是交往近 20 年的好朋友，前几年他出了一本散文集，书名叫《二月河语》。他让我为他这本书作序，我写的序题为《话说二月河》。我根据二月河上面说的这些话，列出了一个公式，叫做"二月河公式"：名气＝才气＋运气＋力气。

我这里再说说二月河读书和写作是多么刻苦。他当工程兵时，开过山、放过炮、打过眼、挖过煤，什么苦活、累活、脏活、险活都干过。除了完成工作任务之外，他抓紧点滴时间，拼命看书学习。那个时候，战士一个月才有 6 元钱津贴，买不起书，星期天他就到新华书店去看，一看就一上午，中午接着看，新华书店的工作人员下午上班后，发现他还在那里看书。有时他看一本书上了瘾，边走边看，光着的脚碰到一块大石头上，鲜血直流，他竟浑然不觉。就这样，他阅读了毛主席说的中国的两部大书：《史记》和《资治通鉴》，还阅读了古今中外的大量文学名著。他用水泥袋的牛皮纸做成卡片，写下了成捆的读书笔记。

他开始写"落霞三部曲"时，还在河南省南阳市委宣传部当干事、当科长，利用业余时间写作。夏天天气炎热，酷暑难耐，他就把两只脚放进一个水桶里，这样既可驱蚊，又稍微感到凉快一些。冬天夜间，写到凌晨两三点钟，感到瞌睡难耐，他就用烟头烫胳膊，用以提神。

就这样，经过近 20 年的艰苦奋斗，他写出了四卷本的《康熙大帝》、三卷本的《雍正皇帝》、六卷本的《乾隆皇帝》,一共十三卷,530余万字。二月河的书,上至党和国家领导人,下至平民百姓,大家都喜欢看。二月河被评为中国唯一一位最受世界华人欢迎的作家。有人说,哪里有华人,哪里就有二月河的读者;哪里有华人,哪里就有二月河的"粉丝"。今年上半年,二月河到台湾,那里的一些"二月河迷"打出了这样的横幅:二月河,我爱您!

下面送给大家10句话,作为礼物。这10句话是我几十年来所经所历、所见所闻之后的一些所思所想、所感所悟,被人们称之为"人生十宝",广为传播。

关于送礼,我国古代有这样一些说法:"千里送鹅毛,礼轻情意重";"送人以金钱,不如送人以良言";"良言一句三冬暖,恶语伤人六月寒"。现在北京又有这样一些说法:上个世纪70年代送礼送点心,80年代送礼送补品,90年代送礼送鲜花,21世纪送礼送健康、送成功。我送大家10句话,希望有助于同学们身心健康、事业成功。

第一句话:结交"两个亲密朋友"——一个是运动场,一个是图书馆。经常到运动场锻炼身体、强健体魄。经常到图书馆博览群书,增长知识。在大学期间结交了这"两个亲密朋友",参加工作之后,就会养成两种良好习惯,一个是锻炼身体的习惯,一个是阅读书报的习惯。这两种习惯,将使你们受益终生,感到其乐无穷。我这个人自我感觉很笨,没有什么突出的兴趣和爱好。几十年来,我就是一直坚持两个习惯:日行万步路,夜读十页书。我随身带着个计步器,不走够一万步路,我不上床;上床以后,不读够十页书,我不睡觉。美国的哈佛大学有一百座图书馆,每个大学生在两天之内,要阅读一部近三百页的书。每座图书馆的门口,写着这样的格言:此时此刻,如果你在读书,你就是在圆梦;此时此刻,如果你在打盹,你就是在做梦。要圆梦不要做梦。

第二句话:配备"两个保健医生"——一个是运动,一个是乐观。联合国卫生组织提出4句健康格言:"最好的医生是自己,最好的药物是时间,最好的运动是步行,最好的心情是宁静。"自己给自己配备

"两个保健医生"，运动使你生理健康，乐观使你心理健康。这"两个保健医生"与你形影不离，让你健康，让你快乐，赛过其他任何高明的医生。

第三句话：练好"两项功夫"——一个是本分，一个是本领。做人靠本分，做事靠本领。靠这"两本"起家能够靠得住，任何时候都不要投机取巧、搞歪门邪道。投机取巧、搞歪门邪道，短时间可能得到一些"实惠"，也可能风光一阵子，但终究是靠不住的。俗话说："善有善报，恶有恶报。不是不报，时候未到。时候一到，一切都报。恶者痛哭，善者欢笑。"这几句话值得我们深思。

第四句话：乐于吃"两样东西"——一个是吃亏，一个是吃苦。做人不怕吃亏，做事不怕吃苦。吃亏是福，吃苦是福。"吃亏是福"，乃郑板桥之名言。"吃苦是福"，也充满着人生哲理。不怕吃亏才能做人，不怕吃苦才能做事。世界上最有营养、最能成就人的，就是这"两样东西"。如果一个人既乐于吃亏，又乐于吃苦，就可能大有作为，成就一番事业，也能搞好人际关系。世界上最难吃、有不少人最不乐意吃的，也是这"两样东西"。如果一个人既不能吃亏，又不能吃苦，那他就绝不会有大的作为，也不可能搞好人际关系。"爱别人就是爱自己"，这句很经典的话，道出了人际关系的"核心机密"："给予就会被给予，剥夺就会被剥夺，信任就会被信任，怀疑就会被怀疑，爱就会被爱，恨就会被恨"，这既是心理学的互惠关系定律，更是人生"向上之路"的路标。

第五句话：追求"两个一致"——一是兴趣与事业的一致，一是爱情与婚姻的一致。兴趣是最好的老师，也是最大的动力。兴趣与事业一致，就能最大限度地发挥自身的潜力，就能工作并快乐着，从而做出优异的成绩，做出最大的贡献。当然，军人还有一个服从工作需要的问题，而且兴趣也是可以培育和转移的。爱情和婚姻要一致，恩格斯指出，婚姻应以爱情为基础，没有爱情的婚姻，是不幸福的婚姻，也是不道德的婚姻。

第六句话：具备"两种力量"——一种是思想的力量，一种是利剑的力量。拿破仑曾说："世界上只有两种力量，一种是思想，一种是利剑，而思想最终总是战胜利剑。"战争是对利剑的洗礼，而和平则是对思想的历练。我们既要深切感受利剑的光芒，更要触摸思想的力量。什么是人？字典上说："制造和使用工具进行劳动的高级动物就是人。"说它对，是因为人确实是以制造工具而改变了世界。说它不对，是因为人所共知，能使用工具的不仅只有人，有的高级动物也会使用工具。俄国思想家、大文豪车尔尼雪夫斯基提出，人是由三大块儿构成的：一是丰富的知识，二是思考的能力，三是高尚的情操。没有知识，不会思考，缺乏情操，即使有人的模样，也算不上是"人"。我觉得这比字典上的说法更好。因为，制造和使用工具只是一种现象，而非本质。而要做到上述三条，都离不开思想。我们今天所需要的，仍然是对人的力量的关注，对人的力量的激发。只是，这样的力量，已经不仅仅体现为吃苦耐劳、奋勇拼搏，还需要更加深邃的前瞻力量，更多创意的思想力量。因为，在信息化时代，我们所要完成的，将是"由汗水到智慧"的跨越。在这种形势下，一个有思想的人，才是力量无穷的人。

第七句话：插上"两只翅膀"——一只是理想，一只是毅力。有了理想，就有了方向，有了目标，有了动力。要使理想不至于变成空想，还必须有毅力，要朝着既定的目标，锲而不舍，持之以恒，不达目的，决不罢休。这就是"心中有梦，梦想成真"。就像唐僧那样，他的目标是从西天取回真经，为此他跋涉千山万水，克服千难万险，吃尽千辛万苦，前后历时19年，终于取回了真经，从而成为伟大的旅行家、探险家、佛学家、翻译家。一个人给自己插上了理想和毅力这"两只翅膀"，他就会飞得高，飞得远。

第八句话：构建"两个支柱"——一个是科学，一个是人文。大写的"人"，需要"两个支柱"来支撑，这"两个支柱"就是科学和人文。科学与人文，犹如人的左手和右手，由一个中枢神经控制，两者不能分离。人文需要科学，科学同样需要人文。没有科学的人文可能是愚昧的，没有人文的科学可能是枯燥的。称得上大师的人，往往都是文理兼通、古今兼通、中西兼通的人。梁思成先生早在上个世纪20年代在清华大学演讲时，就曾这样大声疾呼：一定要走出"半个人"的时代！科学与人文缺一不可，缺了其中的一个方面，就只能算作"半个人"。而"人民科学家"钱学森同志，则于近几年反复强调："一个有科学创新能力的人，不但要有科学知识，还要有文化艺术修养。没有这些是不行的，没有这些是不可能成为大师的。"

第九句话：记住"两个秘诀"——一个是"健康的秘诀在早上"，一个是"成功的秘诀在晚上"。现在晨练已经成为从京城到乡镇的一道亮丽的风景线，很多人黎明即起，"闻鸡起舞"，锻炼身体，不断增进健康。但仔细一看，就会发现，参加晨练的人群中，中老年人比年青人多，女同志比男同志多。有的年青人说："老家伙们晨练是'垂死挣扎'，我们有老本，能吃几十年，早晨还是睡懒觉更舒服。"还有些所谓的"另类青年"，他们的生活方式则是"睡昨天的觉，做今天的事，花明天的钱"。这样对身心健康显然是不利的。锻炼身体，应该从青少年时期开始，从每天早晨做起。如果不注意锻炼身体，不讲究生活方式，弄得未老先衰，甚至英年早逝，那就悔之晚矣了！爱因斯坦说："人的差异产生于业余时间。"善用业余时间，加班加点学习、工作、钻研，足以成就一个人。业余时间搞歪门邪道，去不该去的地方，做不该做的事情，也足以毁掉一个人。被誉为日本"经营之神"的松下幸之助曾说："想知道一个人会有什么成就，可以看他在晚上的时间做什么。能够善用晚上7点到10点钟的人，他的成就将比一般人高出两倍。"

第十句话：力争"两个极致"——一个是把自己身上的潜能发挥到极致，一个是在正常情况下把自己的寿命延长到极致。做到这"两个极致"，就既能大有作为，又能健康长寿。有的学者指出，普通人终其一生，只有不到5%的潜能得到发挥。如果人的潜能发挥到10%，他就能背过120部《大英百科全书》。你想充分发挥自己的潜能吗？那就要努力做到了解自我、接受自我、实现自我、超越自我。我们军人既要"一不怕苦、二不怕死"，但在正常情况下，又要珍惜生命、关注健康。记得"文革"时，有不少人常说这样的话："向左看，拼命干，死了算！"现在看，这样的"豪言壮语"，真是"左"到家了，既幼稚又可笑。人生要获得成功，靠长命而不靠拼命，靠恒久而不靠一时。一个人如果能够达到这两个"极致",既事业有成,又健康长寿,那就可以说他功德圆满、不枉此生了。健康长寿有什么好处?可以概括为4句话:自己不受罪,亲人不受累,节省医药费,有利全社会!

我今天浪费大家时间,整整讲了三个小时。我再吹吹牛,我觉得,我有两条比小布什总统要强:一个是我的汉语讲得比他好吧?第二个,小布什说讲三个问题,结果忘了一个,我今天讲了四个问题:成人、成才、成家、成功。扩展一点说,我今天讲了十六个大字:保证成人,力争成才,适时成家,追求成功。我想讲的问题,基本上都讲出来了,没有忘记。

今天很炎热,会场秩序一直很好,大家掌声、笑声不断,令我十分感动。我向大家表示感谢,表示敬意!

最后,我祝大家学业有成、事业有成、身体健康、精神愉快,到适当的时候,成人、成才以后,你们也采一个最大、最好、最美的"麦穗儿"。

我特别祝愿军校生和国防生:

进来时是一块质朴的纯钢,
出去时是一柄闪亮的利剑!
谢谢大家!

第四部分

践行当代革命军人核心价值观

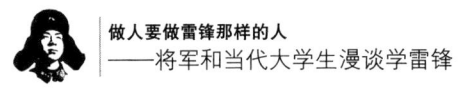

做人要做雷锋那样的人
——将军和当代大学生漫谈学雷锋

同志们：

大家上午好！

我们总参军训和兵种部组织的当代革命军人核心价值观巡回报告团一行四人，于今天凌晨两点半才飞到广州，只休息了几个小时，上午就在大礼堂和大家见面、作报告。我们四人，杨永革同志是领队。其他三位同志进行了分工：炮兵指挥学院的陈教授负责讲当代革命军人核心价值观的重大意义，工程兵指挥学院的季教授负责讲当代革命军人核心价值观的科学内涵，我负责讲如何践行当代革命军人核心价值观。刚才两位教授已经讲过了，他们讲得很全面、很准确、很深刻，值得我和大家很好学习。

下面我讲如何践行当代革命军人核心价值观。既然是讲践行，我就不准备从理论上多讲了，而是从我的所经所历、所见所闻、所思所想、所感所悟讲一讲如何践行当代革命军人核心价值观。如果大家觉得我讲的还可以，就请同志们作个参考；如果我哪些地方讲的不对，也请同志们批评指正。

2008年12月，中共中央总书记、国家主席、中央军委主席胡锦涛同志站在时代发展和军队建设全局的高度，郑重提出并系统阐述了"忠诚于党，热爱人民，报效国家，献身使命，崇尚荣誉"的当代革命军人核心价值观。胡主席提出大力培育当代革命军人核心价值观，赋予了新形势下我军思想政治建设的一项重大战略任务，为强化官兵精神支柱提供了基本遵循。我坚信，只要我们大家积极响应胡主席的号召，坚持不懈地用当代革命军人核心价值观引领我们的思想和行动，我军就一定能够做到打得赢、不变质。

下面，我就一个问题一个问题地来讲。

---

* 本部分为作者2009年6月12日在广州军事体育学院的演讲。

第四部分
践行当代革命军人核心价值观

一

忠诚于党

忠诚于党，阐明了当代革命军人与党的关系，回答的是"听谁指挥"的问题。忠诚于党，是当代革命军人核心价值观的集中体现，用一个字概括就是"魂"，用两个字概括就是"军魂"。

我军是中国共产党亲自缔造、绝对领导下的人民军队。革命军人忠诚于党，在平时就要表现为爱党、信党、敬党，时时"跟党走"，处处"听党话"；在事关大是大非的关键时刻，就一定要与党中央、中央军委在政治上、思想上、行动上保持高度一致，做到一切行动听指挥。

记得1989年发生政治风波时，有一位曾经在"文革"时期受到过处理的同志，有人鼓动他趁此机会赶快起来闹事。这位同志说，我的经验是："动乱"之中切勿"乱动"，如果乱动，就必然犯错误。所以，我们不但在平时，特别是在大风大浪、大是大非面前，一定要与党中央、中央军委在思想上、政治上、行动上保持高度一致，做到一切行动听党指挥。

当前，我们要特别注意学好党的创新理论。只有这样，才能做到热爱党、坚信党、忠于党、听党话、跟党走。

我于1940年出生在河北省无极县的一个普通农民家庭。我的祖辈家境很贫寒，五个爷爷其中有四个爷爷包括我的亲爷爷，去了东北闯关东，结果冻饿而死，不知葬身何处。我的五爷给地主当长工，是地下党员，坚决抗日，由于一个地主告密，我五爷被日本鬼子残酷地用东洋大刀砍了头，是我伯父、父亲冒险收了尸。我从小就特别痛恨日本鬼子，对共产党、八路军有很深厚的感情。日本鬼子投降的时候，我快五岁了，已经记事了。我家是抗日的"堡垒户"。什么叫"堡垒户"？在座的年轻一点的同志可能不知道，站在共产党、八路军一边，坚决抗日的家庭，就叫做"堡垒户"。大家可能看过《地道战》、《地雷战》这两部电影，反映的就是我们冀中一带抗日战争的情况。我家住的房子是个土坯房子，有两层墙，外面一层，里面一层。地道口就在我家的两个夹皮墙中间，一直通到野外的井口。八路军的武工队员就住在我家里头，他们白天帮助老百姓做好事，比如打水、扫院子、干农活，晚上就去袭击日本鬼子的岗哨，惩罚伪军。

由于汉奸告密，日本鬼子和伪军得知在我家里住着八路军的武工队员。有一天，他们就来"扫荡"，抓住我家的一个邻居，这个人叫阎合子，还不到20岁。一个伪军问他：共产党在哪里？八路军在哪里？武工队在哪里？他就领着日本鬼子和伪军到存放红薯的地窖下面去看，日本鬼子和伪军一看没有，知道上当受骗了，就把他打得半死。他还是一个字也不说。日本鬼子和伪军又把他拉到鬼子住的岗楼，继续打他、问他，他明明知道八路军的武工队员就藏在我家里，但他死也不说。我记得抬回他尸体的时候，面目全非，遍体鳞伤，惨不忍睹呀！在我幼小的心目当中，阎合子就是一位英雄，我非常敬佩他，非常痛恨日本鬼子和伪军。在我们县的县志上、烈士碑上都镌刻着他的光辉名字。这个人并没有文化，一个字也不识，但是在日本鬼子面前却表现了中华儿女的铮铮铁骨！我一辈子都忘不了他！

我小时候分不清共产党和八路军，总以为是一回事。土地改革以后，还出过这么一个笑话：一个翻身农民在县里的新华书店，就"请"（不说买）了一张毛主席像。那时在翻身农民家里堂屋中间都挂着毛主席像，两边都贴一副对联：翻身全靠毛主席，幸福不忘共产党。这个翻身农民呢，"请"了一张毛主席像，觉得很珍贵，很高兴地捧在手里。他又跟新华书店的工作人员说："我再请一张共产党的像！"这时候，新华书店的工作人员对他说："共产党没有像啊！"他说："怎么没有像啊？

我们村的小学老师给我家写的对联就是'翻身全靠毛主席，幸福不忘共产党'。有毛主席的像，怎么没有共产党的像呢？"那个时候共产党刚刚公开，原来都在"地下"，不公开。正在谈论当中，县委书记来了，对翻身农民说："老大爷，共产党不是一个人，共产党是一群人，都是好人，是帮助老百姓闹翻身的一群好人！"这个时候，翻身农民才知道共产党是怎么回事了。那时，毛主席、共产党在老百姓心目中，形象是非常崇高的。

我七八岁的时候，正是我们解放军大军南下的时候，那时我才第一次看到汽车，一看到骑马的就说大官来了，那时营长就能骑马了。我母亲给我带上炒好的花生、煮熟的鸡蛋，追着往解放军口袋里塞。如果塞进去了，我就觉得完成任务了，就兴高采烈；如果解放军不接受，我就继续追，一直追三五里路，哭着往他们口袋里塞，很多孩子都像我这样。那时，我们对共产党、对解放军的感情就是这样的。

今年是我入党50周年。我是在石家庄第六中学读的高中，高中二年级时，刚到18岁的我就光荣地加入了中国共产党。今年3月30日是我入党50周年。母校的校长和书记给我打电话，希望我入党50周年时，能回去讲一讲我当年学习、生活、入党的情况。我说决不要宣传我个人，我是一个很普通的军人，很普通的党员。后来和校长、书记达成共识，就说是"校友田永清与师生共话成长"。那一天，我和母校的4000多名师生一起升了国旗，我向大家讲述了我当年学习、生活、入党的情况，把我上高中时的一位老师、一位入党介绍人都请来了，我向他们深深地三鞠躬，感谢他们当年培养了我、关心了我、推荐了我，介绍我加入了中国共产党。

风风雨雨50年，我对党的认识逐步从感性上升到了理性。大家知道，新中国成立以后，我们党领导中国人民进行社会主义建设事业。社会主义建设事业是前无古人的伟大事业，要建设就要探索。在探索当中，既取得了历史性的伟大胜利，但在一些时候也犯了严重错误。不必讳言，现在我们党也存在着不正之风和贪污腐败现象。对于这些，作为一个入党50年的老党员，我感到痛心疾首、深恶痛绝。但是，我对党的认识,已经从感性上升到了理性。我认为,一个党、一个人不可能完全正确、一贯正确,我们党的伟大领袖毛泽东同志也犯过严重错误,问题不在于一个党、一个人犯不犯错误,重要的在于能不能认识错误、承认错误、改正错误,能不能与时俱进,开拓创新,领导全国人民继续前进。就像邓小平同志说的,毛主席是犯过错误,但他的功绩是第一位的,他的错误是第二位的。如果没有毛主席,我们不知道还要在黑暗当中摸索多久。

贪污腐败现象,是个历史性、社会性、世界性的问题,绝不是共产党的领导、社会主义制度和改革开放造成的。我国的台湾省实行资本主义制度,搞多党轮流执政,那个臭不可闻、十恶不赦的所谓"总统"阿扁,不也是个大大的贪官吗?我们党始终高举反腐败的大旗,并且不断加大反腐败的力度,完善反腐败的措施,就像人们所说的:"只要反腐不放松,早晚抓出王怀忠(因贪污腐败被判处死刑的安徽省原副省长)。"我坚信,随着我国经济和社会的不断发展,随着我党反腐制度的不断加强,我们党一定会建设得更加纯洁、更加坚强、更加伟大。基于这样的认识,我对党的感情始终如一,我的信念、我的信心、我的信仰始终没有动摇过。

我们党已经领导全中国人民建立了两大历史性功绩:一个是推翻了"三座大山",建立了新中国,今年是我们新中国成立 60 周年,我们的国家现在蒸蒸日上,日新月异,在世界上"站起来"了;第二个是我们纠正了"文化大革命"的错误,找到了中国特色社会主义道路,经过 30 多年的改革开放,我们中国发生了翻天覆地的变化,中国人民逐步地"富起来"了。中国共产党的这两大历史性功劳,是有目共睹、举世公认的。

我对党的认识不断地从感性上升到理性,风风雨雨 50 年,使我坚定了这样的认识和想法:只要坚持党的领导,加强党的领导,改善党的领导,我们党就能打败一切敌人!就能创造一切奇迹!就能克服一切困难!就能纠正一切错误!就能永远领导全国人民不断前进!这样伟大的党,我们难道还不应该永远忠于她吗?

第四部分
践行当代革命军人核心价值观

热爱人民

　　热爱人民，阐明了革命军人与人民的关系，回答的是"为谁当兵"的问题。热爱人民，是当代革命军人核心价值观的"根"，就像一棵大树那样，必须有"根"。全心全意为人民服务，是我们党也是我们军队的唯一宗旨。

　　关于军队和人民的关系，我用三个比喻来形容：第一个是父母与儿女的关系，就像大家经常唱的"我是一个兵，来自老百姓"，人民是我们的父母，我们是人民的儿女；第二个是水与鱼的关系，人民是水，我们是鱼，我们离开人民就没法生活；第三个是船与水的关系，唐太宗李世民讲过一句名言："水能载舟，亦能覆舟。"毛主席诗词当中也有一句名言："军民团结如一人，试看天下谁能敌？"淮海战役胜利以后，陈毅元帅讲了一句很生动、很深刻的话，他说："淮海战役的胜利，是人民群众用小推车推出来的！"斯大林在得知淮海战役我军用60万兵力消灭了国民党的80万兵力后，称"这是世界战争史上的奇迹！"在淮海战役战场上，我军60万官兵在前线冲锋陷阵，后面有500万老百姓全力支援。那么一场战争，需要修工事，老百姓就把自己家的门板拆下来修工事。那时就是这样一种党与群、军与民的关系。老百姓为什么支持共产党？因为共产党给了老百姓土地。所以，毛主席当时就说，解放战争能不能胜利，就看我们的土地革命能不能成功。你给老百姓带来了实惠，你主张公平，风气又好，老百姓能不支持你？老百姓心里有杆秤啊！

　　我在这里给大家讲一个故事，这个故事是一个结论，但是有两个版本。

1960年5月和1961年9月,二战名将、英军元帅蒙哥马利两次来我国访问,他受到了高规格的接待,毛主席和周总理亲切接见了他,他还去了不少地方参观游览。

这个故事的一个版本是说,有一次蒙哥马利到北京军区某部参观射击表演,当时由我们解放军的名将、时任北京军区司令员的杨勇上将陪同。表演结束后,蒙哥马利取半自动步枪,卧姿射击,连发连中。这个时候他将枪交给杨勇,想要考验考验杨勇上将的枪法如何。杨勇微笑着接过枪,蒙哥马利是卧姿射击,杨勇是立姿射击,也是连发连中,蒙哥马利看得目瞪口呆。在回国途中经过香港时,他在记者招待会上警告西方国家:千万不要和中国军队在地面交手,和中国军队地面交手必败无疑!

关于这个故事还有另一个版本,这种说法可能更为深刻。蒙哥马利到延安时,参观了延安革命纪念馆和毛主席在杨家岭的故居,使他对中国共产党和中国人民解放军有了更深刻的了解,特别是延安的革命斗争故事让他发现了一个战争的新规律。这个故事说:解放战争初期,毛主席率领中央机关和部队在陕北与国民党部队周旋,当时的兵力,国民党是20多万人,我军才2.8万人,我军处于绝对劣势。蒙哥马利感到特别奇怪,如此弱小的兵力怎么会战胜国民党的军队,况且我军的装备也大大落后于国民党军队。有关人员向他介绍了毛主席的人民战争思想和延安的军民关系,其中就讲到这样一件事:胡宗南的一个军长叫刘戡,他想消灭毛主席领导的在陕北的解放军。毛泽东、周恩来那时候住在王家湾农民薛老汉家中,直到敌人到了山那边,距离很近了,毛泽东、周恩来这时才走。毛泽东前脚走,刘戡后脚就到,他也看中了薛老汉的家,更巧合的是,他也睡在了毛泽东睡过的那个坑上。刘戡就问薛老汉毛泽东的去向,薛老汉装作不知,刘戡就把他吊起来打得死去活来,但是薛老汉始终不吐一字。相反,刘戡临走的时候,参谋丢了一份电报,当地群众捡到后,马上冒险送给了解放军。王家湾一带当时也有国民党的组织,其中一个小学的教员就是国民党员。刘戡来到以后,他马上跑去邀功,但是问到毛泽东的去向时,他却一问三不知。这是为什么呢?因为群众将消息向他封锁了,毛泽东在村里住了好长时间,他根本就不知道。

听了这个感人的故事,当时 74 岁的蒙哥马利就陷入了沉思。身为二战的一代名将,他打过许多胜仗,但从来没有像毛泽东这样的奇遇,从未打过这样以少胜多、以弱胜强的仗,人民战争、军民关系对他来说,简直就是天方夜谭。所以,这个故事的另一个版本是,蒙哥马利从这里得出了一个结论:外国军队千万不要和中国军队在地面交手,和中国军队在地面交手必败无疑!

我在这里再给大家讲两个故事。可以说世界上没有哪一支军队能像我军这样与人民群众血肉相连,生死与共。

1934 年 11 月,三位在长征中的女红军,在湖南省一个老大娘家借宿。这三位女红军看到老大娘家里一床被子也没有,她们三个人就把这床被子剪成了两半,一半留给了老大娘,带上另一半继续走上了长征路。后来这位老大娘一直珍藏着那半床被子,临终前她告诉后人:什么叫共产党?什么叫红军?就是有一床被子也要剪下一半来留给老百姓,这就叫共产党,这就叫红军。

另一个是在《聂荣臻回忆录》中,记载着在抗日战争最艰苦时期军民鱼水情深的感人情形:

一九四二年春天,青黄不接,群众和部队都发生了粮荒。入春后,杨树、榆树长出了嫩叶,老百姓就把树叶当成了主要的食粮。我们部队有的伙食单位请示能不能采集树叶,我曾要求军区政治部为此发了训令,部队所有伙食单位都不能在村庄附近采摘杨树叶、榆树叶,要把它留给群众吃。全边区部队严格执行这个训令,宁可饿着肚子,也不与民争食。

广大群众得知这个训令后,很激动。他们找到军区,找到边区政府,找到我,要求收回训令,说得十分恳切。群众说,抗战以前,我们穷人没有吃树叶的权利,因为,山上的树,都是属于地主的,地主不准

做人要做雷锋那样的人
——将军和当代大学生漫谈学雷锋

穷人捋树叶。八路军来了,实行了减租减息,穷人才能上山捋树叶了。可是,眼下闹饥荒,为我们争得民主权利的八路军,自己却不能上山捋树叶,这怎么行呢!我向群众解释我军的纪律,同时告诉他们,我们正在想办法解决部队的粮食问题。

因为我军是热爱人民、全心全意为人民服务的革命军队,所以我军对个别欺压人民群众、违反群众纪律的问题,处理得也格外坚决、毫不留情。这里我也给大家讲一个故事。

1947年8月,刘邓大军渡过淮河进入大别山以后,所遇到的情况与淮河以北完全不同,其中一个情况是北方的骡马不吃稻草,得用饲料喂养,这给部队行动带来了很大的困难。夜间行军走的是稻田小路,人马经常落水。有的战士发牢骚,把毛主席《沁园春·雪》中的一句话:"江山如此多娇,引无数英雄竞折腰",改为"江山如此多娇,引无数官兵尽摔跤"。饱受敌人践踏的群众,看到我们部队轻装进入大别山,开始怀疑我军能否站得住脚,怕地主、特务进行反扑,多数群众躲入了深山。在这种情况下,部队吃的、用的都发生了极大的困难,违反群众纪律的情况也日渐增多。

针对这种情况,刘、邓首长于这年9月组织部队干部召开了紧急会议。刘伯承司令员首先讲话,他深刻阐明了纪律的重要性。接着,邓小平政委严肃指出,部队纪律这样坏,这是我军政治危机的开始。随即张际春副政委宣布,严重欺压老百姓者枪毙,抢劫老百姓财产者枪毙,强奸妇女者枪毙。

有一天,刘邓大军路过一个镇,老百姓又逃得光光的。邓小平在该镇四处巡视,检查部队的群众纪律。当他发现一个军人刺刀上挂着一捆花布、一捆粉条时,当即就命令随行人员查清这是什么人。当邓小平得知这个人是警卫团四连的副连长,他刺刀上的那捆花布和粉条,是趁老百姓家里没人时拿来的。邓小平立即同刘伯承商量,要枪毙这位副连长。消息传出,有人认为这位副连长屡建战功,是不是可以考虑不杀。

有些慢慢回来的群众知道了这个情况，也纷纷给他说情。刘伯承听到这些反映后，还是坚决支持邓小平的意见，决定要杀这个人。当天下午，由李达参谋长召开部队军人大会，并请当地群众参加，宣布将这个副连长判处死刑，立即执行。群众纷纷议论说：真正的红军又回来了！这件事的处理，解除了群众对刘邓大军的疑虑，很快就恢复了军民间的鱼水感情。

在讲了热爱人民的重要意义后，同志们可能会问，怎样做才叫热爱人民？我谈一些看法，不知大家同意不同意。

热爱人民，就要热爱自己。有的同志可能说，你怎么这样讲呢？我说要热爱自己，绝不是要大家自私自利，也不是要大家一事当前，先替自己打算。热爱自己，因为你自己就是人民的一分子，你要自尊、自立、自爱、自强，你要承认自己、认识自己、充实自己、提高自己、完善自己，你只有具备了高尚的品德、过硬的本领、综合的素质，你才能更好地热爱人民，更好地为人民服务。如果你不珍惜自己的生命，不提高自己的本领，又何谈热爱人民呢？

热爱人民，就要热爱自己的父母。我在这里也给大家讲一个故事。有一个班级的大学生毕业时，班主任提问了三个问题：第一个问题是，知道自己父母生日的请举手，结果只有一半人举了手。第二个问题是，知道多年来给我们宿舍打扫卫生的农民工姓名的请举手，结果没有一个人举手。第三个问题是，自己打过自己耳光的请举手，结果不但没有一个人举手，反而引来了一阵笑声：自己怎么会打自己耳光呢？这时，班主任老师讲了六个字：孝敬、关心、反省。意思是要孝敬自己的父母，要关心周围的人，如果做不到这两条，就应该很好地反省自己，当然不必真的自己打自己耳光。

现在的一些年轻人从小就庆祝自己的生日了，但对自己父母的生日却不知道。如果一个人不热爱自己的父母，他就绝对不会热爱人民，这可以说是一条规律。现在我们选拔干部的一条标准，就是看你孝敬不孝敬自己的父母。我们中国的汉字很有讲究，就说这个"孝"字吧！甲骨文时的"孝"字,上面是个"老"字,下面是个"子"字。到秦文时,才改成了现在的这个"孝"字,上面是个"老"字头"耂",下面是个"子"字尾。意思就是,你的父母生育了你、养育了你、抚育了你,你长大成人之后,就要尊敬老人、孝顺老人、赡养老人,老人走不动了,你还要背着老人。我国古人经常说这样两句话:"树欲静而风不止,子欲养而亲不待。"现在也有一种说法,世界上有两件事情不能等:一件是"行善"不能等,一件事"行孝"不能等。这两种说法都很有道理,值得我们深思,应该努力践行。

热爱人民,就要热爱我们营区周围的人民群众。我们部队的这个口号提得很好:"视人民如父母,把驻地当故乡。"在战争年代,我们部队没有营房,行军到哪里,打仗到哪里,都是住在老百姓家里。那时军民关系很密切,军人一到老百姓家里,就帮着做好事,挑水,扫院子。走的时候,一定把门板上好,把稻草捆好。老百姓对军人依依不舍,难分难离呀!现在,我们部队都住营房了,条件比过去也都大大改善了,但是,我们不应该忘记驻地周围的人民群众。作为部队,要和地方有关单位、学校搞好军民共建,尽量给他们一些帮助。作为军人,尤其应该和驻地的人民群众搞好关系,尽量为他们做好事,绝不能违反群众纪律。

我年轻的时候,两个人对我的影响最大,一位是后来成为百岁将军的孙毅老首长,一位是平凡而伟大的共产主义战士雷锋同志。他们的共同特点是品德高尚、淡泊名利、助人为乐。我很注意向他们学习。

记得1963年全国全军掀起了向雷锋同志学习的高潮,那时我所在的部队驻在北京延庆县。我们营区附近有一家农民失了火,财产损失很大。我和一位叫王树林的战友,就把自己的衣物和平时节省下来的津贴(那时我还没有提干),捐献给了那家农民。

1965年,我在驻地附近的中羊坊村辅导民兵学习毛主席著作时,民兵排长徐山同志得了胃穿孔,被送到县医院救治,急需有人给他献血。当时情况很危急,我就和民兵们一气儿跑了十几里路,赶到县医院,争着为他献血。经过化验,得知我是B型血,和徐山同志血型一样。我二话没说,挽起袖子就为他献了300CC血。到了上个世纪80年

第四部分 践行当代革命军人核心价值观

代,我在总参某部一个局当政委,已经是正师职领导干部了,年龄也40多岁了,当时北京组织义务献血,我也带头献了200CC血。献血之后,我感到体力、精力没有什么影响,上楼梯时我还是一步迈两个台阶。我说说这些陈年往事,可能有点"王婆卖瓜,自卖自夸"。我相信,现在的年轻官兵如果遇到我当年遇到的类似情况时,一定会做得比我更好。

热爱人民,要从热爱身边人做起。前面讲了,我们中国的汉字很有讲究。一个人就是一个人,两个人就是一个"仁"字,就有人与人之间的关系了。孔夫子说:"仁者爱人。"我们现在讲究"以人为本"。我们国家是世界上人口最多的国家,有13亿多人,56个民族。我在一本书上看到这样几句话,大意是说,无论你职位多高、交际多广,但你经常接触的、经常相处的就是那么有限的一些人,这些人是需要你经常关心、帮助的人,也是经常关心、帮助你的人,这些人也可能是与你发生矛盾、形成纠葛的人。因此,热爱身边的人,与他们很好相处,就显得格外重要。

这就是说,我们每天遇到的是一个一个的人,如果你不热爱具体的人,谈何热爱13亿人民?热爱人民是具体的,不是抽象的,只有热爱一个一个具体的人,才能谈得上热爱人民。"以人为本"要以一个人一个人为本,如果你是个普通干部、普通士官、普通战士,你就要热爱你周围的人,和你的上级、和你的同级、和你的下级搞好关系,关心他们,热爱他们,帮助他们。

如果你是领导干部,就要热爱你的搭档,热爱你的部属。有些领导干部总是和搭档搞不好关系,这不是方式方法问题,而是根本态度问题。主官之间要搞"将相和",不要搞"龙虎斗"。过去经常这么说,两个主官之间,"互相补台,好戏连台;互相拆台,一起垮台。珠联璧合,相得益彰;明争暗斗,两败俱伤。"这是正反两方面的经验之谈。领导干部之间、战友之间怎样搞好关系呢?我送大家八句话。前四句是:"对上以敬,对下以慈,对人以和,对事以真。"后四句是:"有事没事常来往,大事小事多商量,急事难事抢着上,好事喜事要谦让。"我相信,主官之间、战友之间,如果能够按照这八句话去做,各方面的关系就可能搞好了。

如果你是一位领导干部,热爱人民,就要关心爱护你的部属,因为这是你的职责所在。领导干部要处理好做人、做事、做官这三者之间的关系:做人是基础,是最重要的,首先要做个好人;做事是目的,要多做好事,少做错事,不做坏事;做官是责任,做官是为了做事,做事不是为了做官,做官要做清官,不要做贪官。要解决当官为什么、在位做什么、身后留什么这几个根本问题。

你是领导干部,就要尽力为你的部属创造良好的工作条件、学习条件、生活条件,使大家工作上有用武之地,生活上无后顾之忧。你说你热爱全中国人民,你热爱13亿多人民,你也没那么大本事,也没那个资格啊!你热爱你的部属,这也是热爱人民,因此,要尽量在自己的职责范围之内,创造一个良好的、和谐的小环境。

领导干部要给部属穿"跑鞋",不给部属穿"小鞋",让部属进步更快,提高更快,成绩更大。胸怀要开阔一些,度量要大一些,不要小肚鸡肠,斤斤计较,搞打击报复,更不能给部属穿"小鞋"。对部属要公道正派、一视同仁,不要分远近亲属,不要搞"小圈子"。搞"小圈子"必然脱离大多数人,是最不得人心的。领导干部要多串"冷门",不串"热门"。串"冷门",就是谁得病了,谁思想不痛快了,谁遇到问题了,谁家属来队了,甚至谁受到处分了,一定要去看看,安慰安慰,帮助他解决思想问题和实际问题,使他痛快起来,振奋起来。不串"热门",就是谁升官了,谁发财了,这时有人会去凑热闹,你不要去凑那个热闹。

讲到这里,我要说一说我在位期间遇到的一件刻骨铭心的事情。1994年到1998年,我在石家庄装甲兵指挥学院当政委。1996年,河北省发生了百年不遇的特大洪涝灾害。我的一个好部下、正团职军务处副处长张金垠同志,为了抢救9名处在危难中的群众壮烈牺牲了。张金垠同志的家乡在辽宁省桓仁满族自治县,他也是满族人。他牺牲的时候,正值暑期放假期间,他的爱人和儿子都回老家去了。当我们派人把他们接回来以后，告诉他们张金垠同志已经牺牲了，他的妻子一下子就晕了过去，休克了40多分钟，醒来后悲痛欲绝、痛苦不已。

当时中央电视台著名主持人敬一丹同志来到我们学院采访张金垠同志的事迹，因为他的事迹实在太感人了，敬一丹采访了两天，几次哭得采访不下去。后来她专门制作了一期《焦点访谈》，播放后在全国全军引起了强烈的反响。

敬一丹制作的这期《焦点访谈》，一开始不是从张金垠怎么壮烈牺牲开始，而是说部队有这样一位军官，回家探亲时给母亲买桃子，买了一袋软的，一袋不硬不软的，一袋硬的。那位卖了几十年桃子的老汉，从来没有遇到过这种情况，就问这位军官是怎么回事。军官说，我是一位军人，回来探家，明天就要回部队了。我母亲爱吃桃子，但她已上了年纪，牙齿不好了。我买三袋桃，是让母亲先吃软的，这一袋软的吃完了，然后不软不硬的也就变软了，就吃这一袋；吃完这一袋，那一袋硬的也就变软了，最后再吃这一袋。卖桃的老汉听了张金垠说的情况，非常感动，连声夸他是个大好人、大孝子！敬一丹制作的《焦点访谈》这样开头，可谓独出心裁、感人至深。

我们对张金垠的评价中有八个字：德才兼备、忠孝两全。对他的全面评价，概括成了三句话："平常时候看得出来，关键时刻站得出来，生死关头豁得出来。"江泽民主席当时给他追记了一等功。中央宣传部、国家民政部、总参谋部、总政治部、河北省委、辽宁省委联合举行报告会，先后在北京人民大会堂和沈阳、石家庄等地巡回报告，广泛宣传他的光辉事迹。

记得我当年读初中时的一位刘老师，在学习了张金垠的事迹之后，很严肃地问我："英雄流了血，牺牲了性命，你能不能让他的亲人不流泪？"我当时很郑重地回答："我在位期间保证做到，我退休以后尽力做到。"我们除了隆重地办好张金垠的后事，高规格地宣传他的英雄事迹，尽最大努力做好抚恤工作，还破格让他的儿子光荣参军、子继父业。

退休前后，我和有关同志曾两次到张金垠的故乡，探望他年迈的老母亲。为他老母亲办理了"农转非"，在县城争取到了一套55平方米的住房。我第二次去的时候，县委书记、县长都来了。我们带着慰问品，吃的、穿的、用的、花的，一应俱全。县委书记、县长也很感动，他们说："部队对烈士的亲属这样关心，我们地方上也责无旁贷！"县委书记和县长当即叫人在张金垠母亲住的房子里，张贴了一张告示：县里任何部门不得收取烈士母亲的水电暖费。地方领导这样重视，也使我十分感动、深受教育。

我离开石家庄已经11年了，我每年回去，一定去看望烈士的妻子、儿子，关心他们的工作和生活。1998年，我奉命调到总参谋部原兵种部当政委。我离开石家庄时做的最后一件事，就是在烈士牺牲的地方堆了好多石头，为我以后再凭吊他时能找到明显的标志。我还用一盆清水，用雪白的毛巾，含着眼泪，擦拭了张金垠的半身雕像，从头到脚，干干净净，一尘不染。这些事情都是我和张金垠的战友们应该做的。

在张金垠牺牲10周年的时候，我给敬一丹同志打电话，说您当年宣传了烈士的事迹，至今他的战友和亲人都感谢您，对您都念念不忘。敬一丹同志很快给烈士的妻子、儿子写了慰问信，送了慰问品。我还让著名作家、我的挚友二月河同志给烈士的亲人送了字画。

大家知道，我们中国人经常说，人生有三大不幸：幼年丧母，中年丧偶，老年丧子。我们只是做了一些应该做的事情，但是，在烈士牺牲10周年的时候，烈士的妻子还一针一线地亲手为我绣了一幅百福图。我把这件珍品收藏在家，作为永久的纪念，我感到承受不起、受之有愧呀！

热爱人民，就要努力做到：在人民群众遇到灾难、生命财产受到严重损失时，革命军人要挺身而出、义无反顾、全力救助。

我在这里给大家说一说，前不久我应成都军区政委张海阳上将邀请，到成都军区一些机关、部队、军校作报告。《解放军报》高级编辑、大校卜金宝同志和你们学院的余平同志与我一同前往。在此期间，我们特地去了"5·12"大地震受灾最严重的汶川县映秀镇看了看。同志们，到现场的感觉和看电视的感觉可大不一样啊！当了解到我们的胡锦涛总书记、温家宝总理亲临现场，日夜不停地指挥千军万马抗震抢险的时候；当我们了解到十几万人民子弟兵和武警官兵，只要有一分的希望就用百分之百的努力，抢救遇险人民群众的时候；当我们了解到像林浩那样的少年英雄，临危不惧，奋力抢救几位小伙伴的时候；当我们了解到一位女警官，在抗震抢险中，顾不上自己的孩子，却用自己的奶水喂别的九个孩子的时候；当我们了解到一位中学的政治老师，正在为学生们讲着人生价值课，突然发生地震，他当机立断趴在课桌上，让四个学生躲到课桌下面，他牺牲了自己，保住了四名学生生命的时候；当我们到一所幼儿园，看到那些在地震中失去父母的孩子们，还不断用稚嫩的声音喊叫我"将军爷爷"的时候……同志们，这时我的心灵受到了巨大的震撼，我泪流满面啊！

人民群众遭受了这么大的灾难，我们解放军、武警官兵用实际行动热爱人民。同志们，热爱人民不是一句空话，平时爱你自己、爱你父母、爱你同志、爱你搭档、爱你部下，当人民群众遭受灾难、生命财产受到严重损失的时候，我们就应该像抗震救灾的官兵那样挺身而出、义无反顾、全力救助。这就叫热爱人民！

我国发生四川大地震以后，外电对我国的抗震救灾工作，也普遍给予了高度的评价。俄罗斯新闻网发了一篇专稿，题为《中国挺住!》，篇幅虽短，但很感人。我在这里给大家读一下：

中国经历的磨难太多，但从没在磨难中倒下！面临灾难，中国展现出坚韧与顽强，赢得了全世界的敬意与赞扬。一个总理能在两个小时就飞赴灾区的国家，一个能出动十几万救援人员的国家，一个企业和私人捐款达到数百亿元的国家，一个人民群众为抢救伤员自愿献血而造成交通堵塞的国家，永远不会被打垮！希望必将与中国同在！四川雄起！中国挺住！

我在地震现场，还看到这样三条标语，非常感人，我在这里给大家读一下：

第一条标语：任何困难都难不倒英雄的中国人民！

第二条标语：共产党最好！党中央最亲！

第三条标语：今天我为祖国而感到自豪，明天祖国为我而感到骄傲！

第四部分 践行当代革命军人核心价值观

二

报效国家

报效国家,阐明了军人与国家的关系,回答的是"为谁打仗"的问题。报效国家,在当代革命军人核心价值观中的地位,用一个字概括,我觉得就是"本"。热爱人民是"固根"的"根",报效国家就是木本的"本"。我们经常说水有源、木有本,就是这个意思。

报效国家,首先就要热爱国家。人们总是在一定的国家里诞生和生活,因而产生和发展了对自己祖国的深厚感情,人们热爱祖国的江山、祖国的文化、祖国的优良传统,关心祖国的前途和命运,这就是爱国主义精神。爱国主义集中表现为民族自尊心、自信心和自豪感,表现为人民争取自己祖国的独立和富强而英勇献身的奋斗精神。

邓小平同志说过一段名言:"中国人民有自己的民族自尊心和自豪感,以热爱祖国、贡献全部力量建设社会主义祖国为最大光荣,以损害社会主义祖国利益、尊严和荣誉为最大耻辱。"爱国主义是我们永远要高高举起的一面伟大旗帜,是实现中华民族伟大复兴的强大精神动力。

同志们!我这里要说一说,原来说我们国家的地图像一片美丽的桑叶,帝国主义蚕食我们了,外蒙古也划出去了,以后人们说我们国家的地图像一只引颈高鸣的雄鸡。现在需要作些说明,我们国家的地图,不仅包括960多万平方公里的土地,还有300多万平方公里的海洋,把土地和海洋加在一起,我们国家的地图更像一个高高举起的火炬。发扬爱国主义精神,就要维护我们国家的领土、主权、统一和完整,反对帝国主义和霸权主义,反对西方国家对我国进行"分化"和"西化"的政治图谋。

我在一些大学作报告时，讲过这么五句话：

第一句话是"中国不能站"，就是不能站着不动，一定要改革开放，不断向前进；

第二句话是"中国不能慢"，邓小平同志说"发展才是硬道理"，发展得慢了也不行；

第三句话是"中国不能散"，就是中国不能分散，一定要反对"台独"、"藏独"、"疆独"等分裂势力；

第四句话是"中国不能乱"，稳定压倒一切，一定要保持社会稳定，一乱就什么事情也办不成了；

第五句话是"中国不能变"，一定坚持走中国特色的社会主义道路，绝不能改变颜色。

人们经常讲：儿不嫌母丑，狗不嫌家贫。好像我们的母亲很丑，我们的国家很穷。如果说过去用这两句话来形容还有一些道理的话，我看现在应该进行一些改变。其实，我们的祖国是很伟大的、很可爱的。下面请大家听一听方志敏烈士于1935年5月2日在狱中写的《可爱的中国》的几段话：

中国是生育我们的母亲，你们觉得这位母亲可爱吗？我想你们是和我一样的感觉，都觉得这位母亲是蛮可爱的。不错，目前的中国固然是山河破碎，国病民穷，但谁敢断言中国没有一个光明的前途呢？中华民族在很早以前就造就了一座万里长城和开凿了几千里的运河，这就证明了中华民族伟大无比的创造力。中国在战斗之中一旦战胜了帝国主义的封锁，肃清了自己战线内的汉奸、卖国贼，得到的不仅是解放，这种创造力将会无限地发挥出来。到那时，中国的面貌将会被我们改造一新，所有的贫困和灾荒，混乱和仇杀，饥饿和寒冷，疾病和瘟疫，迷信和愚昧以及那些杀灭中国的鸦片和毒物，等等，这些都是帝国主义带给我们的赠品，将来也会随着帝国主义的赶走离开我们中国了。朋友，我相信，那时到处都是活跃的创造，到处都是日新月异的进步，欢歌将代替悲叹，笑脸将代替苦脸，富裕将代替贫穷，健康将代替疾苦，智慧将代替愚昧，友爱将代替仇杀，生之快乐将代替死之悲哀，明媚的花园将代替凄凉的荒地，这时我们的人民就能昂首站立在世人面前，而生育我们的母亲也会最美丽地装饰起来，与世界上的各位母亲平等地携手了。这么光荣的一天，绝不在遥远的未来，而在很近的将来，我们可以这样相信的——朋友！

同志们！大家听一听方志敏烈士这一段话讲得多么好啊！方志敏不但是老一辈的革命家、政治家、军事家，而且我们也可以称他是一位伟大的预言家。他所说的我们国家的光明前景，他所说的"八个代替"，现在不是基本上都实现了吗？

我在第一问题中曾经讲到，中国共产党建立了两大历史性功绩：一个是使中国"站起来"了，一个是使中国人民逐步"富起来"了。中国共产党正在领导中国人民继续奋勇前进，我们的国家肯定会"强起来"，实现民族复兴大业。"站起来"、"富起来"、"强起来"这三者之间是紧密联系的。只有"站起来"了，才能"富起来"；只有"富起来"了，才能"强起来"；只有"强起来"了，才能更加牢固、更加长久地"站起来"。

到2021年，也就是中国共产党成立100周年的时候，我国将建设成为惠及十几亿人口的更高水平的小康社会；到2049年，也就是新中国成立100周年的时候，我国将建设成为富强、民主、文明、和谐的社会主义现代化强国。同志们想一想，我们的国家，到那时一定会变得更加伟大、更加可爱！

我们国家曾经出现过许多可歌可泣、感人至深的民族英雄，同志们知道的很多，我在这里就不多讲了。我想讲一个外国的故事，大家从这个故事里可能会受到一些有益的启示。

凡是到过比利时布鲁塞尔的人可能都看到过，没有去过那里的同志或许听说过，布鲁塞尔市的标志性雕塑，是一个"撒尿小男孩"的铜像。这个小男孩的铜像栩栩如生，活泼可爱，至今已有300多年的历史了。关于他的传说有很多，最主要的是说，一次敌人袭击布鲁塞尔，想用炸弹引爆城市。正巧一个叫于连的小男孩发现了燃烧的导火索，情急之下用尿浇灭了它，挽救了全城。从此，这座"撒尿小男孩"的铜像，就成为比利时英雄的象征，并且被称作是布鲁塞尔的"第一市民"。

在很多人的印象当中，"撒尿小男孩"一直是赤裸着身子，其实不然，出于对这位"撒尿小男孩"的崇敬之情，世界上很多国家、城市和人士，都曾给过他衣服。现存的最早送给"撒尿小男孩"的衣服，是1747年法国皇帝路易十五的一件王宫近卫军礼服。据说，当初一位法国士兵曾将"撒尿小男孩"偷走，为了求得宽恕，路易十五将一件王宫近卫军礼服送给了"撒尿小男孩"。其中还有一套中国赠送的中式服装，那是1979年，布鲁塞尔庆祝建成1000周年时，前来参加庆典活动的当时北京市副市长白介夫赠送的。300多年过去了，"撒尿小男孩"已经成为世界上衣服最多的儿童，现在他已有700多件衣服了。这些衣服都被完好地保存在布鲁塞尔市博物馆的一个展厅里，那里五颜六色，好不热闹。

更为感人的是，布鲁塞尔有一位普通的市民，他叫雅克·斯图班特斯，这位普通人所从事的职业却是如此特殊，以至于这个世界上再也找不到第二个人是干他这一行的。那么，他究竟是干什么的呢？他的工作就是给"撒尿小男孩"穿衣服。到目前为止，他已经义务为"撒尿小男孩"穿了30多年的衣服了。每当需要给"撒尿小男孩"穿衣服的时候，总是在天不亮的时候，斯图班特斯就起床了。他趁早晨游客稀少时，将"撒尿小男孩"精心打扮一番，以便使来自世界各地的游客，不仅可以看到于连那永远不变的热诚微笑和姿势，而且还可以看到这位布鲁塞尔"第一市民"300多年来得到的礼物——各式各样的衣服。

通过这个"撒尿小男孩"的故事，可以给予我们很多启示。实际上，世界上任何国家都是非常重视提倡和培养爱国主义精神的，只不过不同的爱国主义具有不同的阶级属性和时代特色而已。一个人无论其地位高低、年龄大小，只要他为自己的祖国做了一点好事，人们就永远不会忘记他。

第四部分 践行当代革命军人核心价值观

前面我用较多的时间讲了发扬爱国主义精神的问题,下面就讲一讲怎样报效国家。

第一,要有报国之志。大家都知道两个成语,一个叫"投笔从戎",一个叫"精忠报国"。现在不叫"投笔从戎"了,改为"携笔从戎"了。我们"携笔从戎"的目的,就是为了报效国家。

第二,要有报国之责。古人说:"天下兴亡,匹夫有责。"军人这个职业,最能彰显一个人的爱国心,也最能体现血性男儿的英雄本色。人们过去常说"好男执戈卫社稷",说的就是这个意思。

第三,要有报国之才。军人要具备政治思想素质、科学文化素质、军事技术素质、领导管理素质、身体心理素质。没有真才实学,没有过硬本领,不爱岗敬业,不在本职岗位上为军队做出成绩和贡献,报效国家就会成为一句空话。

第四,要有报国之行。我们不但要以心爱国,更要以身报国。民族英雄岳飞说:"以身许国,何事不可为?"要报效国家,就必须付出实际行动。革命军人只有为了军队的发展壮大而贡献自己的全部力量,才能体现出自己的人生价值。

报效国家的人生最美丽!

四

献身使命

献身使命，阐明了革命军人与军队的关系，回答的是革命军人实现自身价值的途径和形式问题。也就是平时怎样工作、战时怎样打仗的问题。献身使命，是当代革命军人核心价值观的主题。

什么叫使命？辞海上说，使命就是派人办事的命令，多比喻重大的责任，比如历史使命、神圣使命。我认为，献身使命，在平时就应该在自己的工作岗位上尽心、尽力、尽职、尽责，干一行、爱一行、专一行、精一行，努力做好本职工作，完成组织上交给的任务。在战时就要做到"一不怕苦，二不怕死"，敢打胜仗，消灭敌人。遇有特殊使命，就要牢记使命重于生命，即使牺牲自己的生命，也要不辱使命，完成使命。

革命军人要出色地献身使命，平时就要经受住公与私的考验，战时就要经受住生与死的考验。军队和军人因战争而存在，和平从来就是人类的奢侈品。军人就是准备打仗、从事战争的。试想，如果世界上彻底消灭了战争，实现了永久和平，那还要军队干什么？还要军人干什么？军人的职业，是最艰苦、最危险的职业，也是最光荣、最壮丽的职业。军人最本质的职责，就是每时每刻保卫国家和人民的安全，一心一意谋"打赢"，舍生忘死保"打赢"。我们军人的眼睛，要一只注视战争，一只注视和平。在和平岁月，我们要时刻瞪着眼睛，高度警惕着潜伏在阴暗角落里的战争怪兽的一举一动。一旦战争爆发，我们就要义无反顾，以自己的血肉之躯去赢得战争、创造和平。我们一定要看到，世界并不

第四部分 践行当代革命军人核心价值观

太平,祖国统一大业尚未完成。如何打赢信息化条件下的局部战争?怎样不辱使命捍卫祖国的领土和主权?这是现代战争对每个革命军人的热切呼唤。当兵为什么光荣?光荣因为责任重!我们从入伍那天起,就分享着这种光荣,同时也承担着争取更大光荣的职责与使命。

根据国内外形势的发展变化,胡锦涛主席提出了我军新世纪、新阶段的历史使命,概括起来就是"三个提供、一个发挥":中国人民解放军要为党巩固执政地位提供重要的力量保证,为维护国家发展的重要战略机遇期提供坚强的安全保障,为维护国家利益提供有力的战略支撑,为维护世界和平与促进共同发展发挥重要作用。很显然,在新世纪、新阶段我军的历史使命比过去更光荣、更重要了,也更扩大、更广泛了。我们革命军人要全面领会、坚决贯彻胡锦涛主席的重要指示,党、国家、人民、军队需要我们做什么,我们就一定要做好什么,坚决完成我军在新世纪、新阶段的历史使命。

它山之石,可以攻玉。我军很多英雄模范的故事大家都耳熟能详,我们要很好地学习、继承和发扬他们的革命精神和优良传统。为了说明革命军人献身使命这个问题,这里我给大家讲一个发生在外国的故事。

大家都知道,在长跑竞赛项目中有个"马拉松赛跑",但要问起它的由来,可能很多同志又说不大清楚了。"马拉松赛跑"是田径运动中超常距离赛跑项目,全程42.195公里。它的由来是这样的:马拉松是希腊首都雅典东面一个小镇的名称。公元前490年,波斯人入侵希腊,并一直推进到雅典附近。希腊军队在统帅米勒狄的指挥下,利用马拉松的有利地形,与侵略者进行了一场激战,最后波斯军队被迫从马拉松镇溃退。一个名叫菲迪皮茨的传令兵被派回去报捷,这位士兵从马拉松一口气跑到雅典,高呼"我们胜利了!"接着便因疲劳过度倒地身亡。事过2386年,为纪念这一历史事件,在1896年举行的第一届奥运会上,举行了从马拉松到雅典的赛跑,并定名为"马拉松赛跑",正式列为奥运会的比赛项目。我们很多人都知道"马拉松赛跑",但这位古希腊的英雄战士菲迪皮茨却鲜为人知。我认为,我们中国革命军人不但应该知道"马拉松赛跑",还应该永远记住这位

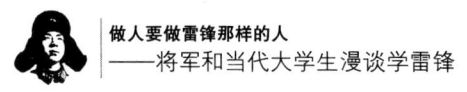

伟大战士的英名。

我参军以后，深感革命军人责任重大、使命光荣。所以，我从1960年参军直到1970年10年间没有回过一次家，就是一心想着搞好学习，搞好工作，多出成绩，多做贡献。年轻时有两句话支撑着我：一句是"离不开爹娘，成不了栋梁"。人们过去经常讲"自古忠孝两难全"。但我认为，"忠"与"孝"是可以统一起来、结合起来的。孔夫子讲："父母在，不远游。"呆在家里孝敬父母，是一种"孝"，但那是"小孝"。光荣参军，献身使命，把为国家尽忠与为父母尽孝统一起来、结合起来，是"大孝"。另一句是"舍不得娇妻，成不了好汉"。过早地恋爱结婚，有了家室之累，就可能影响事业的发展。所以，我坚持做到了晚恋晚婚，结婚以后也是聚少离多，以事业为重。我在部队多数时候是从事政治工作，我的军龄是42年。我爱人是从事军队医务工作，她的军龄是45年。我们两人水平有限，能力不强，但我们在各自的工作岗位上尽了心、尽了力，没有懈怠，做了我们应该做的工作，较好地完成了组织上在不同时期交给我们的任务。我们两人加在一起共为部队奉献了87年时间，所以，我们"安全着陆"、光荣退休以后，也感到问心无愧。

我们所做的一点工作，是微不足道的。在这里我向大家郑重推荐老一代革命家、军事家、开国上将张爱萍同志的一个座右铭，这个座右铭为"三忘"："出家忘妻，出门忘乡，出阵忘死。"我相信，只要我们大家都能做到这"三忘"，就一定能够做到出色地献身使命。

第四部分　践行当代革命军人核心价值观

五

崇尚荣誉

　　崇尚荣誉，阐明了军人与部队官兵的关系，回答的是革命军人的理想追求问题。崇尚荣誉，是革命军人核心价值观的道德基础和精神动力。

　　每个人都应崇尚荣誉，军人更应该崇尚荣誉，这是由军队的性质和特点决定的。军队以年轻人为主，年轻人一个显著的特点，就是好学上进，好胜心强，不甘落后。更重要的是，军队是执行特殊使命的武装集团，军人要经受各种艰难困苦的考验。所以，崇尚荣誉对革命军人来说，显得比其他社会成员更为重要。

　　我国古人说：荣誉是人的第二生命、荣誉是人的第二遗产。外国有个"人生三大难"的说法：第一是获取荣誉难，第二是保持荣誉更难，第三是死后享受荣誉最难。

　　毛主席在悼念张思德的演讲时，曾经引用司马迁的一句话，人固有一死，但死的意义有所不同。有的人死得重于泰山，有的人死得轻如鸿毛。为国家利益而死就是重于泰山，为帝国主义和反动势力而死就是轻如鸿毛。

　　陈毅元帅曾说，人生要开好三个会：一个是庆功会，一个是组织生活会，一个是追悼会。追悼会当然是别人为你开，你自己是不能参加了。但是，要想别人为你开好追悼会，你就必须开好前面两个会。

　　毛主席的秘书田家英同志也曾经说过，有的人"死在脚上"，有的人"死在手上"。"死在脚上"的意思是说，你生前是个好人，做了好事，享有荣誉，你死了人们悲痛不已、捶胸顿足。"死在手上"的意思

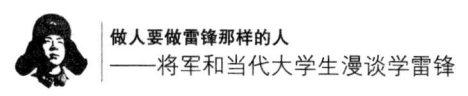

做人要做雷锋那样的人
——将军和当代大学生漫谈学雷锋

是说,你是个坏人,做了坏事,大家痛恨你,你死了人们拍手称快、兴奋不已。

任何民族、任何国家、任何时代都需要英雄,崇拜英雄。崇尚荣誉,是一个民族生生不息的动力,是许多人内心不变的情结。一位哲人说:"一个民族是否伟大,不仅看它产生过什么样的人物,更要看它拥戴什么样的人物。"还有一位哲人说:"一个没有英雄的民族,是没有希望的民族,有了英雄而不去珍惜的民族,是一个可怜的民族、悲哀的民族。"从某种意义上说,多一个英雄,我们的民族就多一份希望,我们的国家就多一份希望。我们的民族需要英雄,我们的时代呼唤英雄。我们的民族、我们的国家历来崇拜英雄、崇拜清官、崇拜孝子、崇尚荣誉,鄙视和唾弃叛徒、汉奸、贪官、卖国贼。

我曾几次到位于河南开封的包公祠瞻仰,那里有一座大碑,碑上镌刻着北宋历任开封府尹(相当于现在的市长)的名字,其中就有包拯的大名。大家知道,黑脸包公是历史上的著名清官。他当时任开封府尹,开封是北宋的首都,他的官职相当于现在的北京市市长。他在这个职位上时间并不长,历史上记载只有一年多的时间。但因为他清正廉洁、大公无私、执法如山,所以关于他的故事世代相传、经久不衰。从那时到现在已过去了1000余年,历朝历代去瞻仰包公祠的人们,出于崇敬的心情,都用手指轻轻地摸一摸镌刻在碑上的包拯的大名,以至他的名字留下了深深的、发光的印痕。包公用自己的政绩、政声,擦亮了自己的名字。

我也曾去过坐落在岳飞原籍河南汤阴和曾是南宋都城的杭州两处岳飞庙瞻仰,亲眼看到在他威风凛凛的巨型雕像对面,跪着秦桧和他老婆王氏及其帮凶卑鄙猥琐的雕像,任世人指斥和唾骂。据说从前有个叫秦涧泉的杭州抚台,是秦桧的子孙。他从秦桧跪像前经过,作了一副对联:"人从宋后少名桧,我到坟前愧姓秦",用以自嘲并对他的这个前辈表示无比愤恨。"秦桧"这两个字本身并没有错,问题是曾经有一个奸臣用这两个字做过姓名,所以自宋代以后,几乎就没人用"桧"做名了。但从这件事上,也可以看出秦桧的确是遗臭万年,被永远地钉在了历史的耻辱柱上。而世世代代的人们对他嗤之以鼻，那也是他咎由自取、势所必然。

还有一件事足以说明人们对秦桧的痛恨。很多人喜欢吃一种油炸面食，在北方是呈长方形的"油饼"，在南方是呈棒槌形的"油条"，又称"炸油桧"。这个名字是怎样得来的呢？相传南宋高宗十一年（1142年）12月，秦桧一伙以"莫须有"的罪名杀害了岳飞父子，人民群众义愤填膺。当时在临安（今杭州）风波亭附近有两个卖早点的摊贩，他俩各自抓起一块面团，分别捏成形如秦桧和王氏的两个面人，搅在一起放在油锅里一起炸，嘴里还不停地念叨："炸死他们！炸死他们！"以后就把这种食品称之为"油炸桧"。从此，各地竞相仿效，遂有棒槌形的油条从南方到北方四处流传。很多人都喜欢吃油条，但知道这个爱憎分明的传说的人，恐怕不是很多。

由此看来，一个人的名字并不是一个简单的符号。赋予不同的名字以不同的内涵，就会在人们的心目中乃至历史上呈现不同的色彩和味道。所以，千万不要抹黑自己的名字，千万不要玷污自己的名字。让我们每个人都珍惜自己的名字，擦亮自己的名字吧！

说到崇尚荣誉，我就想起了我们敬爱的周总理。周总理的一生，是波澜壮阔的一生、光辉灿烂的一生。周总理是1976年1月8日去世的，当时"四人帮"还在台上，他们竭力压低悼念周总理的规格，不准设灵堂，不准佩黑纱，不准戴白花。即使这样，在周总理遗体火化那天，北京市和来自全国各地的上百万人民群众，还是冒着凛冽的寒风，走到长安街两侧为周总理的灵车送行，灵车经过哪里，哪里就是一片哭声。我也排着长长的队伍，到劳动人民文化宫吊唁了周总理，面对周总理的遗像和骨灰盒，深深地三鞠躬。我深深地感受到了"人民总理爱人民，人民总理人民爱"的生动场景。

最感人的是，周总理逝世的时候，当时的联合国秘书长瓦尔德海姆也决定在联合国总部为周总理降半旗致哀。但一些国家的外交官认为，周总理不是国家元首，对降半旗提出质疑。这时，瓦尔德海姆站出来说了一段话：

做人要做雷锋那样的人
——将军和当代大学生漫谈学雷锋

　　我之所以决定为周恩来总理降半旗，主要有三个依据：一是中国是个大国，是个文明古国，中国的金银财宝、中国使用的人民币，多得数都数不过来，但是周恩来贵为总理，在国内外却没有一分钱存款；二是大家都知道，周总理是个美男子，但是他终生只有一个妻子，这就是邓颖超女士，他们终生相亲相爱；三是周总理和邓颖超没有自己的一个孩子，但是他们却无限热爱全中国人民，无限热爱全中国青年，把全中国的青年都当作自己的孩子一样关心、爱护、帮助、培养。你们国家的元首，只要做到周总理这三条中的一条，他死了我就为他降半旗！

　　说完，他扭头就往回走。这时，众多外交官面对联合国旗帜半落，低首为周总理默哀，他们深深地为周总理的伟大人格魅力所折服。周总理的人格魅力，能超越时间、超越空间、超越国界、超越意识形态。周总理永远是我们学习的光辉榜样！

　　一位哲人说："光荣的人注视着国家的荣誉，虚荣的人注视着自己的名利。"我们既要崇尚荣誉，又要淡泊名利，切不可沽名钓誉。早在我读高中时，社会上就流传着这样四句话："见先进就学，见后进就帮，见荣誉就让，见困难就上。"对这四句话，我一直印象很深，对我影响很大。

　　在这里我也实事求是地说说自己的情况，我经常说我是一个"三无将军"：一是我一参军就上军校、当学员，提干后长期在总部机关和院校工作，没在战斗部队当过兵；二是因为工作性质决定，我没上前线打过仗，这是我军旅生涯的最大遗憾；三是我没立过功，连个嘉奖也没有。

　　有的同志可能要问：作为一个将军，你怎么就没有沾过立功、受奖的边呢？这简直不可思议！我也想过这个问题，感到可能有这样两条原因：首先是因为我是个很普通、很平凡的军人，虽然也多少做过一些工作，但从未做出过显著的成绩，因此不够立功或受奖的条件；另一个原因是因为我在同批参军的同志中，开始担任领导职务比较早，又是在政治机关做组织工作，组织部门的一项职责就是负责实施奖励。这样就总得发扬一点风格吧！如果搞"近水楼台先得月"，那不挨骂才怪呢！我

第四部分 践行当代革命军人核心价值观

一直认为,对于职务、级别、荣誉这些东西,如果你真有本事,最好是能干出来、冒出来,千万不要要出来、跑出来!跑官要官,伸手要荣誉、要名利、要地位,是会被人戳脊梁骨的,即使得到了一些东西,心里的滋味也不会好受。

我可以和大家吹牛的只有这么两件事。一件是我响应党和国家晚婚晚育、优生优育的号召,31岁才谈恋爱,32才结婚,38岁才有一个女孩,当时还没有只要一个孩子的政策,但我和爱人商量,只要一个女儿足矣,我39岁就做了男性绝育手术,当时我早已是正团职领导干部,在一个处级单位担任副政委,其中分管的一项工作是计划生育,也被评为先进单位。由于这些原因,我曾被评为中国人民解放军总参谋部的计划生育先进个人。另一件是我退休之后,努力做到退而不休,继续为党、军队和社会做了一些力所能及的工作,所以被评为了全军的先进退休干部,还到总政治部去领了奖,披红戴花呀!我感到还是很光荣的。

同志们,我在前面一个问题一个问题地讲了践行当代革命军人核心价值观,我在这里还想说一下,其实任何国家的军队都有自己的核心价值观,不过它的性质和内容不同罢了。举世闻名的美国西点军校,其校训是六个大字:责任、荣誉、国家。从某种意义可以说,这也是美国军人的核心价值观。

他们是怎样对待这六个大字的呢?二战名将、美军五星上将麦克阿瑟早年毕业于西点军校,也曾担任过西点军校的校长。他在晚年又回到西点军校,发表了一篇著名的演说,这篇演说的题目就是《责任、荣誉、国家》。在演说中,他屡屡满怀深情地讲到这六个大字:

比如:责任、荣誉、国家,这三个神圣的名词,尊严地命令您应该成为怎样的人,可能成为怎样的人,一定要成为怎样的人。它们是您振奋精神的转折点,当您似乎丧失勇气时鼓起勇气,似乎没有理由相信时重建信念,几乎绝望时产生希望。

你们的路标:责任、荣誉、国家,这抵得上夜里的十倍灯塔。

我的年事渐高,已近黄昏。……可是,在我记忆的黄昏,我总是来

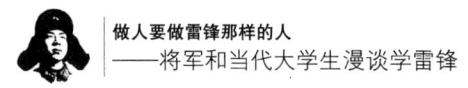

做人要做雷锋那样的人
——将军和当代大学生漫谈学雷锋

到西点,这里总是在我的耳边回响着:责任、荣誉、国家!

我想,这应该给予我们一个启示:美军尚且如此,何况我军!毫无疑问,我们更应该认真学习、深刻理解、努力践行胡主席提出的当代革命军人核心价值观。对于"忠诚于党,热爱人民,报效国家,献身使命,崇尚荣誉"这二十个大字,我们不但要牢固地记忆在脑子里,更要努力地体现在行动上。

我退休已经8年多了。我把自己的退休生活概括为"一、二、三":"一"就是"一个中心",以身心健康、老有所为为中心;"二"就是"两个要点",一支秃笔写文章,一张苦口作演讲;"三"就是"三个梦想",强国梦、统一梦、百岁梦。我已经为自己的军旅生涯画了一个比较圆满的句号,争取在我告别人世的时候,再画一个更为圆满的句号。

同志们!我要和大家一起继续认真学习、深刻理解胡主席提出的当代革命军人核心价值观,努力做到"忠诚于党,热爱人民,报效国家,献身使命,崇尚荣誉"。

我入党50年了,参军也快50年了,年龄近70岁了。回顾自己的大半生,我为自己是中国人感到自豪!为自己是中国共产党的一名党员感到自豪!为自己是中国人民解放军的一名退休老兵感到自豪!

我从内心里发出这样的呼声:

共产党真好!
新中国真好!
各族人民真好!
解放军真好!
社会主义真好!
改革开放真好!
我们的明天一定会更加美好!

第五部分

保证成人　力争成才
　　适时成家
——在北大的演讲（摘录）

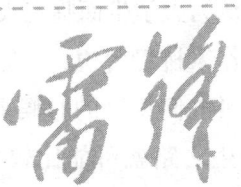

做人要做雷锋那样的人
——将军和当代大学生漫谈学雷锋

我已光荣退休、"安全着陆"了。在位期间，我长期在军队的总部机关和军事院校工作，和军校大学生接触比较多，和地方大学生接触比较少。因为工作需要，我经常给军校大学生作报告，来北大作报告，还是头一回。

北大出名主要靠了"三只兔子"

新中国成立前曾有这样一种说法，北大出名主要靠了"三只兔子"。这"三只兔子"分别指的是影响最大的北大第十四任校长蔡元培先生（生于1867年），北大新派教授、中国共产党的主要创始人之一陈独秀先生（生于1879）年，还有北大第二十任校长胡适先生（生于1891年）。按十二属相来说，他们三个人都是属兔的。"三只兔子"之说一时相传成诵。单说胡适先生，人称胡博士，是个很有学问的人，也是个很风趣幽默的人。他担任北大校长时给学生讲课，一边讲一边在黑板上写，讲到孔子的话时就写上"孔说"两个字，讲到孙中山的话时就写上"孙说"两个字。讲着讲着，课堂上忽然大声哄笑起来，因为他讲自己的话时写上了"胡说"两个字。

在座的主要是本科生。本科生大体上处于十八岁至二十二岁的年龄阶段，这个年龄阶段的大学生有些什么特点呢？我认为主要有三个：一是处于身体的发育期，二是处于人生观的形成期，三是处于心理的波动期。基于这三个特点，我认为大学生面临三大人生课题：一是成人，二是成才，三是成家。著名作家柳青曾说："人生的道路虽然漫长，但紧要处往往只有几步，特别当人们年轻的时候更是这样。"大学生把这三个问题处理好了，今后人生之路就可能比较平坦、比较宽阔；处理不好，今后的人生之路就可能比较坎坷、比较狭窄。基于上述考虑，我今天主要讲六个字，就是成人，成才，成家，而贯穿这六个字的一条线索，就是艰苦奋斗。

---

* 本部分为作者于2003年4月5日在北京大学的演讲摘录。

第五部分

保证成人 力争成才 适时成家——在北大的演讲（摘录）

"再苦也不能苦孩子"变为"再富也不能富孩子"

我国有些地方提出"再苦也不能苦孩子"的口号，这当然有一定道理，但也存在值得研究之处。发达国家有些人提出"再富也不能富孩子"，我看值得我们思考。

同学们可能会说，我们是北大的学生，是天之骄子，是社会精英，是从全国各地凭真才实学考到这里来的高才生，难道我们还没有成人吗？你是不是太小看我们了！

同学们不要急，且听我慢慢说来。

我这里说的"成人"，与你们平时所说到了十八岁就算成人了的说法有所不同。在我国，一般人到了十八岁，就算成人了，就有选举权和被选举权了。这些年有些地方的大中学校或共青团组织，还为年满十八岁的男女青年举行成人仪式。这种成人是从生物学和法学的层面上讲的。我这里所说的成人，既指生理上成熟，也指心理上成熟，只有做到两个成熟，才算得上成人了。

生理上成熟，主要靠岁月、靠锻炼、靠营养，这一点对于绝大多数学生来说，的确问题不大。心理上成熟不完全靠岁月、靠锻炼、靠营养，还要靠学习、靠修养、靠吃苦，现在有些年轻人生理发育与心理发育不同步，心理发育往往跟不上生理发育。现在时常出现的大学生跳楼事件，就证明了这点。大学生只有经过磨炼，吃一些苦，经受一些挫折，才能逐步成熟起来。我们的古人常说："艰难困苦，玉汝于成"，"成人不自在，自在不成人"，"自古雄才多磨难，从来纨绔少伟男"。西方谚语也说："老年人吃苦是不幸的，年轻人不吃苦也是不幸的"，"应该吃苦的时候没有吃苦，不应该吃苦的时候必然吃苦"。法国作家巴尔扎克曾说："吃苦是最好的老师，吃苦是最好的大学。"古今中外这个警世名言，今天对于我们仍然有着重要的启示作用。

要做到成人，还要身体健康、精神健康，两个健康，才算成人。怎样才算身心健康呢？我认为，有"五快"标准。

一是吃得快。吃得快不是指吃饭的速度,不是说狼吞虎咽,而是指食欲好、胃口好,不挑剔食物,即使是粗茶淡饭,也吃得津津有味。这表明人的消化功能正常。季羡林先生有个称之为"三不"的健身秘诀,其中之一就是"不挑食"。

二是说得快。语言表达准确,说话流利,表明人的头脑清楚,思维敏捷,神经系统功能正常。如果说了上句忘了下句,"啊,啊,啊"半天说不出一句完整的语言,就很难表明你的身体健康。

三是睡得快。上床就能够很快睡着,而且睡得深沉,醒后精神饱满,头脑清醒。这表明人的中枢神经兴奋、抑制功能正常、协调,而且内脏无病理信息干扰。人的睡眠习惯不同,一种属于"猫头鹰型",即通常所谓的"夜猫子"。这种人特别能熬夜,往往睡得很晚,起得也很晚。另一种人属于"百灵鸟型",一到天黑就犯困,熬不得夜,睡得早,起得也早。睡得快还往往说明一个人心胸开阔,心里能放得下事。过去有两句话,叫做"宰相肚里能撑船,将军额头能跑马",说的就是遇事要能拿得起,放得下。张学良将军虽然长期遭到国民党、蒋介石的监禁和迫害,却活到101岁的高龄,当时成为古今中外最长寿的将军,上了吉尼斯纪录。有人问张学良有什么长寿秘诀,他说:"就是两个字:能睡。假如第二天要枪毙我,今天晚上通知我,我照样能睡一夜好觉。"人的一生有1/3的时间要睡觉,做到睡得快真是太重要了。但愿每个大学生都能做到:白天笑口常开,晚上安然入睡;白天汗出透,夜晚觉睡够。

四是拉得快。说起来虽然不大好听,但这一条也很重要。说明人的肠胃消化系统正常。俗话说:"大便常通,浑身轻松。"如果你年纪轻轻就便秘,蹲下去半天起不来,就很难说明你身体健康。

五是走得快。走得快是前"四快"的综合表现。脚是人的"第二心脏",足部有很多穴位,常走路大有益于人们的身体健康。开国将军、百岁老人孙毅有一句名言,叫做:"健康长寿,始于足下。"人们常说"人老腿先老",这是有科学道理的。

第五部分

保证成人　力争成才　适时成家——在北大的演讲（摘录）

力争成为"十"字型人才

"十"字型人才，这种人既有较宽的知识面，又在某些领域有比较深入的研究，更重要的是他们敢于冒尖、出头、有创新。

所谓成才，是指大学生经过在校学习，掌握了一定的基础知识，具备了一技之长，能够在适当的工作岗位上，为国家、为人民、为社会作出贡献。

过去有这样一副对联："好（hǎo）读书不好（hào）读书，好（hào）读书不好（hǎo）读书。"这副对联乍看上去，上下联文字完全相同，但却读音不同、含义不同。意思是说年轻的时候正是用功读书的大好时光，但却贪玩不爱好读书；待到岁数大了，知道学习的重要了，爱好读书了，但又身体不行、精力不济了，从而丧失了好好读书的宝贵光阴。古人的这个体会是很深刻的。

英国大作家萧伯纳，在学问上孜孜以求，在生活上却从不讲究。有一次，一个大腹便便的资本家遇到了萧伯纳，指着他的帽子讽刺地说："看你脑袋上的这顶破帽子，能叫帽子吗？"萧伯纳反唇相讥："看你漂亮帽子下面这个脑袋，能叫脑袋吗？"

高斯是德国数学家、天文学家、物理学家，据说高斯夫人病危时，女仆去叫高斯看看，第一次他竟充耳不闻，没任何反应，坐在那里一动也不动。女仆第二次叫他时，他说："我正在思考一个数学问题，请您去告诉夫人，千万不要咽气，等我得出答案后再去看她。"又过了一会儿，高斯的夫人心脏停止跳动了，这时女仆冲过来对他喊道："高斯先生，你的夫人已经去世了，你还不快来看看她，真没见过像你这样的人！"高斯听了，慢慢说道："既然夫人已经死了，我也就不去看她了。因为我去看她她也不知道了。"说完，又开始思考他的数学难题了。

在讲述了上面几位人物的故事之后，我想简单谈谈人才的类型和知识结构问题。有的专门研究人才的专家，把人才分为四种：第一种是"一"字型人才，这种人才的知识面虽然比较宽，但缺乏深入的研究和创新；第二种是"I"字型人才，这种人才在某一领域方面研究比较深，但知识面太窄，很难将各种知识融会贯通进行创造性研究；第三种是"T"字型人才，这种人才不但知识面比较宽，而且在某一领域还有比较深入的研究，但他们的弱点是不能冒尖，没有创新；第四种是"十"字型人才，这种人既有较宽的知识面，又在某一领域有比较深入的研究，更重要的是他们敢于冒尖、出头、有创新。

北大堪称最高学府，是一所典型的综合性大学，其中又以文理科最为见长。因此，北大的学生不但要有知识的广度，而且要有知识的深度，应该尽量把自己培养成"十"字型人才。

有了婚姻和事业　人生这个圆圈才算完整

我这里说的成家不是成名成家，而是说的"男大当婚，女大当嫁"，这是自然而然的事情。大学生基本上"成人"、"成才"之后，接着面临的便是"成家"的问题。有人说，人生好比一个圆圈，事业是半个圆圈，婚姻是半个圆圈，事业有成，婚姻美满，才是完整的幸福的人生。

问题是什么时候恋爱、结婚为好，早了不好，太晚也不好。据说现在有不少大学生对这个问题很着急，到了大二，还没对象，就感到没着没落的，他们想"先下手为强，后下手遭殃"，抓住一个再说。在大学校园里，青年男女花前月下、成双入对的确实不少。但其结果又如何呢？据说大学生谈恋爱的情况是，结对率高，成功率低。在校时形影不离，毕业后各奔东西。在收获文凭的同时，却很难收获成熟的爱情，因此被称之为"走不过七月的恋爱"。

恋爱、婚姻都需要精力和金钱的投入，还是等到成人、成才之后，事业上有了一定的基础，经济上有了稳定的收入之后，再恋爱、结婚为好。我这样讲，也不是说越晚越好，外国有一种说法，说是"女人如球"：二十岁时是足球，二十二个人抢；三十岁时是篮球，十个人抢；四十岁时时乒乓球，两个人抢；五十岁时就成了高尔夫球了，只有一个人抢，还一杆儿打得远远的。所以要把握好时机。

第五部分

保证成人　力争成才　适时成家——在北大的演讲（摘录）

现在，有的大学生找对象把标准定得很高。男的找女的要符合"三女"标准，即要求女方是美女、淑女、才女；女方找男的要符合"三高"标准，即要求男方符合高学历、高收入、高个头三条标准。其中第三条是必须身高一米八以上的，差一厘米的都免谈。世界上哪儿有这样十全十美的男人和女人呢？俗话说：瓜无滚圆，人无十全。打个可能不恰当的比喻，现在买东西讲究"不买贵的，只买对的"，年轻人找对象是否也可以考虑"不找最完美的，而找最适合自己的"呢？

20世纪80年代，我的一位部下，东北人，本来各方面表现都很好，不知怎么他看上了当时中央电视台的女播音员李娟同志，这是根本不可能的事，他却说是李娟看上了他，因为每晚七点李娟播新闻时，眼睛总是盯着他。这位同志的直接领导找到我，说是不是可以找人陪同他去中央电视台，把李娟同志请出来，向他郑重说明，播新闻时眼睛是盯着全国人民的，而不是盯着他一个人的，以便消除他的幻想。我没有同意他的直接领导的意见，而是让人陪他去精神病医院做了检查，结果证实他患了精神病，后来一直也没有看好。每逢想起这件事，我既感到可笑，更感到可惜。

其实，失恋并不丢人，也不可怕，革命导师恩格斯失过恋，大音乐家贝多芬、大诗人歌德、大作家罗曼·罗兰也失过恋。国家最高科技奖获得者、号称"杂交水稻之父"的袁隆平，也曾经两次遭受失恋的打击。第一次是来相亲的姑娘看上了介绍人，初恋情人成了别人的新娘；第二次是因为政治运动中的问题，他热恋中的姑娘又忍痛与他分了手。最后终于有一位慧眼识珠的姑娘走近了他，"有情人终成眷属"。

保证成人　力争成才　适时成家

乐于吃"两样东西"——一个是吃亏，一个是吃苦。吃亏是福，吃苦是福。做人要不怕吃亏，做事要不怕吃苦。世界上最有营养、最能够成就人的，就是这"两样东西"。

讲到这"三成",我就想起了我的老朋友、著名演讲家曲啸同志。二十多年前,我们曾在一起探讨过"成人"、"成才"、"成家"这三者之间的关系。他说,我有三个儿子,我对他们的希望是:第一,保证"成人",起码要做到这一条;第二,力争"成才",不能保证他们都成才,但希望他们力争成才;第三,适时"成家",早了不好,太晚也不好,关键是"适时"二字。我很同意曲啸同志的看法。

现在社会上又流传这样一种说法:20世纪70年代送礼送点心,80年代送礼送补品,90年代送礼送鲜花,21世纪送礼送健康。健康是福,送礼最好送健康。最后,我送给大家几句话,都是与身心健康有关的。

第一句话,建议你们交上两个"好朋友"。一个是运动场,一个是图书馆。经常到运动场锻炼身体、强健体魄,经常到图书馆博览群书、增长知识。

第二句话,建议你们为自己配备两个"保健医生":一个是运动,一个是乐观。最好的医生是自己,运动可以促进生理健康,乐观可以保证心理健康。多年来我形成了这样的习惯:日行万步路,夜读十页书。我随身带着计步器,白天不走够万步路不休息,晚上不读够十页书不睡觉。

第三句话,练好"两项工夫"——一个是本分,一个是本领。做人靠本分,做事靠本领。靠这"两本"起家能够靠得住,任何时候都不要搞歪门邪道。

第四句话,乐于吃"两样东西"——一个是吃亏,一个是吃苦。吃亏是福,吃苦是福。做人不要怕吃亏,做事不要怕吃苦。世界上最有营养,最能够成就人的,就是这"两样东西"。

第五句话,插上"两只翅膀"——一个是理想,一个是毅力。有了理想,就有了目标;要使理想不至于成为空想,还必须有毅力。

第六句话,构建"两大支柱"——一个是科学,一个是人文。大写的"人"需要"两大支柱"一起来支撑。没有人文的科学是枯燥的,没有科学的人文是愚昧的,正如"人民科学家"钱学森多次强调的:一个有科学创新能力的人,不但要有科学知识,还要有文化艺术修养,没有

保证成人　力争成才　适时成家——在北大的演讲（摘录）

这些是不行的。

第七句话，记住两个"秘诀"——一个是"健康的秘诀在早上"，一个是"成功的秘诀在晚上"。要黎明即起，"闻鸡起舞"。锻炼身体，增进健康，争取做到像清华大学曾经流传的那句著名口号："为祖国健康工作五十年。"爱因斯坦说："人们之间的差异产生于业余时间。"业余时间能够成就一个人，也能毁掉一个人。

我的话讲完了。如果我上面讲的有胡适先生说的"胡说"，请大家批评指正。

原载 2007 年 8 月 1 日《北京青年报》"原声课堂"专栏。

第六部分

当代大学生关心的那些事
——答清华大学国防生问

做人要做雷锋那样的人
——将军和当代大学生漫谈学雷锋

主持人尚世锋：今天，很荣幸请到我们的老朋友、总参原兵种部政委、有"军中儒将"之称的田永清将军到我们清华大学计算机系，与即将毕业的应届国防生交流、座谈。田将军今年已经71岁了，入党52年了，参军51年了，退休也已10年了。退休之后，他先后到北大、清华、国防科技大学、信息工程大学等上百所军地高校作报告400余场，直接和间接听众达60多万人次。今天是田将军第三次到清华了。清华大学党委聘田将军为国防生教育顾问，我们计算机系特聘田将军为客座教授。大家都听过田将军作报告，也知道他作报告有"三绝"：一是上台先说三句话：可以交头接耳说悄悄话，可以闭目养神打瞌睡，可以中途退场"开小差"；二是报告不拿一张纸；三是对什么对象讲什么话。因为大家都已听过田将军作报告，而且他今天还给我们带来了宝贵的礼物，就是赠送每人一本他的新作《与大学生漫谈成人成才成家成功》。所以，今天我们变换一下方式，改为大家提问题，请田将军来解答。

参加今天活动的领导和老师有：清华大学定向生工作办公室主任熊剑平老师，总政驻北大、清华后备军官选拔培养办公室主任凌铁大校、副主任陆学东上校，清华大学计算机科学与技术系计71班班主任黄震春老师，大家表示欢迎。

下面，首先请田将军讲话。

田永清将军（以下简称田）：各位同学，大家下午好！在清华大学刚刚度过了百年校庆，我们大家正在欢欣鼓舞地迎接建党90周年的时候，我第3次来到清华大学，感到格外高兴。你们经过4年的刻苦学习，即将毕业，一部分同学继续深造、读研，一部分同学即将奔赴工作岗位，我向你们表示热烈的祝贺和慰问！刚才主持人讲了，我们今天改换一下方式，不再我一个人讲，你们大家听，而是你们大家问，由我来回答。在问答中间，可以插话，可以辩论，我讲错的地方，你们随时可以批评指正。我一向认为，提问题有时比回答问题还重要。你们什么问

---

* 本部分为作者2011年6月24日在清华大学以答问方式发表的演讲。

第六部分 当代大学生关心的那些事——答清华大学国防生问

题都可以问,我保证每个问题都回答。回答不回答是个态度问题,答得好不好是个水平问题。今天下午天气很热,你们"烤"我,很可能把我"烤糊"了。下面,请同学们开始提问吧!

王蒙:今年是建党90周年,我们也刚有一批同学加入了中国共产党。您读高二刚满18岁就入党了,至今已经52年了,称得上是老党员了。能不能谈一谈您对党的认识,另外,您对党内存在的一些贪污、腐败现象怎么看?

田:你提的问题很大、很重要,三言两语很难说清楚,我试着回答吧!我想把你提的问题再扩展一下,讲如下四个"三":

第一个"三":要看清中国近现代史的大走向,也就是总趋势,需要看三个一百年。从1740年到1840年鸦片战争,是百年衰败;从1840年鸦片战争到1949年新中国成立,是百年救亡;从1949年新中国成立到2049年建国100周年的时候,建成富强民主文明和谐的社会主义现代化国家,是百年复兴。这就是说,我们中国近现代史走了一个大大的V字形。很明显,我们国家现在正处于爬坡、上升的时期。大家如果能够看清我国的这个大走向、总趋势,就可能站得高、看得远,就可能心明眼亮,遇到一些具体问题,就不至于迷惑。

第二个"三":今年是我们党建党90周年,这90年大体上可以划分为三个30年:

从1921年建党到1949年新中国成立,接近30年,我们党领导中国人民完成了新民主主义革命,实现了民族独立、人民解放,建立了新中国。

从1949年新中国成立到1978年开始改革开放,这是第二个30年。在这个30年里,我们党领导全国人民完成了社会主义革命,确立了社会主义基本制度。应当实事求是地承认,在这30年中,我们既取得了历史性的伟大胜利,也犯过全局性的严重错误。包括我们敬爱的伟大领袖毛主席在晚年也犯了严重错误,比如发动"大跃进"、"文化大革命",

做人要做雷锋那样的人
——将军和当代大学生漫谈学雷锋

等等，的确给我们党、国家和人民造成了严重的损失。我们党从来不讳言自己所犯的错误，包括毛主席所犯的错误。问题是怎样认识这个问题。建设社会主义是一项崭新的伟大事业，在中国这样一个人口众多、贫穷落后的国家，建设社会主义，就需要不断地进行探索。探索就好比爬山，没有平坦大路可走，有时可能走对了路，有时也可能走弯路、歧路甚至错路，凡是爬过山的同志可能都有这样的经历和体会。一个党、一个国家、一个领袖，不可能一贯正确、永远正确，关键在于能不能认识错误、承认错误、改正错误，从而继续领导人民向前迈进。我们党正是在纠正所犯的错误之后，开始改革开放的。这种态度是郑重的、严肃的，是对党、国家和人民高度负责任的。

这里有一个更为重大更为严肃的问题，就是如何看待毛主席晚年所犯的错误。我完全同意邓小平同志所说的，毛主席的功绩是第一位的，错误是第二位的。如果没有毛主席，我们中国人民至少还要在黑暗中摸索更长的时间。黄克诚大将在一次重要讲话中，对毛主席作了"七分功劳、三分过失"的评价。黄老意味深长地说，毛主席是中国最早的马列主义者之一，他参与创立了中国共产党和人民军队，为建立社会主义的新中国献出了自己的一切。他成功了，成了党和国家的领袖，全民爱戴的英雄。不幸的是，毛主席晚年在急于建设社会主义和保卫社会主义的主观愿望驱使下，犯下了一个又一个错误。但不管他晚年的失误有多么严重，后人还可以用大力量和长时间来补救。而毛主席创立的功绩，则是无人可以代替的。邓小平和黄克诚同志说的这些话，已经过去30多年了，但我还一直牢牢记在心中。

从1978年党的十一届三中全会之后开始改革开放直到现在，是第三个30年。这30年，我们党领导全国人民进行改革开放，使得我们国家的面貌发生了翻天覆地的变化，取得了举世瞩目的伟大成就。这是尽人皆知、有目共睹的。在座的同学们已经20多岁了，你们对这个阶段的变化和成就，也有亲身的体会，所以我就不多讲了。

第三个"三"：我们党是全心全意为人民服务的党，是不断学习、与时俱进的党。有人把我们党随着时代的发展变化而不断前进的状况，概括为三个阶段，我觉得也有一定的道理。这就是，在夺取政权之前，我们党是革命的党；新中国成立之后，我们党成为执政的党；十一届三中全会之后，我们党是领导改革开放的党，同时是执政的党。这种变化，说明我们党勇于变革，勇于创新，永不僵化，永不停滞，因而我们党永远充满活力。

第四个"三"：前面讲的三个"三"都是纵向对比，这个"三"讲横向对比。国内外有的评论家，把世界上原来一些社会主义国家的改革，划分为三种类型：一种是我们党领导的中国的改革，是"渐进型"的改革，摸着石头过河，一步一个脚印，这种改革是成功的，效果是显著的。另一种是"保守型"的改革，有的社会主义国家，我在这里不说人家的国名了，不能说他们没有进行一点改革，但他们的改革是保守的，发展变化是不大的。第三种类型就是前苏联和东欧一些社会主义国家，搞"激进型"的改革，全盘否定共产党，否定社会主义，否定列宁、斯大林，搞什么"公开化"、"新思维"、"休克疗法"。结果如何呢？前苏联解体了，苏共垮台了，东欧原来的一些社会主义国家变了颜色。

1997年，我在国防大学研究系学习时，曾到俄罗斯访问。2000年，我又随将军代表团访问了东欧几个国家。那里原来的执政党垮台了，国家元气大伤了，生产力下降了，人民的生活水平降低了，不但原来的党员和军人对现状不满，人民群众也是怨声载道。

在访问俄罗斯期间，有一个细节，我至今记忆犹新。我们离开莫斯科的前一天，到一个自由市场去购物时，一位摆小摊的老者问我们：你们是中国人吗？是中共党员吗？当得到肯定的答复时，他显得很亲切、很激动。他掀开自己破旧的外衣，让我们看他内衣上佩戴的原苏共党徽，还把一套印制精美的列宁画页共18张送给我们，并连声说："我原是苏共的老党员，苏共垮台了，我们也跟着倒霉了！祝贺中国共产党取得了成功和胜利！"他边说边打着V字手势。

从上述纵横对比，可以得出这样的结论：历史和人民选择了马克思主义，选择了中国共产党，选择了社会主义道路，选择了改革开放。事实也充分证明，中国共产党不愧是伟大、光荣、正确的马克思主义政

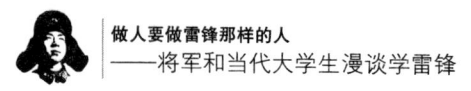
做人要做雷锋那样的人
——将军和当代大学生漫谈学雷锋

党,不愧是领导全国人民不断开创事业发展新局面的核心力量。

关于您提的第二个问题,我们不必讳言,现在我们党内的确存在着不正之风和贪污腐败现象。对于这些,作为一个入党52年的老党员,我感到痛心疾首,深恶痛绝。那些贪官,是我们党的肌体上的蛀虫,是党员队伍中的败类,对他们必须严惩,政治上让他们身败名裂,经济上让他们倾家荡产,名声上让他们遗臭万年。对于这个问题光是气愤和痛恨还不行,还要进行一些理性的分析。贪污腐败现象是个世界性、历史性、社会性的问题,绝不是共产党的领导、社会主义制度、改革开放造成的。资本主义国家没有贪污腐败现象吗?历朝历代没有贪污腐败现象吗?我这样讲,绝不是为贪污腐败辩护或是看不到问题的严重性。相反,我认为这方面的问题仍很严重,形势仍很严峻,任务仍很艰巨。现在有那么一些人鼓吹,只要搞多党制、轮流执政,就能消除腐败现象。没有那么回事!根本不可能!我国的台湾地区不就搞的是资本主义制度,搞的是多党轮流执政吗?那个臭不可闻、十恶不赦的所谓"总统"阿扁,不也是个大大的贪官吗?

老实说,在经济快速发展阶段,难免出现一些阶段性的混乱,包括贪污腐败现象,这是任何国家经济快速发展阶段都难以完全避免的。我们党始终高举反腐败的大旗,不断加大反腐败的力度,就像人们说的:"只要反腐不放松,早晚抓出王怀忠(被判处死刑的安徽省原副省长)!"我们既要充分估计到反腐败的长期性、艰巨性、复杂性,同时也要坚信,随着我国经济和社会的不断发展,随着我党反腐制度的不断完善,随着各种监督力度的不断加强,特别是随着人民群众广泛而积极地参与,我们党一定会建设得更加纯洁、更加坚强、更加伟大!新加坡和我国香港特区能解决这方面的问题,我们也一定能够解决!

我入党52年了,我对党的认识也不断从感性上升到理性,风风雨雨52年,使我坚定了这样的认识:只要坚持党的领导,加强党的领导,改善党的领导,我们党就能领导全国人民,打败一切敌人,创造一切奇迹,克服一切困难,纠正一切错误,就能永远领导全国人民不断前进,创造更加美好的未来。

薛超：今年是清华大学建校100周年，您对清华精神是怎样认识的？

田：这个问题应该是我向你们请教，因为你们在清华学习了4年，前不久又参加了清华百年校庆的活动，学习了清华的历史和传统，学习了胡锦涛总书记在庆祝清华百年校庆大会上的重要讲话，因此，我相信你们对清华精神的理解，肯定比我更深刻、更全面。但既然您把这个球踢给了我，那我就试着回答一下，算作与你们交流、探讨。

清华大学是我国数一数二的高等学府，我原来对清华的情况也略知一二，这次我也认真学习了胡锦涛同志的重要讲话。因此，我对清华精神也有了一些粗浅的认识。我认为，清华精神包括多方面的内容和含义，清华精神是很全面、很深刻的，也是很有特色、很管用的。

比如，清华的传统是"爱国奉献，追求卓越"；

比如，清华的校训是"自强不息，厚德载物"；

比如，清华的校风是"行胜于言"；

比如，清华的教学理念是"中西融合，古今贯通，文理渗透"；

比如，清华的培养目标是"学术大师，兴业英才，治国栋梁"；

比如，国学大师王国维提出的"独立之精神，自由之思想"；

比如，清华老校长梅贻琦对大学的诠释："大学乃大师之谓也，而非大楼之谓也。"

等等，等等，我觉得这些都应该包含在清华精神的范围之内，我们对清华精神应从广义上加以理解，不知我的认识对不对？

这里，我想重点说一说，我对清华大学校训"自强不息、厚德载物"这8个大字格外感兴趣。有的专家、学者甚至这样说，对于中国的文化传统，对于中国的民族精神，有各种各样的概括和说法，但无论什么样的概括和说法，都不如这8个大字概括得准确和全面。全国一些著名大学都有自己各具特色的校训，但我认为，清华大学以这8个大字为校训，是最好的校训。你们都学过《易经》吧？这8个大字就出自《易经》。梁启超当年在清华大学演讲时，特别推崇《易经》中的两句话："天行健，君子以自强不息；地势坤，君子以厚德载物。"清华大学遂将"自强不息，厚德载物"这8个大字定为校训。梁启超还具体解释这两句话，用以鼓励清华学子："要自强不息，犹如天之运行不息，立志坚韧强毅，不屈不挠；待人接物应度量宽厚，犹如大地之广博，无所不载，责己厚而责人轻。"抓住了这两句最简单而又最深刻的话，也就抓住了学习的目的和做人的原则。

我最近看到杨振宁先生的一段话，他说："北大、清华对于中国的贡献，比哈佛对于美国的贡献要大得多。如果没有北大、清华，中国不会是现在这个样子。"我认为杨先生的这段话不是夸大之词，事实确实如此。过去人们常说：半国英才聚清华。这里仅举一例，我国23位"两弹一星"勋章获得者，有14位是清华校友。

国防生具有双重身份，既是地方高校的大学生，又是预备军官。因此，你们对自己应该高标准、严要求，既要认真学习和实践我们解放军"听党指挥，英勇善战，服务人民"的优良传统和"忠诚于党，热爱人民，报效国家，献身使命，崇尚荣誉"的当代革命军人核心价值观，又要学习和继承清华精神。

清华的培养目标是"学术大师、兴业英才、治国栋梁"，我这里斗胆再加上一条：军旅精英。我希望你们既要以自己的母校清华大学为荣，又要实事求是地看到清华与世界一流大学的差距。比如，美国的麻省理工学院，办学特色十分明显，号称世界"理工科之王"，先后诞生了76位诺贝尔奖获得者，就这一点而言，是我国现在举全国高校之力也无法企及的荣誉。著名学者刘再复先生这样激励清华学子："清华，你不是坐落于清华园，而是坐落于大宇宙，你应是鹰的摇篮，不是鸡的营地。"我希望你们到部队工作以后，胸怀蓝空碧海，雄鹰辈出，在军队和国防建设中，大放异彩，成为军旅精英！

王宇：我们这一批国防生，有的将直接到部队参加工作，有的将继续深造读研。您比较赞同哪一种选择？您认为哪一种选择可能更具有发展前途？

田：您这个问题可真不好回答，有点把我难住了。不过我可以讲如下几点看法。

一是直接到部队工作，还是继续读研深造，应该根据两个方面的情况来确定：一是军队和国防现代化建设的需要，二是你们每位同志的具体情况，比如兴趣、志愿，等等。

二是经过4年的本科学习，你们虽然毕业了，但这不是终点，而是一个新的起点。选择直接到部队工作的要好好干，选择继续读研深造的要好好学。毛主席说过，读书是学习，使用也是学习，而且是更重要的学习。

三是以上两种选择，只要好好学、好好干，都有发展前途，很难说哪一种选择更有发展前途，这样说，很重要的原因是学历并不等于能力。

这里我讲讲比尔·盖茨说过的一段话。在2007年哈佛大学毕业典礼上，他说："我为今天在座的各位同学感到高兴，你们拿到学位可比我简单多了。哈佛的校报称我是哈佛大学历史上最成功的辍学生。我想这大概使我有资格代表我这类学生发言……在所有失败者里，我做得最好。"希望大家正确理解比尔·盖茨这段话，他无疑是一位成功人士，可以说为人类作出了巨大贡献，但他的情况毕竟是一个特殊的个案，不可一概而论。

陈垚文：部队欢迎和需要什么样的国防生，您认为什么样的国防生可能最有发展前途？

田：我到不少大学去作报告，很多国防生向我提出过这个问题。我认为，部队欢迎和需要的国防生，应该做到以下六个方面，简称"六得"：

一是"信得过"：政治立场坚定，道德品质优秀，组织信得过您，战友信得过您。

二是"下得去"：到基层去，到边远的地方去，到艰苦的地方去，到军事斗争准备第一线去，到部队建设最需要的地方去。

三是"用得上"：有真才实学，部队建设用得上，我们经常讲"三十而立"，但如果您是个"空袋子"，那可立不起来呀！

四是"留得住"：要干一行、爱一行、专一行，不能见异思迁，这山看着那山高，更不能把部队当作"跳板"。平时要经得住公与私的考验，战时要经得住生与死的考验。学习前辈革命军人"献了青春献终身，献了终身献子孙"的精神，下决心为军队和国防事业奋斗终生。

五是"干得好"：既有第一任职能力，又有发展潜力，干什么都要尽到自己的最大力量，干什么都要干得最好，从而得到领导、战友的认可和好评。

六是"冒得出"：艰苦奋斗，出类拔萃，建功立业，为军队和国防事业做出重大成就和贡献，成为拔尖的高素质军事人才，成为可堪大用、能负重任的栋梁之才。

古语说："宰相必起自州郡，猛将必发于卒伍。"意思是说，当宰相的必须经过基层锻炼，当过州官、郡官。能带兵打胜仗的将军，一定是当过兵的人，是从基层干起来的人。这可以说是古今中外人才成长的一条规律。因此，我认为，最有发展前途的国防生，很可能出自那些开始勇于"下得去"，经过若干年实践锻炼，后来又"冒得出"的国防生。所以，为了军队和国防建设的需要，同时也为了你们自身发展的需要，我希望你们能够做到以上"六得"。

王宇：现在都讲究人生职业规划，军人以服从命令为天职，军人需要职业规划吗？国防生到部队的发展之路有哪些？

田：的确，部队讲军人以服从命令为天职，但这并不妨碍、也不反对军人做职业规划。军人做职业规划应注意两点：一是军队和国防建设

第六部分
当代大学生关心的那些事——答清华大学国防生问

的需要,二是自己的兴趣和特长。兴趣是巨大的动力,如果你所从事的工作正好与你的兴趣相一致,你自身的潜力就会充分得到发挥,就可能做出更大的成绩和贡献。但是,人的兴趣也是可以转移、可以培养的。例如,"三钱"之一的钱伟长,原来是学人文科学的,而且成绩优异。后来发生了日本侵略我国东北的"九·一八"事变,他受到巨大的震撼,立志科学救国,改学物理,结果也取得了巨大的成就,被称为中国的"力学之父"。

我认为在人的一生中,应当不断给自己提出一些奋斗目标,就像爬山那样,征服一座山峰之后,接着又向更高的山峰迈进。这样,就会感到自己身上有一种永不衰竭的动力,就有可能做出连自己都始料不及的成绩和贡献。

为了说明这个问题,我给大家讲一个故事,故事的题目是《怀有127个愿望的人》。

60多年前,美国洛杉矶有一个15岁的年轻人,名叫约翰·科达尔,他为自己制定了一个总数达127个愿望的计划,其中有勘查尼罗河、刚果河,登上珠穆朗玛峰,重游马可波罗和亚历山大大帝到过的地方,创作一部音乐作品,写一本书,结婚,生孩子,甚至还有登上月球,等等。科达尔把这些愿望都编上号,写在一张纸上,以便逐一实现。21岁那年,他已到过21个国家旅行。刚满22岁,他在危地马拉的原始森林中发现了一座玛雅古庙。26岁那年,他历经艰险,完成了对尼罗河溯源的探险。后来,他曾在南美洲的原始部落生活过,登上过土耳其的阿拉拉特山和非洲的第一高峰乞力马扎罗峰,他曾开过两倍于音速的飞机,写了一本关于尼罗河探险的书……当然,他早已结婚并且有了孩子,现在他可能早已当上爷爷或姥爷了。科达尔游览中国的长城,是他的第49号愿望。据说前些年他的身体还很健壮,他盼望有一天实现自己的第127个愿望——登上月球。科达尔说:"我制定这个计划,是为了使自己总有奋斗的目标。我看到周围有些人从不敢尝试自己的能力,结果一事无成。我下定决心,决不走这条路。"

我讲这个故事,当然不是要求大家去机械地模仿科达尔。说实在

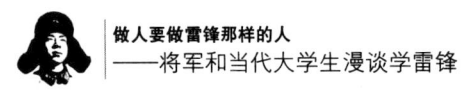
做人要做雷锋那样的人
——将军和当代大学生漫谈学雷锋

话,他的有些举动,我们根本没条件或没必要去做。但他胸怀壮志,锲而不舍,不达目的决不罢休的精神,还是值得我们学习的。

我同意这样的说法,你想成为什么样的人,就要努力成为什么样的人,就有可能成为什么样的人。国防生到了部队有很大的发展空间,有很多工作等着你们去做,我相信你们是会大有作为的。我祝大家心中有梦,梦想成真!

赵博:以后在部队发展,工作能力和人际关系哪个更重要些?应该怎样处理这两者之间的关系?

田:工作能力与人际关系这两者是相辅相成、缺一不可的。从广义上说,工作能力也包括人际关系,比如与人的沟通能力、协调能力、合作能力,等等,既是工作能力,也是人际关系;另一方面,搞好人际关系,既是德,又是才,还是艺术,这也是一种工作能力。

大家知道,美国有一所哈佛大学,在世界大学排名榜中,经常名列前茅。据说,哈佛出过6位总统、40位诺贝尔奖获得者。这所大学总结的基本经验是:人的智商,也就是聪明程度,对于一个人的成功起20%的作用;人的情商,包括品德、意志、人际关系,对于一个人的成功,起80%的作用。可见,搞好人际关系对于人的事业成功非常重要。

怎样才能既提高工作能力,又搞好人际关系呢?我劝大家要乐于吃两样东西:一个是吃亏,一个是吃苦。做人不怕吃亏,做事不怕吃苦。吃亏是福,吃苦是福。吃亏是福,是郑板桥的名言;吃苦是福,也充满着人生哲理。不怕吃亏才能做人,不怕吃苦才能做事。世界上最有营养最能成就人的就是这两样东西。如果一个人既能吃亏、又能吃苦,他就可能大有作为,成就一番事业,也能搞好人际关系。世界上最难吃、有不少人最不愿吃的也是这两样东西。如果一个人既不能吃亏,又不能吃苦,那他绝不会有大的作为,也不可能搞好人际关系。不知大家注意到了没有,潘基文连任联合国秘书长,在就职演说中,他引用了老子的两句名言:"天之道,利而不害;人之道,为而不争。"这后一句话,"人

第六部分 当代大学生关心的那些事——答清华大学国防生问

之道,为而不争","为"可以理解为一个人很有工作能力、很有作为,而"不争"呢?就是不要和人家争名、争功、争利,这样人际关系也就会搞好了。

我很欣赏这样几句话:爱别人就是爱自己,你想别人怎么对待你,你就怎么对待别人。这几句话道出了人际关系的"核心机密":给予就会被给予,剥夺就会被剥夺,信任就会被信任,怀疑就会被怀疑,爱就会被爱,恨就会被恨。这既是心理学的互惠关系定律,更是人生"向上之路"的路标。

我也知道,提出工作能力和人际关系哪一个更重要的问题,其中还可能包含着"潜台词",就是针对地方和部队某些单位用人上的不正之风:埋头苦干,很有成绩,但不善于搞关系的人没有被用起来;相反,表现平平,工作一般,但善于投机钻营的人倒用起来了。这种情况的确存在,但这是一种不正之风,为人们所不齿。现在党中央反复强调:要坚持凭实绩用干部,让能干事者有机会,干成事者有舞台,不让老实人吃亏,不让投机钻营者得利,让所有优秀干部能为党、军队和人民贡献力量。因此,我也劝同学们到部队工作之后,要注意练好两样功夫:一个是本分,一个是本领。做人靠本分,做事靠本领。靠这"两本"起家能靠得住,任何时候不要投机取巧,搞歪门邪道。投机取巧,短时间也可能得到一些"实惠",比如提拔快一点、风光一阵子,但终究是靠不住的,也是不光彩的。

搞好人际关系,还有这样4句话:学习别人的长处,宽容别人的短处,记住别人的好处,理解别人的难处。

周建毅:拿破仑说:"不想当将军的士兵,不是好士兵。"作为一名军人,什么样的人才算是成功人士?怎样才能取得成功?

田:"不想当将军的士兵不是好士兵",是拿破仑流传很广的一句名言,不但我军很多官兵知道这句话,世界上很多国家的官兵也知道这句话。对于这句话,要作具体分析,不能简单地说"对"或"错"、"同意"

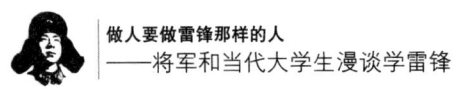

做人要做雷锋那样的人
——将军和当代大学生漫谈学雷锋

或"不同意"。

过去，谁说拿破仑的这句话，立志当将军，就被人认为有名利思想，想"往上爬"，或被讥讽为不知天高地厚，被人耻笑。我认为，大可不必如此。一个大学生想当科学家是件好事情，一个士兵想当将军又有什么不对呢？年轻人喜欢追星，我觉得追将星比追歌星、影星、球星更高尚一些、更可爱一些，当然也更艰巨一些、更重要一些。

作为对这句话的补充，现在有人又这样说："当不好士兵的人，当不了将军。"我觉得把这两句话结合起来，就更全面了。拿破仑的话是讲立志，这句话是讲怎样实现志向。如果你想当将军，那你现在就首先当好士兵吧！

立志当将军的士兵之中，肯定有如愿以偿者。我希望20年、30年之后，我们在座的国防生中，有一些同学成为将军。当然经过努力而未能如愿者，肯定是绝大多数。当了将军不必沾沾自喜，没有当上将军也不必垂头丧气。因为当不当将军，说到底是部队建设的需要，是由多方面因素决定的。有一首歌唱道："有名的星星只有少数，更多的星星却无名。"在浩瀚无垠的宇宙中，真正被人发现并已经命名的星星为数不多。然而，正是因为少数有名的星星和多数无名的星星交相辉映，才呈现出一片光辉灿烂的夜空。

孙中山先生曾说："要立志做大事，不要立志做大官。"我们不能这样认为，当了将军事业就是成功的，没当上将军事业就算不上成功。衡量一个人是否成功，不在于他得到了什么，他当了什么，而在于他奉献了什么，他干得怎么样。我与雷锋同志同年出生，同年入伍。我忝列共和国将军方阵之中，而雷锋因公殉职时还是一位战士。雷锋是平凡而伟大的共产主义战士，是我终生学习的榜样。我经常这样想，雷锋是伟大的，而我是渺小的。这是我的心里话，事实也的确如此。

您刚才还问，怎样才能取得成功？这个问题太大了，我只能简单地给您介绍一个公式。这个公式是著名学者、享年98岁的季羡林先生在一篇文章中提出来的。他在文章中写到，集八九十年之经验，得出了一个公式：成功＝天赋＋勤奋＋机遇。第一是天赋，成功是需要天赋的，

第六部分
当代大学生关心的那些事——答清华大学国防生问

不承认天赋不是唯物主义,人的天赋是各不相同的。第二是勤奋,只有通过勤奋,才能把你的天赋充分发挥出来。第三是机遇,机遇是客观存在的,不承认机遇是不对的。但是,机遇有两个特点:一是稍纵即逝,机遇来了,就要紧紧抓住;二是机遇只垂青于时刻有准备的人。你平时不学习、不准备,机遇也不会找上门来。

薛超:我们到部队以后,从事专业技术工作转向指挥管理工作的机会多吗?怎样才能提高指挥管理能力?

田:部队是个大学校、大熔炉、大舞台、大家庭。部队有各种各样的工作,需要各种各样的人才。您说的从专业技术工作转向指挥工作的机会还是不少的,从开始搞指挥工作后来转向搞专业技术工作的情况也是有的。这种角色转换主要决定于两个方面:一是军队和国防建设的需要,二是本人的兴趣和特长。

怎样提高指挥能力呢?一靠学习,二靠实践。最受部队官兵欢迎的基层干部,有人概括为4句话:思想品德做榜样,军事技术特别棒,管理教育路数对,文体活动能上场。前两句不用多作解释,第三句话,"管理教育路数对",是说既要治军从严,又要严而合理,掌握好"度"。古代既讲"慈不掌兵",也讲"慈亦掌兵"。就是说,既要严格要求,又要"爱兵如子"。第四句话"文体活动能上场",除了具备前三条之外,如果您还有某些特长,比如琴棋书画、弹拉吹唱,等等,总之,你有几下子,能与官兵同乐,基层官兵就佩服您、喜欢您。

刘伯承元帅曾经讲过,作为指挥干部,要具备四种本领:一是会"养兵",能让官兵吃饱喝好,给养充足,这一条很重要。二是会"带兵",靠思想政治工作和行政管理,把兵带好。三是会"练兵",使官兵掌握好军事技术,培养优良作风。四是会"用兵",平时带领官兵完成各项任务,战时带领官兵消灭敌人、保存自己。

作为军队指挥干部,要注意培养和树立"三长"形象,即在官兵心目中,您是首长、师长、兄长。要有首长的威信、师长的素质、兄长的

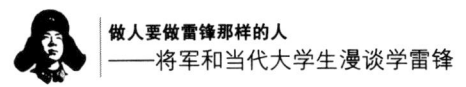
做人要做雷锋那样的人
——将军和当代大学生漫谈学雷锋

感情。

王小龙：如果对自己从事的工作不感兴趣，应该怎么办？

田：如果对自己从事的工作不感兴趣，首先，要坚决服从命令，尽力做好工作。我前面讲到，人的兴趣是可以转移和培养的。您对一项工作开始可能不感兴趣，但在工作一段之后，您了解了这项工作的重要性，并且逐步培养了对这项工作的兴趣，您就可能热爱这项工作，安心于这项工作，做好这项工作。另一方面，在做好本职工作的前提下，如果您另有某种兴趣和特长，可以尽量发挥出来，得到领导和战友的认可与赞赏。这样，组织上也可能本着用其所长、人尽其才的原则，重新分配更适合您的工作岗位，让您做出更大的成绩和贡献。

这里，我如实向同学们介绍一下我自己的情况。我读初中时，全县考第一，各门功课全面发展。到了高中以后，我更喜欢文科了。毕业后，被保送到了解放军原张家口外国语学院，我很想学外语（高中三年我学的是俄语，成绩也比较突出），但组织上却分配我学习无线电工程技术，毕业后又分配我当了技术员。说实话，搞无线电工程技术的确不是我的兴趣所在。但我从未向组织上表示过不同意见，也没有提出过调动工作，而是本着"笨鸟先飞"的精神，加班加点，埋头苦干，尽最大努力完成任务。大概当了3年技术员，组织上感到我这个人可能更适合做政治工作，因为我读高中二年级时就入了党，平时比较爱读书、善思考，能团结群众，有一定文字表达能力，威信比较高，于是就挑选我当了政治干事。我觉得这是组织上的信任，自己也有一种如鱼得水的感觉，于是就下决心做好政治工作。从那以后，我在连、营、团、师、军各级岗位上都干过，而且多数时候是当政治主官。就这样，一直做了30多年政治工作。尽管我能力不强、水平不高，但我觉得自己还是尽了心、尽了力。

张健：到部队工作对写作和演讲能力要求很高，而我们清华大学的

第六部分
当代大学生关心的那些事——答清华大学国防生问

国防生,绝大多数是学理工科的,在这方面很有必要加强和提高,请问怎样提高这两方面的能力呢?

田:您提的这个问题很重要,清华大学的国防生绝大多数是学理工科的,写作和演讲能力相对弱一些,到部队工作之后,这两方面的能力有待于加强和提高。但也不能一概而论,朱镕基总理毕业于清华大学,他也是学理工科的,我曾听他作过3次报告,我的印象是他的口才极佳,很少有人能够和他相比。

陈毅元帅曾经说过这样的话,领导干部要动口能作报告,动手能写文章。要做到两个不凡:出口不凡,出手不凡。

"二战"之后,美国曾把美元、核武器、舌头称作它的"三大武器",可见讲话的重要性。

怎样提高这两种能力?要我说还是两条途径:一是学习,二是实践。我年轻的时候,也不大会写文章,也不大会演讲,甚至在小组会上发言也感到紧张。后来经过学习和实践,这两方面的能力逐步有所提高。在位期间和退休以后,我写了四五本书,发行十几万册,此外,我在中央和地方报刊上还发表过200多篇文章。我曾到20多个省市作过400多场报告,直接和间接听众达60多万人次。现在,我无论面对多少人讲话,也无论面对多高层次、多大年龄的人讲话,一点也不感到紧张,而且作报告从来不拿一张纸。我讲这些不是自吹自擂,而是为了向年轻人说明一个道理:什么功夫都是练出来的!

杜甫有两句很有名的诗句:读书破万卷,下笔如有神。写诗、作文是这样,演讲也是这样。因此,我们也可以说:读书破万卷,开口如悬河。

我转送大家一副对联:上联是——才如湖海文始壮,下联是——腹有诗书气自华。

下面,我分别简单地讲一讲怎样写作、怎样演讲。

无论写公文,还是写其他文章,都要努力做到"四有":一是言之有物,不能无病呻吟、空洞无物;二是言之有理,写文章要观点统率材料，材料说明观点，观点要正确，材料要准确；三是言之有序，逻辑性强，条理清楚，不能杂乱无章；四是言之有趣，有点文采，有些亮点，古语说"言而无文，行之不远"，讲的就是这个意思。

人才应有口才，口才成就人才。演讲也要注意做到"四有"：一是有听头，信息量大，内容充实，有新鲜东西；二是有笑头，注意深入浅出、风趣幽默，如果气氛始终很沉闷，一点也不活跃，那效果肯定不会好；三是有说头，听了您的演讲之后，不用组织，不用布置，大家就会自发地讨论、议论、评论起来；四是有想头，听了您的演讲，过了多少年之后，人家还会想起并且记得您的讲话，并从中受到教育和启迪，正如古语说的"听君一席话，胜读十年书"。

关于演讲，还要注意区分三种情况和场合：就是有稿讲话，追求"抑扬顿挫，锦上添花"；无稿讲话，追求"出口成章，娓娓道来"；即席讲话，追求"与众不同，语惊四座"。总之，演讲要让听众愿意听，听得懂，记得住，用得上。

郝玉恒：知识、见识、胆识，是人生成大事的三要素，我们有很多同学自信心不足，尤其缺乏胆识，请问如何加强这方面的修养？

田：在正式回答您的问题之前，我们先一起回顾一下王国维的"三境界"说。作为清华大学的国防生，你们对此大概都有所了解。

王国维是民国初年公认的国学大师。他根据自己一生的治学经历，借用宋代晏殊、柳永、辛弃疾三位名家的词句，概括他治学的"三境界"，深为后人传诵和追求。他在《人间词话》中说：古今之成就大事业大学问者，必经过三种之境界："昨夜西风凋碧树，独上高楼，望尽天涯路"，此第一境界也；"衣带渐宽终不悔，为伊消得人憔悴"，此第二境界也；"众里寻它千百度，蓦然回首，那人却在灯火阑珊处"，此第三境界也。

王国维所说的第一个境界，指的是一个人要有远大的理想和崇高的追求；第二个境界，是指为了实现自己的理想和追求，要做艰苦不懈的

第六部分 当代大学生关心的那些事——答清华大学国防生问

努力；第三个境界，是指经过艰苦努力，必能获得成功。这三个境界，是一个人成就大事业大学问的必由之路。

接着我再正式回答您提出的问题。

与王国维的"三境界"说相似，我国当代学者朱学勤教授也有一种"三境界"说：人分为有知识、有见识、有胆识三种境界。一桶知识，可能出一滴见识；而一滴胆识，非有一池见识不可。

何谓胆识？是想人所不能想，言人所不能言，干人所不能干。是百姓人人想说，却不敢说、不能说的闪电呐喊。是"苟有阻碍这前途者，无论是古是今，是人是鬼，是《三坟》《五典》，百宋千元，天球河图，金人玉佛，祖传丸散，秘制膏丹，全都踏倒它。"（鲁迅语）

胆识从何而来？"不识庐山真面目，只缘身在此山中"，"当局当迷，旁观者清"，敢于独立思考，才可能有胆识。老一代革命家陈云提出："不唯上，不唯书，只唯实"，王国维提倡"自由之思想，独立之精神"，若能做到这些，人就会有胆识。

一个人如果只有知识，而没有见识和胆识，他可能成为一个"书呆子"；一个人如果只有见识而无胆识，他也不会有大的作为；只有既有知识，又有见识，更有胆识的人，才能有所发现、有所创造、有所前进、有所作为。

讲到这里，我想简单讲讲人才的类型和知识结构的问题。

研究人才学的专家，把人才分为四种类型：第一种是横的"一字型"人才，这种人有知识广度，但缺乏知识深度；第二种是竖的"1字型"人才，这种人有知识深度，但知识面太窄，没有知识广度；第三种是"T字型"人才，这种人既有知识广度，又有知识深度，弱点是没有创新，不能冒尖；第四种是"十字型"人才，这种人既有知识广度，又有知识深度，比"T字型"人才又前进了一大步，就是能够发明，能够创造，能够冒尖。

清华大学号称最高学府，其中尤以理工科见长。希望毕业于清华大学的国防生，不要满足于做横的"一字型"人才，不要满足于做竖的"1字型"人才，也不要满足于做"T字型"人才，而应努力成为"十

313

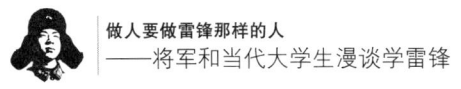
做人要做雷锋那样的人
——将军和当代大学生漫谈学雷锋

字型"人才。

马遥：依托地方高校培养的国防生与军校培养的大学生有些什么差异？应该怎样取长补短、共同提高？

田：这种比较，只能相对地说，不能绝对地说。因为人与人之间的个体差异很大，因此不可一概而论。

相对来说，依托地方大学培养的国防生，在对于部队特别是对于基层和士兵的熟悉程度上，在军政素质上，在第一任职能力上，甚至在开始时受部队和基层官兵的接受和欢迎程度上，可能不如军校生。但从长远角度看，你们对于科学文化知识的掌握和运用上，以及发展后劲和潜力上，也可能优于军校生。

大家都知道一种"短板理论"，就是一个水桶能盛多少水，不决定于做成它的长板，而决定于做成它的短板。因此，你们要注意扬长避短，在校期间，除努力学好科学文化知识外，还要通过多种途径，努力提高军政素质，争取尽量把"短板"加长。到部队以后，要和军校生团结一致，取长补短，共同提高。

部队对国防生有一个培养期，国防生对部队有一个适应期。过去有两句古诗："试玉要烧三日满，辨材须待七年期。"人才成长需要一个过程，不能要求一蹴而就。我前年到兰州军区依托的几所高校为国防生作报告，听说兰州军区对国防生提出了这样的要求：不求一来就行，但求将来真行。我觉得这样的要求是实事求是的，也是切实可行的。

叶楠：您是怎样对待婚姻和家庭问题的？您对同学们以后找对象有何建议？

田：年轻的时候，有两句话支撑着我，一句是："离不开爹娘，成不了栋梁。"孔夫子讲"父母在，不远游"，您在家里，孝敬父母，这的确是孝，但是小孝。携笔从戎，投身军旅，把为国家尽忠与为父母尽孝

第六部分
当代大学生关心的那些事——答清华大学国防生问

结合起来、统一起来,这是大孝,是忠孝两全。第二句话是"舍不得娇妻,成不了好汉"。如果年纪轻轻就恋爱结婚,有了家室之累,就可能影响事业的发展。

在这两句话的支撑下,我10年没有回家,而是一心搞好学习、做好工作。27岁以前,任何人给我介绍对象,我都不谈。

当然,到了一定的年龄,也不是不想这个问题。从27岁以后,有不少人给我介绍对象,也有几位女同志或往日的女同学主动找我,但我没和人家谈。也有的人家看上了我,我也看上了人家,互有好感,并谈了一年多时间,但最后人家还是把我甩了。至于是什么原因,人家没有说,我也没有问。可能是人家觉得与我不门当户对吧!我也经历了感情的煎熬和失眠的折磨。但我一直认为,失恋有两条戒律:一是失恋不失德、不失志、不失态;二是不问什么原因,因为你问,人家也不便于说或不会如实说。尽管失恋很痛苦,但我总算挺过来了,并且更加发愤地学习、工作。

经过两年的心态调整,我31岁又开始谈恋爱,对象也是女军官,各方面条件都很好。我32岁的时候与对象在青海省大山深处的营房中(当时我们的部队驻在那里)举行了简单的婚礼。那是一个星期六,晚上要结婚了,中午才把双方的床和被褥搬到一起。结婚4个月后,我爱人就去广州第一军医大学学习,一学就是4年。我38岁的时候,我们才有了一个女孩。当时还没有"只要一个"的政策,但我和爱人商量,有一个女儿足矣。我39岁就带头作了男性绝育手术。当时,我早已是正团职领导干部,分管的其中一项工作也是计划生育,并被评为先进单位。我这个人很平凡、很一般,在职期间没有立过功、受过奖。可能是因为我做到了晚恋、晚婚、晚育,所以我曾被评为总参谋部的计划生育先进个人。我爱人一直当军医,做医务领导工作,大校军官、高级职称、专业技术四级。她16岁参军,60岁退休,军龄45年,我的军龄是42年,加在一起,我们俩为部队奉献了87个年头。结婚以后,我们聚少离多,但却一致认为,既然选择了从军之路,就要沿着这条路一直走到底,并要努力做出一些成绩和贡献。我们女儿毕业于中国传媒大学,现在北京电视台工作。我们已有了一个三岁多的外孙子,健康活泼,人见人爱。总之,我的家庭生活和谐、美满、幸福。假如我当年不能正确对待婚恋问题,出了这样那样的问题,我今天就不可能来清华与你们谈心了。

刚才这位同学问我对大家找对象有什么建议。依据我自己的经历和对别人的观察,我奉献给大家三个字:晚、慎、好。

所谓"晚",就是恋爱结婚还是晚一点好,如果过早解决个人问题,就有了家室之累,可能影响事业发展。或随着接触面更广、参照系更高,对原来的选择不满意,就可能后悔,从而带来一些困难和问题。当然,也不是越晚越好。还是那句老话说得好:"男大当婚,女大当嫁。"何时为"当"?我主张男同学30岁左右、女同学25岁左右结婚为好。如果挑挑拣拣,高不成、低不就,成了剩男剩女,那也就麻烦了。

所谓"慎",恋爱、结婚是终身大事,一定采取极为慎重的态度,严肃对待这个问题。

所谓"好",最好的不一定是最适合自己的,最适合自己的才是最好。婚姻理论有一种叫"围城理论",是钱钟书的小说《围城》提出来的:围在城里的人想逃出来,城外的人想冲进去。还有一种"鞋子理论",究竟适合不适合,只有自己最知道。现在有人提出一种新的"门当户对理论",即男女双方结合最重要的是志同道合、情投意合。这样,双方才会互相欣赏、吸引、支持和鼓励。至于两个家庭的"门当户对"和附加在爱情上的物质条件,其实并不是最重要的。

我在网上看到很有意思的一段话:人的一生可以用三个英文字母来概括,即B、C、D。B是英文"出生"(birth)的第一个大写字母,代表人生的开始;D是英文"死亡"(death)的第一个大写字母,代表人生的结束;那么人生的中间呢?C是英文"选择"(choose)的第一个大写字母。人生的过程,就是一系列选择的过程。人生在于选择,选择决定人生。选择信仰,选择道路,选择学业,选择事业,选择朋友,其中选择配偶是很重要的一项选择。有人说,事业是半个圆,婚姻是半个圆,两个半圆合在了一起,做您想做的事并且做成功了,爱你想爱的人

第六部分
当代大学生关心的那些事——答清华大学国防生问

并且生活在一起了，人生就是圆满的成功的。

为了帮助大家正确处理恋爱、婚姻和家庭问题，我这里举两个例子。

先讲反面的例子。

1937年10月上旬，延安"抗大"第六队队长黄克功，与其女友、陕北公学学员刘茜在延河旁谈话，黄强行要与刘尽快结婚，遭到刘的断然拒绝，黄一怒之下，开枪将刘杀害。

黄克功时年26岁，参加过长征，身经百战，出生入死，是一位很有作为、很有前途的旅级干部。毛主席认识此人，还比较熟悉。事发后，很多人为他说情，黄也给毛主席写了一封信，除对自己的罪行表示忏悔外，还请求组织念他多年为革命事业奋斗，留他一条生路，"以便今后为党尽一点忠心"。

结果如何呢？陕甘宁边区高等法院依法判处黄克功死刑，执行枪决。在宣判大会上，还宣读了毛主席致陕甘宁边区高等法院院长雷经天的一封信，信中说：

黄克功过去斗争历史是光荣的，今天处以极刑，我及党中央同志都是为之惋惜的。但他犯了不容赦免的大罪，以一个共产党员、红军干部而有如此卑鄙的、残忍的、失掉党的立场的、失掉革命立场的、失掉人性立场的行为，如为赦免，便无以教育党，无以教育红军，无以教育革命者，并无以教育一切普通的人。因此，中央与军委便不得不根据他的罪恶行为，根据党与红军的纪律，处以极刑。正因为黄克功不同于一个普通人，正因为他是一个多年的共产党员，是一个多年的红军，所以不能不这么办。共产党与红军，对于自己的党员与红军成员不能不执行比一般平民更加严格的纪律。当此国家危急、革命紧张之时，黄克功卑鄙无耻残忍自私至如此程度，他之处死，是他自己的行为决定的。一切共产党员、一切红军指战员、一切革命分子，都要以黄克功为前车之鉴。请你在公审大会上，当着黄克功及到会群众，除宣布法庭判决之外，并宣布我这封信。对于刘茜同志之家属，应给予安慰与抚恤。

下面讲一个正面的例子。

做人要做雷锋那样的人
——将军和当代大学生漫谈学雷锋

　　大家都知道迟浩田同志，他原任中共中央政治局委员、中央军委副主席、国务委员兼国防部长，上将军衔。迟浩田同志是长工的后代，家境很贫寒，他于1944年入伍，打过日本鬼子，打过国民党反动派，参加过抗美援朝。在战争年代，他出生入死，英勇善战，曾7次受伤，但从不胆怯、畏惧，真正做到了"一不怕苦、二不怕死"，人称"迟大胆"。在解放大上海时，迟浩田与另两位战友，凭着大智大勇，不费一枪一弹，制服了国民党1000多个官兵。因为迟浩田功勋卓著，被华东军区授予"人民英雄"称号。在抗美援朝战争中，迟浩田又被评为一等功臣，荣获"朝鲜民主主义人民共和国三级国旗勋章"。正因为如此，当时还很年轻的迟浩田，就当选为全国人大代表。

　　1954年，迟浩田住进了位于苏州的解放军第一〇〇医院，经过接触，他对出身于书香门第、风华正茂、能歌善舞、年轻漂亮的女护士姜青萍产生了好感。出院后，经过一番斟词酌句，迟浩田写了一封信，向姜青萍委婉地表达了自己的爱慕之意。姜青萍也知道，迟浩田不但是战斗英雄，而且人品好、能力强、心地善良、为人厚道，因此对迟也非常爱慕。但她考虑自己才22岁，年纪还轻，护士和病号是工作关系，不提倡谈恋爱，况且父母又不在身边，不便于商量，因此，给迟浩田写了封回信，婉转地拒绝了他。

　　信寄出后，姜青萍很懊悔，怕伤害了迟浩田。几天后，忐忑不安的她收到了回信。信很短，其中抄录了一首普希金的诗，表达了迟浩田的心迹：

我曾经爱过你：爱情，也许
在我的心灵里还没有完全消亡，
但愿它不会再打扰你，
我也不想再使你难过悲伤。
我曾经默默无语、毫无指望地爱过你，
我既忍受着羞怯，又忍受着嫉妒的折磨，
我曾经那样真诚、那样温柔地爱过你，

第六部分
当代大学生关心的那些事——答清华大学国防生问

但愿上帝保佑你,另一个人也会像我爱你一样。

俄罗斯伟大诗人普希金的诗,在中国青年中拥有广泛的读者,这优美而又略带感伤的诗句,叩响了许多青年男女的心扉。姜青萍反复默诵着,心中泛起涟漪,发烫的两颊染上绯红的云霞,她的眼眶不禁湿润了。

面对这圣洁的爱,她的内心斗争得很激烈,一遍遍地反复问自己:假如日后他同别人走到了一起,结婚成家,我会不会后悔?她想以此来判断自己究竟爱不爱他。爱,就是这样让人痛苦而烦恼。她决定要珍惜和接受这份爱情,便鼓足勇气给迟浩田打了一个电话,专门约了个时间赶到南兵营相见,这让迟浩田喜出望外。一对年轻人羞怯地躲避着相望的眼神,不需要更多的表白,心灵便訇然相通,彼此打开了情感的闸门。

1956年12月31日,在双方家人和战友们的催促下,佩戴着少校军衔、英姿勃发的迟浩田和梳妆整洁、显得妩媚秀丽的姜青萍举行了婚礼。新郎已27岁,算得上晚婚了。

到今年,他们两人结婚已经55年了,度过了金婚,家庭生活幸福而美满。

迟副主席离开工作岗位后,我每年都拜访他几次。有一次,谈起了他与姜青萍大姐的婚事,我开玩笑说:迟副主席,有的报刊发表文章,说您用普希金的一首诗,征服了青萍大姐这位美女。说到这里,我们都一起大笑了起来。当然,这样说只是一个笑谈,迟副主席和青萍大姐的结合,主要是因为他俩志同道合、情投意合。

以上两个事例说明:如果不能正确处理恋爱婚姻问题,就可能闹出这样那样的事情,甚至自毁前程、人头落地;如能正确处理恋爱婚姻问题,就不但事业有成,而且家庭美满。

黄勋:田将军您好,您已经71岁了,但看样子比实际年龄年轻得多,请问您有什么养生之道和健身秘诀?

田：您说这话我愿意听。我国有个习俗：老的爱让说小，小的爱让说大。您说看上去我比实际年龄小，我听了很高兴。您如果问我八十几岁了，我可能就有点悲观了。

其实，我也没有什么养生之道和健身秘诀。如果一定要问这个问题，我可以这样回答：我从年轻的时候，就结交了两位"亲密朋友"，配备了两位"保健医生"。此话怎讲呢？

所谓两位"亲密朋友"：一位是运动场，经常到运动场锻炼身体，增进健康；一位是图书馆，经常到图书馆博览群书，不断充电、蓄电、放电。几十年来，我坚持两项习惯：日行万步路，夜读十页书。我随身带个计步器，每天不走够一万步路不上床，上床后不读够十页书不熄灯。

所谓两位"保健医生"：一位是运动，运动使我生理健康；一位是乐观，乐观使我心理健康。自己给自己配备两位"保健医生"，与您形影不离，忠实于您，跟随着您，比什么高明的医生都管用。

我66岁的时候，写了一首打油诗："小住人间六十六，苦辣酸甜未参透。笑度人生第二春，再活百年也不够！"这首打油诗得到了百岁老人文怀沙先生和齐白石孙女齐自来、孙女婿马泉的高度评价，给了我很大鼓舞。

联合国卫生组织提出的"健康四大基石"和"健身四句格言"很好，这里向大家介绍一下。

"健康四大基石"：合理营养，适量运动，戒烟限酒，心理平衡。（我国有的医学家，建议再加上"良好睡眠"4个大字。）

"健身四句格言"：最好的医生是自己，最好的药物是时间，最好的心情是宁静，最好的运动是步行。（我国有的医学家，建议再加上"最好的处方是知识"8个大字。）

清华大学老校长蒋南翔，曾为清华学子提出一个响亮的口号："为祖国健康工作50年。"清华大学有位老教授叫马约翰，是位体育教授。上世纪60年代初，我曾听他作过报告。那是在一个寒冷的冬天，他上身穿着衬衣，下身穿着短裤，身体健壮，精神矍铄，声音洪亮。我们一

第六部分
当代大学生关心的那些事——答清华大学国防生问

群年轻人,对他既羡慕又佩服。在马约翰的大力倡导下,体育成为清华师生生活中的重要组成部分:钱伟长、梁思成、梁实秋、吴宓、周培源等清华优秀学子都曾经在他的严格监督下,锻炼身体,强壮体魄。同时,马约翰教授在体育理论和体育道德上也作出了突出贡献,他提出"体育可以带给人勇气、坚持、自信心、进取心和决心,培养人的社会品质——公正、忠实、自由"。他被称为"我国体育界的一面旗帜"。清华大学历届学子,响应老校长的号召,以马约翰为榜样,历来有运动、健身的传统,希望大家继承和发扬这个传统。

从我自身的经历看,健康地为祖国工作50年,是可以做得到的。我在位42年,退休10年了,退休以后,退而不休,继续为党、人民和军队做了一些有益的工作。这样加在一起,已经超过50年了。在有生之年,我还力争圆三个梦:强国梦、统一梦、百岁梦。对此,我充满信心。

王焕孝:大学生是该多注重学习课本理论知识,还是应该更多地参加实践?

田:我认为在大学期间应该更多地注重学习理论知识,努力打好知识根底,同时适当参加一些实践活动。参加工作以后,当然主要就是实践了,但也不应放松理论学习。我们党有三大优良传统,其中之一就是理论联系实际。如果你没有理论,那你怎么联系实际?不联系实际的理论是空洞的理论,没有理论指导的实践是盲目的实践。学习理论和勇于实践,都是一辈子的事情,二者不可偏废,只是在不同的时期有不同的侧重罢了。

阎雪飞:我们在学校学习的理论知识,到部队是不是大部分都用不上?

田:这个问题是很多国防生经常问的,实际上是问到部队以后,工作能否"对口"的问题。有人说我们在学校学的知识大部分用不上，到部队工作很难"对口"。我是不赞成这种说法的。要求完全"对口"，钉对钉，铆对铆，学什么就用什么，实际上是不可能的。大学里设置的专业再细，数量毕竟有限，而军队工作则是多种多样的，而且武器装备也是不断发展更新的。因此，要求完全"对口"，是不可能的。我们应把"对口"的观念变成"适应"的观念。国防生如果掌握的知识很丰富，能力很强，素质很高，那就不但能适应第一任职的需要，而且还会有很大的发展潜力和后劲。

其实，对于国防生来说，最重要的不是知识，而是素质。军官应具备的素质大体上包括五个方面：政治思想素质、科学文化素质、军事技术素质、领导管理素质、身体心理素质。

有一位教育学家说得好：当大家都没有知识的时候，有知识者胜人一筹；当学校教育注重知识、能力并举之后，有创新意识者胜人一筹；当全民倡导创新意识之后，具有健康人格者胜人一筹。

世界管理界有三句名言，我觉得很有道理，在这里也给同学们讲一讲：智力比知识更重要，素质比智力更重要，觉悟比素质更重要。

希望同学们到部队工作之后，既不要好高骛远，也不要妄自菲薄，在注重知识的同时，更加注重应用性的培养，在解决实际问题的过程中增长才干，不断提高实践能力、创新能力，从而形成自己的核心竞争力。

石小龙：丰子恺说"人的生活包括物质、精神和信仰"，您如何看待这个问题？

田：您提出这个问题很不简单，说明你涉猎面比较广，知识比较渊博。我在这里再作点补充说明。

丰子恺是我国现代一位著名的画家、散文家、美术教育家、音乐教育家、漫画家和翻译家，是一位卓有成就的文艺大师。他的老师弘一法师，原名李叔同，于1906年留学日本，学习西洋绘画、音乐，是中国第一批美术留学生。1910年回国，在几所学校教美术和音乐，他既是经师，更是人师，深受学生的信赖和爱戴。他是上个世纪初最出色的艺术家、艺术教育家之一，也是近代艺术教育的开拓者之一。他于1918年正式剃度出家，取法号弘一，他于1942年圆寂。

弘一法师仙逝后，丰子恺根据老师一生走过的道路，总结出了"人生三层楼"的说法。

他说："人的生活，可以分作三层：一是物质生活，二是精神生活，三是灵魂生活。物质生活就是衣食，精神生活就是学术艺术，灵魂生活就是宗教。人生就是这样一个三层楼。懒得（或无力）走楼梯的人，就住在第一层，即把物质生活弄得很好，锦衣玉食，尊荣富贵，慈父孝子，这样就满足了，这也是一种人生观。抱着这种人生观的人，在世间占了大多数。其次，高兴（或有力）走楼梯的人，就爬上二层楼去玩玩，或者久居在里头，这就是专心学术文艺的人。他们把全力贡献于学术的研究，把全心寄托于文艺的创作和欣赏，这样的人，在世界上很多，即所谓的'知识分子'、'学者'、'艺术家'。还有一种人，人生欲很强，脚力很大，对二层楼还不满足，就再走楼梯，爬上三楼去，这就是宗教徒了。他们做人很认真，满足了物质欲还不够，满足于精神欲仍不够，必须探求人生的究竟……世界上就不过这三种人。"

在谈及弘一法师的时候，丰子恺先生这样说："弘一法师的人生欲非常之强！他的做人，一定要做得彻底。他早年对父母尽孝，对妻尽爱，安住在第一层楼中；中年专心研究艺术，发挥多方面的天才，便是迁居于二层楼了；强大的'人生欲'使他不能满足于二层楼，于是爬上三层楼去，做和尚，修净土，这是当然的事，毫不足怪……"

丰子恺关于"人生三层楼"的说法，虽然我们未必完全同意，更不是提倡大家去信宗教、当和尚。但以此说法审视一下，自己究竟在哪一层楼上，能否更上一层楼，也不无意义。不是有两句唐诗说"欲穷千里目，更上一层楼"嘛！

黄勋：军人以服从命令为天职，军人需要个性吗？国防生如何做到

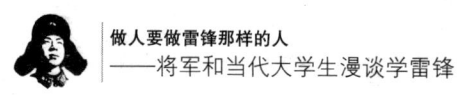

做人要做雷锋那样的人
——将军和当代大学生漫谈学雷锋

全面发展与个性发展的统一？

田：对这个问题可以做肯定的回答。军人以服从命令为天职，但同时完全可以发展个性。

胡锦涛总书记在庆祝清华大学建校100周年大会上的讲话中，对清华学子和全国青年学生提出了三条希望：一是希望同学们把文化知识学习和思想品德修养紧密结合起来，二是希望同学们把创新思维和社会实践紧密结合起来，三是希望同学们把全面发展和个性发展紧密结合起来。很明显，总书记也是提倡发展个性的。当然，个性发展要和全面发展相结合，要在正确处理个人、集体、社会关系的基础上保持个性、发展个性。

人民军队是战斗的集体，是英雄的摇篮。崇尚英雄，敬仰烈士，发展个性，弘扬豪气，追求阳刚，一直是我们军队的主旋律。

现在，在部分基层官兵中，一提到传奇和个性，就往往讲欧美的"巴、拿、马"（巴顿、拿破仑、蒙哥马利），其实这是一种误解，至少是片面的理解。"巴、拿、马"固然有他们的个性和特色，也在某些方面值得我们尊敬。但在我们解放军的将帅中，比如"横刀立马"的彭德怀、"新世孙吴"的刘伯承、"胸怀坦荡"的贺龙、"文武全能"的陈毅，还有最会打仗的粟裕、"黄埔三杰"之一的陈赓，"厚重少文"的许世友，等等，哪一位不是既有坚定的党性，又有鲜明的个性？我不反对你们阅读一些外国将帅的传记，特别是二战名将的传记，但我更希望你们多阅读一些我军将帅的传记，从中可以了解他们的丰功伟绩和趣闻轶事，从他们身上可以学习到许多东西。这是我的切身体会。

这里，我还想强调说明，全面发展和个性发展相辅相成。要坚持德才兼备、全面发展，只有在这个基础上发展个性、彰显本色，你们才有可能成为可堪大用、能负重任的栋梁之才。

这就是说，你们一定要有突出的特长，有"两下子"，或有"一招鲜"，才能显示出你们的个性和本色。为了说明这个问题，我给大家讲

第六部分
当代大学生关心的那些事——答清华大学国防生问

一个故事。

1960年5月和1961年9月，二战名将、英国元帅蒙哥马利先后两次来我国访问。他受到了高规格的接待，毛主席、周总理会见了他，还安排他去不少地方参观游览。

有一次蒙哥马利到北京军区某部参观射击表演，当时由我军名将、时任北京军区司令员的杨勇上将陪同。表演结束后，蒙哥马利取半自动步枪，卧姿射击，连发连中。这时他将枪交给杨勇，意在考验一下杨勇上将的枪法如何。杨勇微笑着接过枪，蒙哥马利是卧姿射击，杨勇是立姿射击，也是连发连中，蒙哥马利看得目瞪口呆。在回国途中经过香港时，他在记者招待会上以这件事为例，警告西方国家：千万不要和中国军队在地面交手，和中国军队在地面交手必败无疑！

问：我叫刘深深，我代表女国防生提一个问题，请问您对我们女国防生有什么希望？

田：噢，您叫刘深深，好名字啊！听你们辅导员说，您各方面表现很优秀，祝贺您呀！

女兵，是部队里凤毛麟角的"军中之花"，是万绿丛中的"一点红"，是军营中一道亮丽的"风景线"。当一名女兵，是地方许多女青年的梦想。你们有幸成为女国防生，特别是成为清华大学的女国防生，确实值得骄傲和自豪。

但同时希望你们要明白：军中不言性（性别）、军中无娇娘、军中无戏言。女人的名字不叫弱者，战争并没有让女人走开。战争只有胜负之别，而无性别之分。在军营里，在战场上，女兵首先是军人，其次才是女人。

你们大概都知道"巾帼不让须眉"这句古语，说的是在很多方面，女子丝毫不亚于男子，男子能做到的事，女子大部分也能做到。特别是在信息化战争条件下，女军人和男军人一样，在军营里大有用武之地，同样可以大有作为。

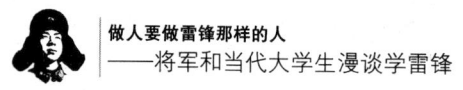

做人要做雷锋那样的人
——将军和当代大学生漫谈学雷锋

我想给女国防生提4点希望：

一是有志气，一定要克服自卑感，树立远大的志向，这是事业成功的第一步。

二是多才气，一定要克服"男尊女卑"、"女子无才便是德"的陈腐观念，不但要有德，而且要有才，艰苦奋斗、自强不息、立足本职、建功立业。

三是求大气，一定不要"头发长，见识短，儿女情长，英雄气短"，努力做到胸怀开阔、意志坚强、为人大度、处事大方。

四是讲正气，一定要严于律己，既要有阴柔之美，又要有阳刚之气，要努力培养、形成正派的作风、刚正的气节。

我长期在总部机关和军事院校工作，经常接触一些女将军、女学者、女教授、女专家。她们经过几十年军营生活的锤炼，形成了值得年轻女军人学习的风范。有人这样概括她们的一些特点：

女军人的性格是：乐观开朗；
女军人的气质是：端庄大方；
女军人的生活是：简单朴素；
女军人的作风是：爽快利落；
女军人的形象是：英姿飒爽；
女军人的格言是：甘愿奉献。
还有人这样概括成熟女军人的魅力：
高雅而不自负，温柔而不脆弱；
活泼而不轻浮，开朗而不粗野；
天真而不幼稚，热情而不放荡；
成熟而不世故，勇敢而不怯懦。

我介绍这些，供年轻的女国防生们参考。

第六部分
当代大学生关心的那些事——答清华大学国防生问

最后我还想讲一下，1936年夏天，著名左翼女作家丁玲，毅然投奔延安，请求参军，并且强烈要求上前线打仗。毛主席批准了她的请求，并为她写了一首词《临江仙·赠丁玲》，其中两句词是："昨天文小姐，今日武将军。"我想把毛主席的这两句词转赠给年轻的女国防生们：你们昨天或许也是"文小姐"，预祝你们明天争取成为"武将军"！

主持人尚世锋："我们清华大学又有一批国防生即将毕业，有的进一步读研深造，有的直接到部队参加工作，请问您对大家有什么嘱咐？

田：我估计你们会提到这个问题。所以我今天是有备而来的。谈不上什么嘱咐，前面你们提出了19个问题，我都尽力一一作了回答，其中也对你们提出了一些希望和建议，供你们参考。这是第20个问题了，我就没有什么好讲的了。我来之前搜集了中外一些伟人、名人在欢送毕业生时的赠言，我感到他们讲得很好，很有教育意义。我今天就一一地分别介绍给大家。

一、毛泽东给毕业生的赠言

1939年7月，毛泽东在给即将奔赴晋察冀进行抗日救国伟大斗争的陕北公学的同学们作报告时，希望同学们向青松和杨柳学习，学习青松的原则性，学习杨柳的灵活性。他风趣地说："青松是天不怕地不怕的，它生就一副傲骨，挺立在冰天雪地之中，越是严寒越显示出它岿然不动的本色。杨柳则随风飘荡，非常灵活，它植根于大地，插到哪里，就在那里生根发芽。古往今来，不知多少名人学士吟诗作画，歌颂青松和杨柳的性格，可见青松和杨柳是很得人们喜爱的。"

针对年轻人的弱点，毛泽东还语重心长地告诫说："一不要做吊死鬼，二不要做冒失鬼。吊死鬼都是自寻短见丧生的，所以看问题要看得远一些。冒失鬼则遇事急躁，不能深思熟虑，往往因小失大，给革命事业造成损害。我们要革命就得不骄不躁，凡事三思而后行。"

二、谢觉哉给毕业生的赠言

谢觉哉是延安时期我党著名的"五老"之一,当时他任中央党校副校长。谢觉哉在为即将毕业奔赴抗日前线的青年同志们送行时,发表了十二个字的祝词,即"不惧、会想、能群、守己、勤学、健身"。"不惧",就是不怕困难,不怕艰苦,不怕牺牲;"会想",就是遇事不要莽撞,要善于开动脑筋,三思而后行;"能群",就是能团结人,和群众打成一片,不要做孤家寡人;"守己",就是严格要求自己,不该做的事情绝对不做;"勤学",就是勤奋学习,不懈努力,坚持不懈地充实和提高自己;"健身",就是吃苦耐劳,锻炼身体,具有健康的体魄和坚强的意志。谢老还语重心长地勉励年轻人:"最好不要在夕阳西下的时候再幻想什么,而要在旭日东升的时候便投入工作。"

三、蔡元培给毕业生的赠言

著名教育学家蔡元培先生任北京大学校长时,就对大学生提出过明确的要求,希望毕业生具有"狮子样的体力,猴子样的敏捷,骆驼样的精神"。"狮子样的体力",即具有强健的体魄。"猴子样的敏捷",即为快速的行动,要求大学生精进学问,奋起直追,实现国家民族的振兴。"骆驼样的精神",即对学术、对社会、对国家负责任的态度。

四、胡适给毕业生的赠言

胡适先生担任北大校长时,有一次,他对毕业生演讲,赠给毕业生"三味药",即"问题丹"、"兴趣散"、"信心汤"。"问题丹",即大学毕业生在踏入社会之际,脑中留下一两个麻烦而有趣的问题,时常鞭策自己继续探索。"问号"是探究问题的标志,问题又是一切学问的来源。"兴趣散",即发展专业以外的兴趣爱好,这样可以使生活更有趣、更快乐、更有意思。"信心汤",即办任何事情都要有信心,这是人生的真谛,也是事物的法则。要记住:努力不会白费!

五、德国一位大学校长给毕业生的赠言

德国一所著名大学的校长，在欢送毕业生时，他首先说："学自然科学的同学们，我为你们而自豪，因为你们是这个时代的列车。"这时，学人文科学的同学们见状低下了头。这位校长又转过头来接着说："学人文科学的同学们，抬起你们的头来，放开你们的眼界，我为你们而骄傲，因为你们是这个时代的列车司机。"在经久不息的掌声中，毕业生们领悟了这位校长讲的两段话的深刻含义。

六、日本一位大学校长给毕业生的赠言

日本一所私立大学校长在毕业生即将离校之际，以七种动物形象作比喻，送给他们一段妙趣横生而又含义深刻的赠言："预祝毕业生在新的工作岗位上，像野猪一样勇往直前，像狮子一样统帅一切，像黄牛一样勤勤恳恳，像小猫一样不为他人所左右，像家犬一样与众协调，像猴子一样机动灵活，有时还要像梅花鹿一样小心谨慎。"这段话讲得不一定完全有道理，但以七种动物形象作比喻，提醒大学毕业生应注意的问题，还是可供大家参考的。

七、丘吉尔给大学毕业生的赠言

英国首相丘吉尔，在上世纪40年代，有一次受邀在毕业典礼上讲话。他走上讲台，环视毕业生几十秒后，开口说了一句话："永远，永远，永远不要放弃！"又重复了这句话之后，他走下了讲台。这可能是世界上最简短的毕业赠言，也是很有意义的毕业赠言。

同学们，我们整整座谈、交流了一个下午。我上面讲的一些话，如果你们觉得多少还有些道理，就请你们参考、借鉴；我讲得不对的地方，也请你们不客气地批评指正。

最后，我也送你们两句话：

今天你们以清华大学为荣，将来让清华大学以你们为荣！

进校时是一块质朴的纯钢，毕业后是一柄闪亮的利剑！

谢谢大家！

（整理者：尚世锋，清华大学计算机系辅导员、博士研究生；张立勇，清华大学"英语神厨"、中国十大杰出学习青年之一、2004年中国十大年度新闻人物之一）

后　记

　　我写这篇后记的日子——2012年12月18日，恰逢雷锋同志诞辰72周年。不论我这本书写得怎样，总算是了却我的一桩心愿，也算是对雷锋同志的一个纪念。我写这本书的过程，也是重新学习雷锋的过程。我越写越觉得雷锋既平凡又伟大，的确是值得我终生学习的光辉榜样，我下决心学雷锋要活到老、学到老。

　　老舍先生曾说："付出九牛二虎力，不作七拼八凑文。"我虽然也付出了"九牛二虎力"，但终因时间紧迫、水平有限，所以还是写成了"七拼八凑文"。

　　应该实事求是地承认，我写这本书，没有脱离"天下文章一大抄"的套路。我这个人没有什么特长，平时只有两大爱好，一个是散步，一个是看书。我性喜杂览，经常阅读各种书报杂志。每逢发现了人家的好东西，不论是一篇文章、一段言论、一个故事，还是一个寓言、一段警句、一句名言，我都视如宝贝，赶快把它们剪贴或摘抄下来，并且分门别类保存起来，从而变成自己的"私有财产"。到有用的时候，再翻箱倒柜找出来，把它们派上用场。这实际上是一个"充电"和"放电"、"收入"和"支出"的过程。

　　这本书不是什么学术著作，而是类似于电视中的谈话节目。每当谈到什么问题，为了说得更清楚、更明白、更生动、更活泼一些，我就拿出自己"百宝箱"的一些存货，这里既有我的旧作，也引用了别人的不少东西。明显的、段落较长的，都注明了作者和出处；较短的或记不清作者是谁的，就"偷偷"地塞进了书里。如果原作者或明眼人发现了，我一定供认不讳、老实承认。我的目的只有一个，只要是对大学生有用、有益的东西，哪怕是只言片语，也想写进书中，让他们学习参考。

我很喜欢和佩服蜜蜂这种小动物。很多人都愿意食用甜美好吃、营养丰富的蜂蜜，但很少人知道轻易购得的蜂蜜却是"滴滴皆辛苦"。据动物学家估计，一只蜜蜂一次只能采撷20毫克的花蜜，采集1公斤需要飞行5万到6万"航次"。酿制1克蜂蜜，需要采集1500到1600朵花的花蜜。若从飞行长度计算，酿造1公斤蜂蜜，必须飞行36万至45万公里。这可真是"都知蜂蜜甜，谁知蜜蜂苦"啊！我想，如果我们每个人都具备了蜜蜂这种不远万里、不辞辛苦的精神，我们能做多少工作、能作多大贡献呀！

解放军总政治部办公厅编研室原主任邢华琪同志，真是一位有心人！20多年来，在众多单位和同志的支持下，他一直千方百计地收集、整理雷锋同志的材料，经他编纂，由华文出版社出版了《雷锋全集》。书中收录了雷锋写下的330余篇日记、眉批、诗歌、小说、散文、书信、讲话、赠言，近20万字，其中不少是过去从未公开发表过的。

为一位士兵出全集，这在古今中外恐怕都是罕见的！邢华琪同志慷慨地赠给了我一本《雷锋全集》，并在扉页上写了一段充满激情的赠语：

中国出了个毛泽东，因了毛泽东，中国出了千千万万个雷锋。

人间相知、天地有缘，或许许多东西早已注定。

衷心感谢邢主任和有关同志，正是因为他们整理、编纂的《雷锋全集》，为我写这本书提供了极大的方便。

我还衷心感谢我的忘年好友、解放军总参谋部信息化部政治部的李照达干事。现在正值年终岁尾，他的工作十分忙碌。在这种情况下，他利用了很多晚上和双休日时间，帮我打印、整理书稿。没有他的辛勤劳作和大力支持，我是不可能在这么短的时间里写出这本书稿的。

我特别感谢中国财政经济出版社张立宪副总编、周桂元主任、张怡然编辑。他们为这本书的选题、内容、结构和书名提出了宝贵的意见，并不厌其烦地对书稿进行了修改加工。

我国古语说："近朱者赤，近墨者黑。"又说："见贤思齐焉。"

无数事实证明，如果选择一位优秀人物作为自己的楷模，研究他的成功之路，学习他的成功经验，一直朝着他的方向努力，那你也就必然

后 记

逐渐向这位优秀人物的目标靠近。

相反,如果你终日与一些小人物为伍,与一些狗苟蝇营之辈纠缠在一起,那你决不可能成为品格高尚、有所作为的人。

中央宣传部、中央文明办提出了"学习雷锋、奉献他人、提升自己"的口号。我认为,这样的提法是正确的、实事求是的。

一代伟人毛泽东,曾满怀激情地对青年人说道:世界是你们的,也是我们的,但归根结底是你们的。你们好像早晨八九点钟的太阳,希望寄托在你们身上。

可亲可爱的大学生朋友们!作为一个年逾"古稀"的退休老兵,我愿意把这本小书作为礼物奉献给你们,并和你们携起手来,一起向雷锋同志学习、学习、再学习!

田永清

写于 2012 年 12 月 18 日(雷锋同志诞辰 72 周年纪念日)